2011年苏州大学苏南发展研究院年度报告

苏南工业企业低碳生产转型研究

吴林海　朱　淀　王晓莉　著

苏州大学出版社

图书在版编目(CIP)数据

苏南工业企业低碳生产转型研究/吴林海，朱淀，王晓莉著.—苏州：苏州大学出版社，2011.9
2011年苏州大学苏南发展研究院年度报告
ISBN 978-7-81137-688-3

Ⅰ.①苏… Ⅱ.①吴…②朱…③王… Ⅲ.①工业企业—节能—研究报告—苏南地区 Ⅳ.①F427.53

中国版本图书馆CIP数据核字(2011)第190119号

苏南工业企业低碳生产转型研究
吴林海 朱 淀 王晓莉 著
责任编辑 徐 来

苏州大学出版社出版发行
(地址：苏州市十梓街1号 邮编：215006)
南通印刷总厂有限公司印装
(地址：南通市通州经济开发区朝霞路180号 邮编：226300)

开本 700 mm×1 000 mm 1/16 印张 16.75 字数 283千
2011年9月第1版 2011年9月第1次印刷
ISBN 978-7-81137-688-3 定价：36.00元

苏州大学版图书若有印装错误，本社负责调换
苏州大学出版社营销部 电话：0512-65225020
苏州大学出版社网址 http://www.sudapress.com

前　言

苏南地区经济与社会发展水平在全国处于领先的地位，在率先基本实现现代化的历史进程中取得了显著成就，但在发展进程中也面临着一系列的困境，尤其是在这一地区历史上自然形成的“鱼米之乡”正在逐步淡化。2007 年 5 月太湖蓝藻的大规模暴发，人们真正感受到环境问题已实实在在地威胁到自身的安全，真正认识到以资源和环境为代价的发展模式难以为继，真正领悟到能否形成经济、社会、资源与环境的可持续发展格局已成为衡量苏南地区现代化建设水平的最重要标准之一。基于这样的深刻认识，发展低碳经济正在成为苏南地区的巨大实践，这是苏南地区发展史上具有里程碑意义的进步。《苏南工业企业低碳生产转型研究》从工业碳排放是苏南地区碳排放的主体、工业企业是碳排放的主体的客观现实出发，以工业企业低碳生产意愿与行为为主要的研究视角，着力分析影响工业企业低碳生产的主要因素，着力研究影响工业企业由低碳生产意愿向低碳生产行为转化的主要因素，着力探讨促进工业企业低碳转型的政策工具，以经济学理论为指导，构建了分析工业企业低碳生产意愿与生产行为的理论框架，通过实证分析，揭示了苏南地区工业企业低碳转型的规律性，并在政策层面上初步设计了苏南地区工业企业低碳经济发展的路线图，力求为政府的决策服务。

Contents 目录

苏南工业企业低碳生产转型研究总报告

第 1 章 导 论

第 2 章 碳排放、工业碳排放的相关研究成果

第 3 章　江苏省与苏南地区碳排放的计量与比较研究

第 4 章 江苏与苏南地区工业出口贸易的碳排放与环境污染

第5章 模拟情景下江苏和苏南地区能源消费和碳排放的预测分析

第6章 工业企业低碳生产意愿与行为的理论分析框架

第 7 章　工业企业调查分析的方案设计与描述性研究

第 8 章 影响工业企业低碳生产意愿与行为的主要因素的实证分析

第 9 章 苏南地区工业企业低碳生产转型的政策工具

附　录

图表目录

苏南工业企业低碳生产转型研究总报告

（2010 年 11 月）

改革开放以来，江苏的苏州、无锡、南京、常州、镇江所构成的苏南地区，以其惊人的经济成就为世人瞩目。虽然在发展过程中，苏南地区独特的发展模式也一直受到质疑，但由于其在长三角地区具有重要影响，且经济与社会发展水平在全国处于领先的地位，这一地区总体上一直沿着固有的发展轨迹高速前行，并未对发展模式进行彻底的革命性的修正。苏南地区真正意义上对发展模式的彻底醒悟始于 2007 年 5 月太湖蓝藻的暴发，人们真正感受到环境问题已实实在在地威胁到自身的安全，真正认识到以资源和环境为代价的发展模式难以为继。

经济崛起、生态脆弱，苏南地区如何发展？2003 年世界产生了一个业已证明影响深远的新名词——低碳经济，这为苏南地区的发展创造了巨大的历史性机遇。发展低碳经济正在成为苏南地区的广泛实践，这是苏南发展史上具有里程碑意义的进步。本书的研究就是在这样的历史背景下展开的。《苏南工业企业低碳生产转型研究总报告》概括了本书研究的主要内容。

一、全球、中国与江苏的碳排放

1. 气候变暖与全球碳排放

（1）气候变暖的威胁。全球气候变暖危及能源、粮食、水资源、生态和公共卫生等，直接影响人类的生存和发展，给全球的可持续发展带来严峻的挑战，已被国际社会公认为威胁到人类生存安全的最重大的环境问题。二氧化碳是最主要的温室气体，是导致气候变暖的主要根源。在过去 40 万年间，地球的气候一直不稳定，温度变化非常显著，而温度的显著变化与大气中的二氧化碳含量具有很强的相关性。在“照常营业”的情况下，温室气体的存量在本世纪末将增加三倍多。未来几十年里，全球平均温度变化超过 5 ℃的风险概率至少目前是 50%，这将把人类带入未知的更可怕的境界。不断加剧的温室效应将会严重影响全球经济发展，其严重程度不亚于两次世界大战加上经济大萧条。

(2) 全球碳排放的基本特点。EIA公布的数据显示,2008年全球二氧化碳排放量达到约303.77亿吨。全球碳排放的总体特点是:① 增长快速。1751年全球二氧化碳排放量仅为300万吨,经过近两百年的缓慢增长后,自20世纪40年代开始迅速攀升,到2008年达到300多亿吨,年均增速约为3%,略低于世界实际GDP年均3.78%的增速。② 排放集中。从地理位置上划分,2008年全球39.15%的二氧化碳排放来自于亚洲和大洋洲,23.57%来自于北美洲,15.68%来自于欧洲,而中东、非洲、南美洲各自所占全球二氧化碳排放总量的比例不到5%。目前,二氧化碳排放量最大的10个国家是:美国、中国、俄罗斯、印度、日本、德国、澳大利亚、南非、英国和韩国。③ 空间上向发展中国家转移。亚洲和大洋洲正成为二氧化碳排放量最为集中的地区,二氧化碳排放量由发达国家向发展中国家转移的态势已较为明显。

(3) 全球碳排放与能源结构。人类活动导致的以二氧化碳为主的温室气体的增加主要源于人类活动中的化石燃料燃烧。过去、现在和未来全球能源结构对化石能源的过度依赖或将是二氧化碳浓度快速上升的根源。以化石能源为基础的能源结构构成了世界现代工业文明的高碳经济发展模式的客观基础。化石能源不仅仍然是目前人类生产与生活的主要一次能源,而且问题的严重性还在于,它将仍然是未来一个较为漫长历史时期内全球最主要的能源。

(4) 全球工业生产活动与碳排放。从化石燃料燃烧导致全球大气二氧化碳浓度增高的历史轨迹来分析,这个影响始于工业革命。自工业革命以来,人类通过燃烧化石燃料向大气中排放的二氧化碳占全球二氧化碳排放总量的95%以上,是引起大气增温的主要原因。目前,全球近三分之一的能源需求以及世界范围内近40%的二氧化碳排放量均来源于工业活动。

2. 中国的碳排放

(1) 排放总量持续增加。改革开放以来中国的二氧化碳排放量迅速增加,排放总量从1978年的14.83亿吨增加到2008年的68.96亿吨,年均增长5.2%。2008年中国的二氧化碳排放总量为65.34~68.96亿吨,约占世界二氧化碳排放总量的13%,仅次于美国2008年二氧化碳排放量约占世界排放总量23.9%的比重。经济增长是中国碳排放迅速增加的最主要因素,而且现阶段的经济增长方式将导致中国未来碳排放持续增加。

(2) 碳排放与能源结构、能源效率。经济与社会发展对能源消费需求不断增加。2009年中国煤炭消费量增长了9.6%,占世界消费总量的46.9%。而中国的能源消费结构以煤为主,清洁能源在能源消费中的比重极其有限,低碳能源、清洁能源、可再生能源替代战略在目前还未显现出良好的效果。能源效率总体不高，2004年中国单位GDP能源消耗是世界平均水平的2.66倍。

(3) 工业碳排放是碳排放的主体。随着中国工业化的迅速推进，能源消费明显向工业部门集中，2007年和2008年全国工业能耗占全部能耗的比重达到71.6%和71.1%，明显高于世界平均水平。中国的工业生产不仅消耗了大量的能源，而且消耗的主要是化石能源，从而造成二氧化碳等温室气体大量排放。工业活动引起的直接二氧化碳排放量的90%来源于工业活动中能源的燃烧，目前中国的工业生产的碳排放量占全国总排放量的83.1%。

(4) 工业生产的能源使用效率。能源效率的提高对二氧化碳排放水平的增长有抑制作用。2003年以前，中国工业部门的能源节约主要来自能源效率的提高所产生的能源强度下降的贡献，但是在没有重大技术创新的背景下，能源效率提升的空间有限，因此目前能源强度的下降带来能源消耗减少的作用正在逐渐减弱。

(5) 工业生产中碳排放的空间特征。与全国二氧化碳排放的空间特征相类似，工业生产中二氧化碳的排放也具有相应的空间特征，而且空间特征更为明显。工业生产中二氧化碳排放的空间特征是随着工业化发展进程的演化而逐步形成的。在1952年工业化的起始阶段，全国各省区碳排放全部处于轻型范围之内。目前中国工业生产二氧化碳排放的空间特征与中国四大经济板块的工业化进程一致，长江三角洲和珠江三角洲制造业集中，是工业高碳排放的集中区域。

3. 江苏的碳排放

(1) 碳排放量迅速增加与能源消费持续上升。2001－2009年江苏二氧化碳排放量迅速增加，由2001年的28 525.53万吨增加到2009年的68 650.61万吨，年均增长率为11.60%，低于江苏全省同期17.54%的GDP增长率，但高于我国10.08%的碳排放年均增长率。2001—2009年江苏能源需求量年均增长14.06%，能源需求量增长速度不断加快，2009年能源消费量达到了历史最高点的23 709.28万吨标准煤。

(2) 能源消费结构比较单一。江苏能源消费结构比例失调，大量依赖煤炭。而由于煤炭的二氧化碳排放强度较高，致使江苏省在经济发展过程中的“高碳”特征非常明显。《中国能源统计年鉴》的数据显示，十年来江苏煤炭在一次性化石能源消费中所占的比重基本保持稳定，在74.8%～78.0%小幅波动。

(3) 单位GDP能耗逐步下降。2001—2009年江苏单位GDP能耗逐步下降，由2001年的0.86吨标准煤/万元下降到2009年的0.761吨标准煤/万元，并且始终低于全国的平均水平，但江苏与全国单位GDP能耗水平的差距在逐步缩小。

(4) 工业碳排放总量急剧上扬。进入新世纪以来，江苏工业快速发展，二氧化碳排放量逐年提高，全省规模以上工业二氧化碳排放量从2001年的22 428.71万吨增加到2009年的57 465.46万吨，八年间二氧化碳排放量的年均增速达到了12.48%。与此同时，全省规模以上工业碳排放强度显著下降，由2001年的7.62吨/万元减少到2009年的3.43吨/万元。这得益于江苏规模以上工业能源使用效率的提高和产业结构的调整。

(5) 工业碳排放占碳排放总量的比重继续上扬。2001—2009年江苏省规模以上工业二氧化碳排放量占全省二氧化碳排放总量的比重虽在个别年份有起伏，但从总体上分析比重呈不断上升的趋势，由2001年的78.63%上升到2009年的83.71%。

(6) 工业出口贸易是隐含碳净出口。2002年江苏工业出口贸易中隐含碳的出口量明显大于隐含碳进口量，存在隐含碳的净出口，是碳污染的转出方。虽然工业各个分行业隐含碳净出口或净进口的结果不尽相同，但机电、纺织等分行业的高能耗产品在工业出口产品中占有较高的比重，使江苏工业出口结构呈现一定高碳化态势。净出口行为显然会遭遇来自主要出口贸易国如美国、欧盟等国家或地区即将实施的碳关税。且从长期分析，受碳关税影响最大的很可能是某些生产技术落后的非高耗能行业，这些行业更容易出现出口、生产和就业等连锁波动。

二、基于气候变化视角的苏南地区的碳排放与面临的困境

1. 二氧化碳排放量增速超过全省平均水平

2005—2009年苏南五市二氧化碳排放量年均增长13.30%，超过同期全省7.18%的平均水平，由2005年的22 151.41万吨增加到2009年的35 567.67万吨。在此期间的二氧化碳排放量由大到小的顺序为苏州、无锡、南京、镇江和常州，排放增速依次为无锡、苏州、常州、南京和镇江；2009年苏南五市单位GDP二氧化碳排放量由大到小的顺序为镇江、苏州、无锡、常州和南京。相对应的是，苏南五市二氧化碳排放量占全省排放总量的比重进一步提升，由2005年的41.49%增加到2009年的51.81%。

2. 规模以上工业二氧化碳排放量占全省的比重逐年下降

2005—2009年苏南地区规模以上工业二氧化碳排放量年均增长率为5.02%，低于江苏全省7.61%的平均水平；占江苏全省规模以上工业二氧化

碳排放量的比重逐年下降，由 2005 年的 40.78%下降到 2009 年的 36.98%。将苏南地区的规模以上工业二氧化碳排放量占全省的比重与这一地区规模以上工业增加值占全省的比重进行比较，工业二氧化碳的排放水平是比较低的。

3. 工业内部结构的转型取得了一定成效

2005—2009 年苏南五市规模以上工业的二氧化碳排放量的年均增长率为 5.02%，远低于这一地区二氧化碳排放量 13.30%的年均增长率；规模以上工业的二氧化碳排放量占这一地区二氧化碳排放总量的比重逐年下降，由 2005 年的 80.95%下降到 2009 年的 61.16%，说明这一地区产业结构与工业内部结构的转型取得了新的成效。

4. 苏南地区工业碳排放量最大的前五个行业具有一定的相似性

比较苏南五市规模以上工业各行业的碳排放量，体现出一些共性特点：电力、热力的生产和供应业的二氧化碳排放量在工业部门以及区域内二氧化碳排放中占主体地位，是主要的碳排放来源；工业碳排放行业集中度高，主要集中在电力、热力的生产和供应业、化学原料及化学制品制造业、非金属矿物制品业、石油加工炼焦及核燃料加工业、化学纤维制造业、造纸及纸制品业、纺织业、黑色金属冶炼及压延加工业等行业，其二氧化碳的排放量占到所有行业的 90%以上。

5. 工业出口面临着巨大的压力

苏南地区进出口总额占江苏全省的比重基本稳定在 90%的水平上，本书第 4 章应用相关模型计算的江苏工业出口贸易碳排放、研究的碳关税对江苏工业出口的影响，以及江苏工业出口贸易对环境的污染问题，实际上基本描述的是苏南地区的情况。机电、纺织等行业在工业出口中较高的比重使江苏工业出口结构呈现一定高碳化态势。即使面对未来可能征收的碳关税进行必要的出口结构调整，也可能由于出口引发的连锁反应而波及其他非高能耗、低附加值的工业产品出口。面对欧美等国即将实施的碳关税，江苏未来的工业出口压力不容忽视。

6. 苏南地区的发展正面临一系列的困境

苏南地区年平均气温每十年上升 0.21 ℃～0.43 ℃，年平均降水量每十年的变化范围为－10.40 mm～34.19 mm；极端天气事件趋多增强，高(低)温事件发生频繁，影响面广；历史上自然形成的“鱼米之乡”自然特征正在淡化，乃至逐步消失；气温持续偏高、日照偏多、风速偏小、气压偏低是太湖蓝藻暴发的直接原因，国家和地方政府花巨资建设的治理太湖工程以及巨额投资的重大生态环境的修复工程能否发挥作用还受到气象条件的影响。IPCC(Intergovernmental Panel on Climate Change，政府间气候变化专门委员会）所描述的事实与预测的情景正在或可能将在苏南地区出现。

三、模拟情景下江苏和苏南地区能源消费和碳排放的预测分析

1. 理论与方法

主要依据中国科学院可持续发展战略研究组的《2009 年中国可持续发展战略报告》的相关理论和方法来展开，以 2005 年为基期，2020 年、2030 年、2040 年、2050 年为目标期，从低碳方案、优化方案、基准方案三套方案重点分析预测江苏和苏南地区的能源消费和碳排放。需要指出的是，由于统计数据缺乏等原因，本书并未对未来全国、江苏省和苏南五市社会经济、能源发展、技术进步、消费方式、排放需求等作出情景发展框架的精确定性描述与发展指标数据的精确预测及分析，所得出的数据仅为估算值。

2. 预测的参数设置

参数的设置主要涉及苏南五市未来国内生产总值增长率和碳减排率。由于经济发展的强大惯性作用，苏南五市在 2015 年之前 GDP 还将保持较快的增速，在某些年份甚至可能会超过 10%，但这种高增长将会随着经济总量的增加以及增长方式的转型而逐渐走低。在江苏省不同情景能源消费参数设置的基础上，本书对江苏苏南五市在低碳方案、优化方案、基准方案下的能源消费的参数设置可分别见表 5-8、表 5-9 和表 5-10。由于苏南五市在过去的发展中二氧化碳排放实际减排率的情景各不相同，在模拟情景下二氧化碳排放的分析预测，在按照上述参数设置方法的同时，主要依据各自的实际来展开预测分析。

3. 模拟情景下的能源消费

低碳情景下江苏省能源需求在 2030 年出现拐点，拐点的出现比全国提前 5 年。而苏南五市在低碳情景下的能源需求最大值虽然各不相同，但均在 2025 年出现下降的拐点，比江苏省低碳情景下拐点的出现提前了 5 年。苏南五市在优化情景、基准情景下的能源需求均分别在 2030 年和 2035 年出现拐点。

4. 模拟情景下的二氧化碳排放量

低碳情景下苏州市 2020 年二氧化碳排放总量为 14 900.87 万吨，单位 GDP 排放量为 1.02 吨/万元，人均碳排放量为 21.60 吨/人。低碳情景下无锡市、南京市、常州市、镇江市相应的数据分别为 4 646.03 万吨、0.45 吨/万元、9.47吨/人；5 153.82 万吨、0.59 吨/万元、7.38 吨/人；2 538.26 万吨、

0.53 吨/万元、6.76 吨/人；6 047.67 万吨、1.90 吨/万元、22.04 吨/人。在低碳模拟情景下，2020 年苏南五市中苏州市二氧化碳排放量最大，达到 14 900.87 万吨，而常州市最小，约为 2 538.26 万吨；常州市单位 GDP 排放量和人均碳排放量最小，分别为 0.59 吨/万元和 7.38 吨/人。低碳情景下江苏省 2020 年二氧化碳排放总量为 104 211.04 万吨，单位 GDP 排放量为 1.56 吨/万元，人均碳排放量为 12.20 吨/人。

5. 实现模拟低碳情景下的目标难度很大

低碳情景下苏南五市的能源消费、二氧化碳排放量的分析预测是有严格假设条件的，主要是必须严格执行本书表 5-1 中的二氧化碳排放情景的各种假设条件，实现预测分析目标实际上还有能源结构的调整与改善的客观要求。由于苏南五市的能源主要依靠外部供给，而设置的 2020 年低碳排放情景的能源结构采用了全国的统一标准，也就是说，在低碳基准情景下，到 2020 年苏南五市煤炭、石油、天然气与可再生能源的消费结构比例必须分别达到 60%、10%、15%、15%。如果达不到能源结构的改善要求，实现模拟低碳情景下的目标是困难的。

四、苏南地区工业企业低碳生产意愿与行为的现状描述

1. 现状描述的基本依据

本书以研究工业企业的低碳生产意愿与行为为主要视角。在展开相关文献综述和理论研究的基础上，本书的研究面向工业企业发放问卷，在南京、苏州、无锡、常州和镇江五市平均发放问卷 120 份，共发放问卷 600 份，收到有效问卷 353 份，有效问卷的回收率为 58.83%。整个调查在 2010 年 3—4 月进行。这一部分主要是依据问卷统计描述苏南地区工业企业低碳生产意愿与行为调整。

2. 创新特征

根据我国现行的高新技术企业标准来判断，被调查的工业企业中不足 25%是高新技术企业。51.0%的工业企业的 R&D(Research and Development，研究与发展)人员投入强度不足 10%，与发达国家 R&D 人员投入强度普遍超过 10%形成了鲜明的对比。被调查工业企业的总体创新特征并非十分明显。

3. 能源使用特征

81.3%的样本企业目前主要使用电力能源，不足 10%的样本企业使用了生物能源、太阳能、天然气等。因此，能源结构调整的任务非常艰巨，成为发展

低碳经济的关键所在。

4. 低碳产品的认证意愿

我国初步建立了环境标志认证制度，即将在全国范围内展开中国环境标志低碳产品认证工作。在受调查的353个工业企业的样本中，有85%的样本企业了解低碳经济的内涵，并愿意开展中国环境标志低碳产品的认证，显示出较高的低碳产品的认证意愿。

5. 碳排放的纳税意愿

碳税是政府以环境保护为目的，专门针对二氧化碳排放所开征的税种，以遏制二氧化碳的排放量。我国正在研究开征碳税的问题。本调查设置了假如征收碳排放税的问题，统计数据显示，69.4%的样本企业愿意承担碳排放税，然而在愿意承担碳排放税占纳税总额的比例上则表现出很大的差异性，5%以下是69.7%的样本企业的选择。

6. 参与碳排放交易市场意愿

我国正在积极探索碳排放交易市场化机制，首家综合性排放权交易机构也已经在天津成立。数据显示，83.1%的样本企业支持并具有参与碳排放交易市场的意愿。

7. 低碳生产的目标设定

56.7%的样本企业设定了年度和中长期的能耗目标，而且在设定目标的样本企业中，有87.1%的企业的能耗目标高于政府要求或与政府要求相同。同时在设定目标的样本企业中，67.9%的企业设定的目标是政府下达的或在政府指导下企业自主制定的。

8. 低碳生产目标预期

在问及到2020年全国单位国内生产总值碳排放比2005年下降40%～45%的目标能否实现时，65.2%的样本企业表示能够实现；问及企业到"十二五"期末单位产值的能耗在2010年的基础上能够降低多少时，46.9%的样本企业认为只能降低10%以下，35.4%的企业认为能够降低10%～20%；问及企业能否完成政府制定的节能减排目标时，51%的样本企业表示需要投入很大的人力财力才能完成，7%的样本企业认为很难完成。

9. 节能减排的资金投入

在受调查的353个工业企业样本中，有74.2%的样本企业安排了一定的资金进行节能减排，分别有56.2%、12.4%和5.6%的样本企业投入的节能减排资金占销售收入的比重达到1%～3%、3%～5%和5%以上。在所投入的资金中，62.9%的企业主要是用于设备的技术改造或购买。

10. 低碳生产面临的主要障碍

在外部环境与企业低碳生产的有关问题上，97.2%的样本企业认为政府对促进企业低碳生产方面的作用是重要的。关于最需要获得政府帮助的问题上，分别有45.5%和41.6%的样本企业认为是提供节能降耗、低碳生产的相关新技术和给予一定的税收优惠支持；28.6%、20.1%、18.0%和14.3%的样本企业分别认为节能降耗的相关优惠政策太少，节能降耗成本太高、收益太小或难以有大的预期收益，还不具备相应的技术条件或国内还没有相应的技术，能源成本占企业总成本比重比较低等。

11. 低碳生产意愿、行为与企业特征间具有一定的关联性

在统计性分析的初步研究中发现，样本企业的低碳生产意愿与企业的基本特征有着重要的内在联系，主要表现在管理者特征，企业类型、规模特征，企业创新特征，政府管理、产品国际化特征等与企业的低碳生产意愿、生产行为密切相关。

五、影响工业企业低碳生产意愿与行为的主要因素

1. 分析标准与主要因素的分析工具

依据本书第六章构建的工业企业低碳生产意愿与行为的理论分析框架，分别就影响工业企业低碳生产意愿与行为的主要因素展开了分析。对工业企业低碳生产意愿的主要影响因素分析以企业是否愿意缴纳碳税作为衡量其低碳生产意愿的标准，并且设置了25个变量，具体是：X_1-X_5分别为企业管理者特征；X_6-X_{11}为企业注册类型与规模特征；$X_{12}-X_{16}$为企业的技术特征；$X_{17}-X_{18}$为政府政策特征；$X_{19}-X_{22}$为企业的能源特征；$X_{23}-X_{25}$为企业其他特征，其中X_{23}为企业对区域发展总体环境评价，X_{24}为企业是否通过ISO14000认证，X_{25}为企业产品是否出口。在此基础上，将愿意缴纳碳税的水平作为衡量工业企业低碳生产行为的标准，在运用带罚函数的二元Logistic模型分析工业企业低碳生产意愿的基础上，引入Interval Censored的分析工具研究影响工业企业低碳生产行为的主要因素。

2. 影响工业企业低碳生产意愿的主要因素

主要有如下方面：

(1) 工业企业管理者特征的影响。管理者具有硕士及以上学历的工业企业低碳生产意愿的可能性相对高于管理者学历在大专以下的工业企业；较60岁及以上管理者所在的企业相比，年龄30岁及以下管理者所在企业低碳生产意愿的可能性低，可能的原因在于此年龄段的管理者所在的企业处于初创阶

段，生存与财富积累是主要目标，低碳排放尚不是此年龄段的管理者所更多关注的目标。

(2) 工业企业类型特征的影响。企业注册资本的大小、能源消耗占生产成本的比重影响企业的低碳生产意愿。主要特征是：注册资本 1 000 万元是一个门槛，跨越这个门槛后，低碳生产意愿与企业注册资本的大小成正比；能源消耗占生产成本越高的企业低碳生产意愿相对越弱。

(3) 企业创新特征的影响。与研发人员占职工总数比重在10%以下的企业相比较，研发人员占职工总数比重在 10%以上的企业更具有低碳生产意愿；同时，具有研发机构的企业比没有研发机构的企业也更具有低碳生产意愿。

(4) 企业市场特征的影响。产品出口的工业企业较非出口企业更具有低碳生产意愿。国际市场尤其是发达国家市场对进口产品有更多的环保要求，且发达国家的产品用户对环保产品具有更高的支付意愿。苏南地区国际化程度高，出口工业企业对国际市场的要求更具有内在的感受。

(5) 外部环境的影响。工业企业低碳生产意愿与外部环境密切相关，主要表现在：政府制定节能减排目标或在政府指导下制定节能减排目标的企业低碳生产意愿的可能性增加；企业对区域发展环境的总体评价与低碳生产意愿呈正相关。

3. 影响工业企业低碳生产行为的主要因素

工业企业管理者学历、管理者年龄、注册资本、研发人员占职工总数比重、具有研发机构和企业能源消耗情况等因素显著影响工业企业的低碳生产行为。

4. 低碳生产意愿与行为影响因素的比较分析

影响工业企业低碳生产意愿与低碳生产行为的主要因素并不相同，且表现出较大的差异性。这种差异性的表现及其可能的主要原因是：

(1) 管理者特征对企业低碳生产意愿与生产行为的影响不尽相同。在影响低碳生产意愿的因素中，管理者具有硕士或硕士以上学历的企业相对于管理者学历为本科及大专的企业低碳生产意愿显著增加；而在影响低碳生产行为的因素中，管理者具有硕士及以上、本科与大专学历两个变量共同显著地产生正相关的影响。由此显示，具备了低碳生产意愿的企业，其低碳生产行为与管理者的学历层次呈正相关。

(2) 企业规模特征影响的效果不一。注册资本在 1 000～2 000 万元的企业具有相对显著的低碳生产行为，影响低碳生产行为的这一因素与低碳生产意愿的影响因素一致。区别在于，注册资本在 3 000 万元及以上的企业具有显著的低碳生产意愿，但低碳生产行为并不明显。一个重要的原因是，在能源消耗结构和低碳生产技术基本相同的情形下，企业注册资本越大，意味着生产规模越大，相应的碳排放量也越高，可能缴纳的碳税额度越大，节能减排的预期收益小于可能缴纳的碳税，低碳生产的行为可能迟缓。

(3) 创新特征对企业低碳生产行为影响更明显。在影响企业低碳生产意愿的影响因素中，研发人员占职工总数比重在 30%及以上、10%～20%的企业和具有研发机构的企业具有低碳生产意愿。而在影响企业低碳生产行为的因素中，研发人员占职工总人数比重在 20%～30%产生了正相关的显著影响，而研发人员占职工总数比重在 10%～20%的企业并不显著。主要的原因是，低碳生产意愿是愿望，而低碳生产行为是行动，愿望转化为行动需要企业技术创新能力的支撑，对企业的研发人员占职工总人数比重的要求更高。

(4) 能源成本影响反差显著。罚函数模型计量结果显示，能源成本占生产成本比例在 10%～30%、与 5%～10%的企业相对能源成本 5%以下的参照组而言，没有明显的低碳生产意愿。而 Interval Censored 模型计量显示，能源成本占生产成本比例在 10%～30%的企业具有明显的低碳生产行为，出现了明显的反差。这需要从样本特征的角度来加以解释。样本显示，能源成本占生产成本 10%～30%的企业具有较高的创新能力，表现出一定的低碳生产行为，以降低生产成本，实现收益的最大化。

(5) 低碳生产行为的影响因素更取决于企业内在驱动力。罚函数模型计量结果显示，企业节能减排目标的制定类型、对区域发展环境的总体评价、是否通过 ISO14000 认证、产品是否出口显著地影响企业的低碳生产意愿；而企业具有了低碳生产意愿，则上述因素对其低碳生产行为的影响不显著。主要的原因是，具备低碳生产意愿的企业对区域发展环境的感知与认识基本一致，同时企业已愿意缴纳碳税，而 ISO14000 认证所发生的成本与缴纳的碳税相比则显得非常微小，对区域发展环境的总体评价、是否通过 ISO14000 认证等因素难以再发生相应的作用；企业的低碳生产意愿能否转化为低碳生产行为，内在地起决定性作用的不再是外部的市场特征和政府的目标控制，更主要的是企业的内在创新能力。

5. 国内外研究结论的比较

研究结果显示，国外学者关于企业低碳生产意愿与行为研究的主要结论在我国具有良好的普适性，国际经验对促进国内企业低碳生产具有借鉴意义。因此，尽可能地借鉴国外的研究成果，对缩短中国学者的研究周期，探究在中国保护和激励工业企业低碳生产积极性的现实路径，促进工业企业生产转型，服务于政府决策，并为发展中国家提供有益的经验，都具有积极的意义。

六、苏南地区工业企业低碳生产转型的政策工具

1. 政策工具设计实施的基点与国际经验

政策工具的设计必须着眼于影响苏南地区降低工业生产碳排放强度所急需解决的若干个关键问题——能源结构难以在短期内根本性改变、产业结构难以在短期内扭转、产业能源效率难以在短期内有效提升和工业企业低碳生产行为难以在短期内形成。在此基础上，必须关注国家未来对苏南地区发展的新要求、关注未来国际新格局，以站在更高层次综合考虑工业企业低碳生产转型的组合性的政策工具，尽可能地使组合性的政策工具具有前瞻性，能够有效地引领低碳经济的发展，促进工业企业低碳生产的转型。

2. 实现政策工具价值理性的转变

苏南地区在发展中始终面临着既要确保经济增长，又要促进结构调整的“两难冲突”，往往是实现了短期的经济增长而遮蔽了长远的结构问题，或为未来结构的转型增加了新的障碍。虽然苏南地区的五个城市未必都将经济增长指标列入各自的国民经济与社会发展的“十二五”规划之中，但这一具有重要意义的进步能否彻底转化为实际行动，不仅有一个漫长的演化过程，更有待于实践的检验。真正意义上的促进工业企业低碳生产的政策工具具有复杂性、艰难性和关联性，真正意义上促进转型的政策工具的基点应该是更具包容性和共享性，点面结合，形成经济利益驱动型、收益共享型的工业企业低碳生产的长期动力机制。

3. 力度更大的技术改造与国际技术合作是碳排放量较大行业转型的路径

具体而言，必须在继续严格执行相关政策的同时，分类指导，采取更加积极有效的调整改造措施。对黑色金属冶炼及压延加工业、化学原料及化学制品制造业、非金属矿物制品业和纺织业在继续实施关停并转的同时，对继续保留的企业，重点实施清洁生产与循环经济等方面的技术改造；而对电力、热力的生产和供应业，由于行业的特殊性，更多的则主要是采用重大的低碳技术，如实施碳捕获和存储技术。目前我国单独展开碳捕获和存储技术研发与商业化的难度大，展开国际合作是重要的路径。

4. 改革能源价格体系与加大新能源的供给

苏南地区应该争取上级相关部门的支持，率先改革能源价格的形成机制。同时，积极强化新能源供给的体系建设，使企业有能源消费的多种选择。能源

价格体系的改革与新能源的供给，是苏南地区工业企业低碳生产转型的基础性工作。

5. 强化低碳技术的研发与推广

苏南地区各市要全面整合优化分散在有关部门的各类促进节能减排的专项资金，统一设立低碳经济专项引导资金，支持全社会的节能降耗、低碳排放、发展循环经济、清洁生产与低碳技术创新。有重点地选择有利于苏南地区节能减排能力提升的重点关键性技术，通过技术联盟的方式，按照“优势互补、层级相配”的原则，以大企业集团为基础，具有核心竞争优势的高校、科研机构参加，展开碳减排重大关键技术的科研攻关，研发急需的碳减排的共性技术和前瞻性技术。

6. 争取开征碳税试点

碳税通过对燃煤和石油下游的汽油、航空燃油、天然气等化石燃料产品，按其碳含量的比例征税，来实现减少化石燃料消耗和二氧化碳排放。与总量控制和排放贸易等市场竞争为基础的温室气体减排机制不同，征收碳税只需要额外增加非常少的管理成本就可以实现。我国迟早需要开征碳税，国家发改委正在研究征收碳税的具体方案。根据我国通常的做法，一般有可能在全国面上推开之前进行试点。从早改革、早主动、早发展来看，苏南地区有条件、有基础通过争取试点开征碳税。

7. 探索建立工业企业碳排放许可证制度

苏南地区可以选择不同行业的有代表性的重点企业为案例，科学合理地确定不同行业特点的工业企业碳排放总量计算的理论与方法，尤其是重点工业行业、工业企业碳排放的计量问题。在此基础上，研究制定地区的碳排放总量控制标准，根据地区的碳排放容量，确定工业企业单位销售额的最低碳排放标准。

8. 培育苏南地区碳排放的交易市场

苏南地区推进建立碳排放交易市场具有良好的基础，这是因为江苏是国家环保总局确定的电力工业二氧化硫排污权交易试点的省份之一，同时江苏在二氧化硫排污权交易标的、交易参与者、交易方式、配额分配、交易跟踪、监管等方面作出了有益的探索。2008 年起，江苏又开始建设太湖流域主要水污染物排污权交易市场，逐步建立企业向政府购买指标的一级市场和利用市场配置功能的企业之间相互购买指标的二级排污权交易市场。因此，苏南地区应该在国家有关部门的指导下，抓紧推进建立碳排放交易市场。当然，苏南地区推进建立碳排放交易市场将面临诸多非常复杂的问题，有些理论、技术与制度问题需要统筹考虑，逐步解决。

第 1 章 导 论

作为研究的第 1 章，本章主要阐述本书研究的背景、研究的主题与研究的方法、框架等，展现研究的主要思路。本章是本书研究的逻辑起点，在本书的研究中具有基础性、轮廓性的重要作用。

1.1 研究背景

新世纪的头十年，江苏的苏州、无锡、南京、常州、镇江所构成的苏南板块（苏南地区）在率先基本实现现代化的历史进程中取得了新成就，经济综合竞争力跃上新台阶、经济结构调整取得新成效、经济国际化水平达到新高度、城乡统筹建设取得新进展等成为描述这些新成就的主要用语①。但是，经济高速发展的轨迹、现代化的建设成效并没有改变如下事实：近百年来这一地区的气温有显著的上升趋势，且与北半球总变化趋势基本一致（丁裕国等，1998）②。政府发布的有关数据显示：苏南地区年平均气温每十年上升0.21 ℃～0.43 ℃，年平均降水量每十年的变化范围为－10.40 mm～34.19 mm；极端天气事件趋多增强，高（低）温事件发生频繁，影响面广③。苏南地区在经济发

① 传统意义上的江苏苏南地区是指苏州、无锡和常州三市，现在扩展到苏州、无锡、南京、常州、镇江五市。如果没有特别说明，本书中所指的苏南地区或苏南五市、苏南板块，一般包含苏州、无锡、南京、常州、镇江五市。

② 丁裕国，金莲姬，江志红．近百年江苏中部和南部地区气温趋势及其变化率估计[J]．气象科学，1998，18(3)：249－255.

③ 2007 年江苏省人民政府文件：《关于印发江苏省应对气候变化方案的通知》（苏政发[2009] 124 号）。

展中正面临着一系列的困境，IPCC（Intergovernmental Panel on Climate Change，政府间气候变化专门委员会）所描述的事实与预测的情景正在或可能将在苏南地区出现。例如：

——苏南地区历史上自然形成的“鱼米之乡”正在逐步淡化。气候变化增加了农业生产的不稳定性，由于受温、光、水、气及其变化的影响，农作物的产量和品质呈不稳定变化趋势。平均气温升高、温光资源分布规律出现新的变化，导致品种、技术的适应性和产量的稳定性下降，甚至影响产品品质。这一格局假如进一步延续必将改写“鱼米之乡”的历史。

——苏南地区农业生产成本增加。气候变化和极端气候事件影响水资源的区域平衡，苏南地区降水量增加，加重了区域排水难度和洪涝灾害，而“迟梅”或“空梅”增加了农业生产的供水成本，对苏南地区的农业生产的影响已经逐步显现。

——苏南地区是全国现代化交通设施密度最强、水平最高的地区之一，强降水、高温、结冰、雾、霾、强风等灾害性天气不仅容易引发交通事故，而且极易造成高速公路关闭、船舶滞留、飞机停航等，给交通运输业造成巨大经济损失。同时，突发灾害性天气已成为破坏交通设施的重要因素。

——苏南地区水系环境逐步恶化，尤其是苏州、无锡、常州等共同拥有的太湖水系环境持续恶化，气温持续偏高、日照偏多、风速偏小、气压偏低是太湖蓝藻暴发的直接原因；国家和地方政府花巨资建设的治理太湖工程，以及巨额投资的重大生态环境的修复工程能否发挥作用还受到气象条件的影响。

气候变暖、极端天气事件趋多增强，当然不是苏南一个地区的责任，不是江苏一个省份的责任，更不是中国一个国家的责任，而是人类活动尤其是工业革命以来产生与累积的温室气体特别是二氧化碳持续高强度排放所致，是全球共同的责任。但改革开放以来，中国二氧化碳排放量急剧上升，而目前江苏二氧化碳的排放量位居全国第四位，苏南地区二氧化碳的排放量则始终占据江苏的半壁江山。翻开苏南地区的历史，不难发现：

——苏南地区是我国工业化发展最早的地区。早在1958年人民公社化时期，苏南地区在集体副业基础上办起了一批社队企业；20世纪70年代，这些小型社队企业逐渐发展成为农机具厂；1978年后苏南地区的乡镇工业迅速壮大起来，至1989年苏南地区乡镇企业创造的价值在农村社会总产值中已经占到了60%，迅速发展的工业化创造了著名的“苏南模式”。苏南地区的工业化发展消耗了大量的化石能源，工业生产中基于化石能源使用形成的二氧化碳排放量持续增加。

——苏南地区是我国利用外资最早也是密度最高的地区之一。外向型工业的迅速发展在促进经济繁荣、扩大就业的同时，以加剧资源紧张、牺牲环境为代价的发展模式所产生的问题已为人们逐步认识：进口多为高技术含量的产品，而出口多为机电、服装、化工等高碳产品，出口的隐含碳排放远高于相应的进口排放，造成了事实上的碳污染转移。

——苏南地区是我国城市化水平最高的地区之一。村庄的逐步消失、农村人口的不断迁移，城市的持续扩大、大量建筑群的崛起和汽车的超速增加，大大增加了温室气体的排放。然而，在大力推进城市化的进程中，苏南地区的技术体系并未实现革命性的提升，如建筑和电器产品的能源效率控制标准不高，更清洁和更环保方式的公共交通系统尚未真正形成。

为应对全球气候变暖，遏制碳排放，在新世纪头十年中的2003年，世界产生了一个业已证明影响深远的新名词——低碳经济。它由第一次工业革命的先驱英国率先提出，在被誉为在人类应对气候变化历史中具有新里程碑意义的巴厘路线图中得到了充分肯定（IPCC，2007）①，目前已为国际社会所普遍认同②。

低碳经济给中国的发展创造了巨大的历史性机遇。在经济崛起、生态脆弱的背景下，面对低碳经济发展的绝佳良机，苏南地区在反思、选择，已在更高层次、更宽领域、更广范围认识到传统的发展道路难以为继，领悟到能否真正形成经济、社会、资源与环境的可持续发展格局，对人类应对气候变化作出应有的积极贡献，已成为衡量苏南地区现代化建设水平的最重要标准之一。基于这样的时刻认识，发展低碳经济正在成为苏南地区的巨大实践，这是苏南地区发展史上具有里程碑意义的进步。

本书的研究就是在这样的历史背景下展开的。

1.2 低碳经济的基本特征

在研究低碳经济背景下，研究苏南地区低碳发展之路，首先必须准确把握低碳经济的基本特征，这是目前把握研究视角的基础。

---

① IPCC. 气候变化2007：综合报告[R]. 联合国政府间气候变化专门委员会第四次评估报告第一、第二和第三工作组的报告核心撰写组 Pachauri. R. K.，Reisinger. A.：日内瓦，2007：1－104.

② UK Energy White Paper. Our Energy Future-Creating a Low Carbon Energy [EB/OL]. http://www.berr.gov.uk/files/file10719.pdf，2003－02.

本书第2章的研究在对国内外相关概念作出阐述的基础上，对低碳经济的内涵特征展开了专门的分析，认为由于学者们研究的背景、角度与所处的国情不同，虽然对低碳经济的认识并不完全相同，但不难发现，国内外学者在对低碳经济的内涵特征的认识上具有共同特点：通过技术创新和制度创新等多种有效的组合方式，尽可能最大限度地减少温室气体排放、提高能源效率，减缓全球气候变化趋势，实现经济发展和资源环境保护共赢的可持续发展。基于国内外学者研究的共同特点，本书进一步界定了低碳经济的概念：低碳经济是以减少碳排放、遏制气候变暖为核心目标，具有广泛性、相对性、阶段性的基本特征，实现目标的基本路径就在于技术创新与制度创新的高度融合，本质是以发展为基本前提，既强调发展速度，又关注发展质量，现代工业文明与生态文明和谐融合的全新的发展模式。由此可见，低碳经济并不是否定发展，而主要是指转变经济的发展方式，实现经济的包容性增长，通过多种手段降低能源和资源消耗，尽可能最大限度地减少温室气体排放，实现减缓气候变化的目标。而且不同的国家、不同的地区由于发展水平的差异，低碳经济发展模式应具有不同的特点，并不能一概而论，包括中国在内的发展中国家发展低碳经济的重点则明显不同于发达国家。在低碳经济的框架下发展这一概念，其内涵得到了进一步的提升，体现了发展的历史观、时代观。

1.3　研究视角

低碳经济作为一种新的发展模式，是相对于无约束的化石能源消费的经济发展模式而言的，涉及经济、社会、人口、资源与环境等方方面面，非常复杂，不仅涉及技术问题，也涉及制度安排，还与社会文化形态相关，与每个企业、家庭、个体等密切相关。在我国，由于发展的不平衡性，不同的地区、不同的城市低碳经济发展所包含的内容不尽相同，不同的发展阶段的重点不一。对任何一个地区而言，选择最为紧迫、最为重要、最具基础性和可能性的关键问题入手，并基于低碳经济的内在规律性来点面结合、有序推进低碳经济发展是明智的对策。

苏南地区发展低碳经济选择什么路径？这是一个事关低碳经济发展成效的重大而现实的问题。回答这个问题，是学者们极其重要的共同责任。

苏南地区必须基于国内外的历史经验、客观的现实与未来的要求，来回答这个问题：

——温室气体尤其是二氧化碳的持续排放来源于过去一百多年来工业革命的化石能源消耗。全球工业生产活动因为大量使用化石能源而成为二氧化碳排放量持续增加的最重要的源头。自工业革命以来，人类通过燃烧化石燃料向大气中排放的二氧化碳占全球二氧化碳排放总量的95%以上，是引起大气增温的主要原因。目前全球近三分之一的能源需求与世界范围内近40%的二氧化碳排放量均由工业活动所致(IPCC,2007)。

——以化石能源为基础的能源结构构成了世界现代工业文明的高碳经济发展模式的客观基础。19世纪70年代的产业革命以来，全球以煤炭为主的化石燃料的消费量急剧增长；20世纪60年代石油首次超过煤炭，跃居一次能源的主导地位。目前世界主要能源消费国家的能源消费结构中，石油消费比重一般为30%～40%，天然气为20%～30%，核能、风能、水能等新能源逐渐被利用。但化石能源将仍然是未来一个较为漫长历史时期内全球最主要的一次能源。

——二氧化碳的排放量与产业结构高度相关。在工业化发展的历史阶段，工业生产能源消费一直是能源消费的主体。我国正处于工业化发展的中期阶段，能源消耗以工业为主体的产业结构与美国形成了鲜明的对比(图1-1)，也与欧盟成员国形成了巨大的反差。图1-2显示，目前在欧盟27国能源消费领域中，建筑部门是主要消费者(武涌等，2010)①。这是因为，美国和欧盟成员国已经基本完成了工业化的发展。

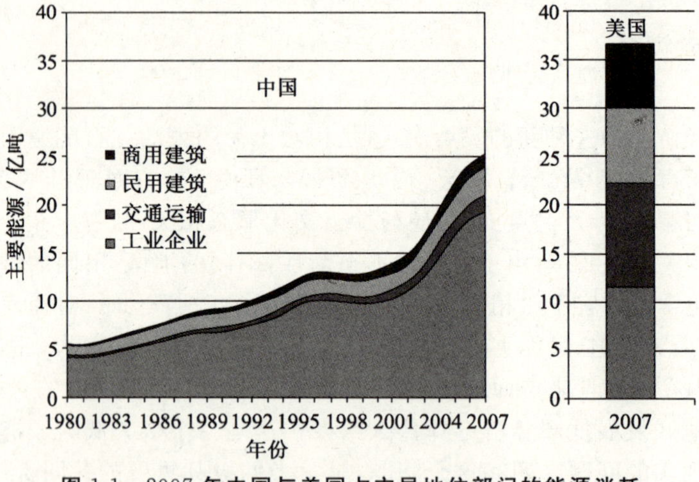

图1-1　2007年中国与美国占主导地位部门的能源消耗

资料来源：LBNL；NBS, various years；US EIA, 2008a.

① 武涌，孙金颖，吕石磊. 欧盟及法国建筑节能政策与融资机制借鉴与启示[J]. 建筑科学，2010，26(2)：1—12.

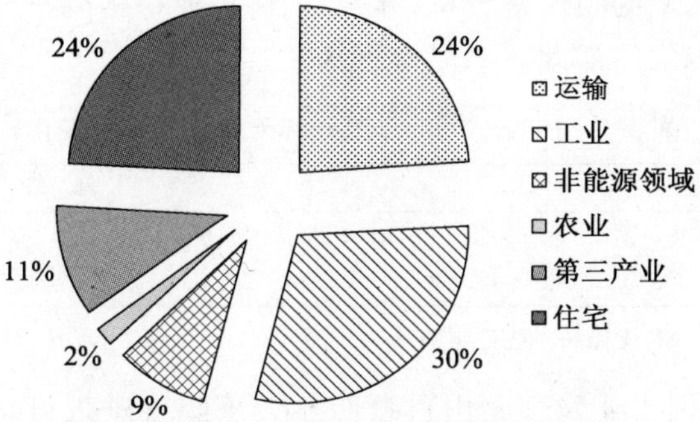

图 1-2　欧盟 27 国各领域终端能源消耗比例

资料来源：武涌，孙金颖，吕石磊. 欧盟及法国建筑节能政策与融资机制借鉴与启示[J]. 建筑科学，2010，26(2)：1—12.

——目前，世界各国提出的二氧化碳减排目标，均是建立在能源结构改善的基础之上的。我国同样如此。中国科学院可持续发展战略研究组的《2009年中国可持续发展战略报告》提出的到 2050 年我国低碳、优化、基准三种情景下的碳减排目标是基于煤炭、石油、天然气与可再生能源等能源消耗结构优化调整的基础之上的。例如，到 2020 年我国低碳情景碳减排目标的实现要求的能源结构是煤炭、石油、天然气与可再生能源的比例为 60%、10%、15%、15%，煤炭消耗的比例必须控制在 60%及以下。

目前，苏南地区的大体情景是：

——苏南地区的工业化进入中后期，工业化仍然是推进现代化的主要战略。

——苏南地区的能源需求严重倚靠煤炭，目前工业能源消耗占全部能源消耗的 80%以上。

——黑色金属冶炼及压延加工业、非金属矿物制造业、化工原料及化学制品制造业、电力煤气及水生产供应业、采掘业、石油加工业均是苏南地区的重要产业部门和能耗大户。

——工业碳排放是碳排放的主体。2008 年苏南地区规模以上工业的二氧化碳排放量占这一地区二氧化碳排放总量的比重为 67.26%。

——产业结构调整较为缓慢。1990 年以来，苏南地区产业结构中变化最大的是农业比重下降，服务业比重提升，而工业仍然是最大产业的格局始终没有动摇。以苏州、无锡为例，2008 年苏州工业在国民经济中所占的比重为 62%，比 1990 年还高出 1 个百分点；无锡的情景略好一些，但期间不断反复，而且今后工业在国民经济中所占比重也仍有可能反弹。三次产业结构调整较为缓慢，从所占比重的角度来分析，苏州、无锡工业结构调整成效并不明显，常州、镇江的情况也大体如此。

表 1-1　1990—2008 年苏州和无锡三产比例变化　　单位：%

年份	1990	1995	2000	2005	2008
苏州	17.3∶61.0∶21.7	8.9∶60.2∶30.9	5.9∶56.5∶37.6	2.2∶66.6∶31.2	1.6∶62.0∶36.4
无锡	10.9∶67.1∶22.0	5.3∶60.4∶34.4	3.9∶58.7∶37.4	1.7∶60.5∶37.8	1.4∶57.6∶41.0

数据来源：根据苏州、无锡历年统计年鉴。

——苏南地区工业隐含碳出口量明显大于隐含碳进口量。表 1-2 显示，苏南地区尤其是苏州和无锡的外贸依存度很高，出口规模的扩大直接促进苏南地区工业出口隐含碳排放的增长，进口产品虽然减少了这一地区的隐含碳排放，但总体看来，工业存在隐含碳的净出口，在未来的国际贸易中面临着国外碳关税的约束。

表 1-2　2005—2008 年苏南出口依存度与江苏全省的比较　　单位：%

年份	苏州	无锡	南京	常州	镇江	江苏
2005	148.15	45.30	48.27	38.36	18.80	54.84
2006	153.52	50.65	49.01	39.34	20.64	57.90
2007	158.65	57.76	47.72	39.63	23.32	60.20
2008	134.92	55.46	42.92	41.15	20.96	53.90

注：出口依存度是指出口总额占 GDP 的比重。资料来源：根据 2009 年苏州、无锡和常州各市和江苏省的统计年鉴整理。2005 年美元汇率：8.194 9；2006 年美元汇率：7.813 6；2007 年美元汇率：7.607 1；2008 年美元汇率：6.864 6。资料来源：中国人民银行网站。

因此，基于国内外的历史经验、客观的现实与未来的要求，苏南地区发展低碳经济必须从工业生产的低碳转型着手，并由此带动全社会的低碳生产、低碳生活，最终形成苏南地区共同实现工业、农业、服务业和社会生活的低碳转型。

政府作用固然重要，但工业企业是碳排放的主体，低碳生产转型的主体。苏南地区工业低碳转型必须依靠工业企业。忽视工业企业的作用容易造成低碳经济发展的不确定性和脆弱性。因此，本书主要以工业企业低碳生产意愿与行为为主要的研究视角，着力分析影响工业企业低碳生产的主要因素，着力研究影响工业企业由低碳生产意愿向低碳生产行为转化的主要因素。工业企业低碳生产意愿与行为的研究构成了本书研究的主题。而通过实证分析，运用所构建的理论分析框架研究影响工业企业低碳生产意愿与生产行为的主要因素，设计苏南地区低碳经济发展的路线图，为政府的决策服务，则是本书的主要研究目标。

1.4 研究路线

为了达到本书的研究目标，促进苏南地区低碳经济的发展尤其是实现工业企业低碳生产的转型，本书的研究按照图 1-3 的技术路线来展开。

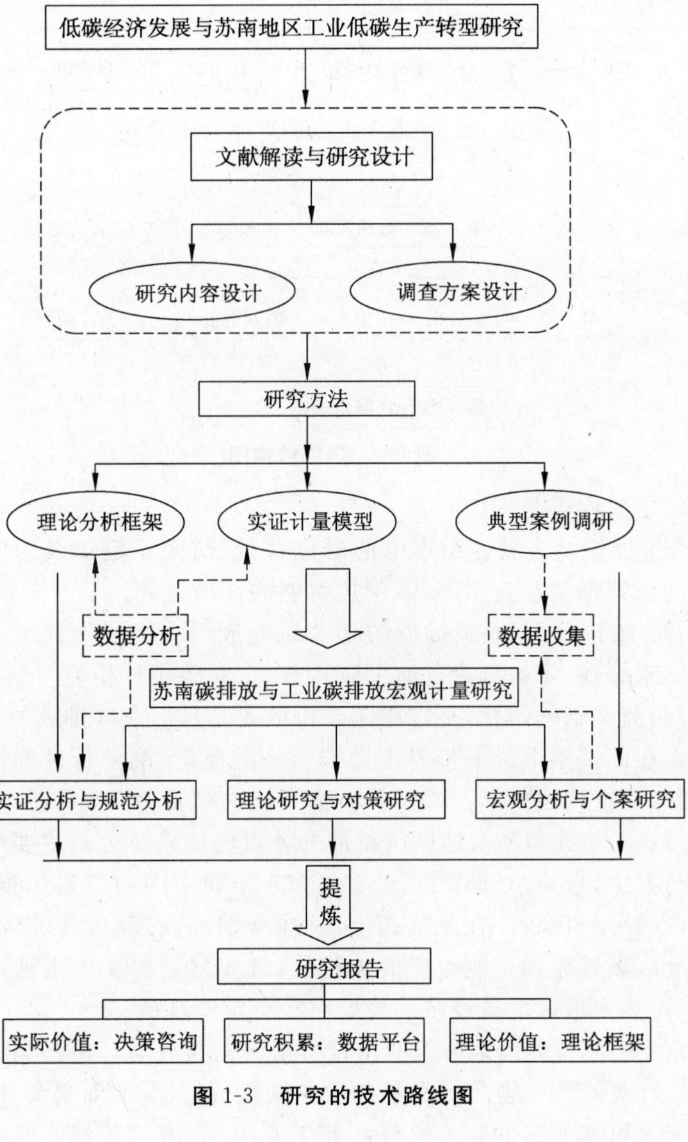

图 1-3 研究的技术路线图

1.5 本书结构

基于研究的主题与研究的技术路线，本书研究的结构如图 1-4 所示。

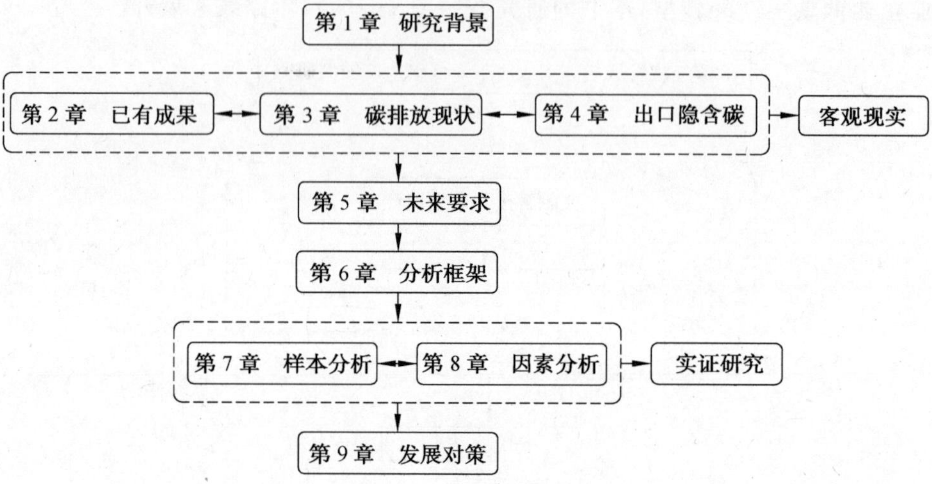

图 1-4　研究结构图

各章的主要内容是：

第 1 章：导论。主要介绍本书的研究背景、研究主题以及为实现研究目标而安排的研究框架与技术路线，阐述可能的创新之处。

第 2 章：碳排放、工业碳排放的相关研究成果。主要展开与本书研究主题的相关文献综述，了解国内外有关碳排放、工业碳排放相关问题的主要研究成果，通过研究文献的研判，把握中国碳排放尤其是工业碳排放的主要特征与未来走势。在此基础上进一步界定低碳经济的概念、廓清低碳经济的基本特征等，力图为后续构建模型与提出分析框架提供重要的文献支撑。

第 3 章：江苏省与苏南地区碳排放的计量与比较研究。主要应用较为成熟的模型与方法，进一步计算了 1953－2008 年间中国的二氧化碳排放量，并展开了相应的分析比较。在此基础上，站在全国的高度，以江苏省为参照，分析了苏南地区碳排放和工业生产的碳排放，真实地把握了苏南地区碳排放的情况，为探讨苏南地区低碳经济的发展路径奠定了基础。

第 4 章：江苏与苏南地区工业出口贸易的碳排放与环境污染。主要通过投入产出法计算江苏工业出口贸易的隐含碳排放，并依据计算结果利用 CGE 模型估算未来可能实施的碳关税对江苏工业生产、出口和就业等相关方面的影响，同时研究江苏工业出口贸易生产对整个江苏工业“三废”排放污染的影响。在此基础上，以江苏全省的情景作参照，对苏南地区工业出口贸易的碳排放与环境污染情况展开简要的评价，从这一地区外贸依存度高、工业出口规模大的实际出发，力求为这一地区的工业出口结构转型寻求路径。

第5章：模拟情景下江苏和苏南地区能源消费和碳排放的预测分析。主要依据中国科学院可持续发展战略研究组的《2009年中国可持续发展战略报告》的相关理论和方法来展开，以2005年为基期，2020年、2030年、2040年、2050年为目标期，重点在低碳方案、优化方案、基准方案三套方案下分析预测江苏和苏南地区的能源消费和碳排放，主要目的是为研究苏南地区低碳发展的转型路径作铺垫。

第6章：工业企业低碳生产意愿与行为的理论分析框架。主要是基于二元Logistic模型本身固有的缺失，在对数似然函数中添加罚函数，构建了带罚函数的二元Logistic回归模型。在此基础上，以计划行为理论为指导，将带罚函数的二元Logistic回归模型与Interval Censored回归模型有机结合，形成组合性分析工具，构建分析工业企业低碳生产意愿与低碳生产行为主要影响因素的理论框架。

第7章：工业企业调查分析的方案设计与描述性研究。主要是根据第6章构建的理论分析框架，对所调查的353个工业企业样本的管理者特征、低碳生产意愿与行为、低碳生产转型所面临的主要障碍等进行统计性的描述与分析。

第8章：影响工业企业低碳生产意愿与行为的主要因素的实证分析。主要基于理论分析框架，对影响工业企业低碳生产意愿与行为的主要因素展开了具体的剖析，得到了重要的具有政府决策咨询价值的结论，为在理论层次上回答现实迫切需要解决的重大决策问题提供了有力支撑。

第9章：苏南地区工业企业低碳生产转型的政策工具。本章的重点是从苏南地区工业企业总体上有一定的低碳生产意愿，但低碳生产的行为尚不明显，低碳生产意愿转化为具体的低碳生产行为更是面临诸多的障碍，发展低碳经济的微观基础较为脆弱的这一实际出发，以政府引导与市场机制相结合的组合性政策工具为重点，着眼于工业领域与工业企业的低碳生产转型，提出了促进苏南地区低碳经济发展的基本对策。

1.6 可能的创新与局限

本书的创新主要体现在以下两个层面上：

(1) 在学术研究层面上。工业企业是低碳生产转型的微观基础。本书在学术层面上，最主要的创新体现在构建工业企业低碳生产意愿与行为的理论分析框架，为科学地研究影响工业企业低碳生产意愿与行为的主要因素奠定理论基础。尤其是在国内率先构建了带罚函数的二元 Logistic 模型，这可能填补了国内对带罚函数的 Logistic 回归模型研究的空白，为小样本容量的 Logistic 模型研究提供了新的思路，初步解决了 Logistic 模型可能存在的偏差以及因小样本而无法迭代的问题，并提供了分离问题存在的检验方法，以区别不同的分离状态。带罚函数的二元 Logistic 模型，不仅是工业企业低碳生产意愿的分析工具，而且在社会科学研究领域对于共性问题的研究具有普遍适用性。

(2) 在实际操作层面上。本书的研究可能有效地克服了国内发展低碳经济对策研究泛泛而谈的弊端，而是有机结合苏南地区工业化发展的历程、面临的客观实际与未来的新背景，在促进工业企业低碳生产转型的政策工具设计的系统性上作出了探索和提出了自己的见解，创新性地提出了实现政策工具价值理性转变的思路，认为政策工具必须是组合性的体系，必须着眼于解决现实发展中面临的关键问题，必须关注未来发展的新要求，必须关注未来国际新格局。四个“必须”体现了国家和江苏对苏南地区发展的新要求，内在地反映了苏南地区发展的新特征，根本地体现了处于转型发展历史阶段苏南民众的新期盼。在四个“必须”理念的框架下，本书从九个方面综合形成了较为完整的现阶段苏南地区促进低碳生产转型的组合性的政策工具体系。尤其值得指出的是，本书以社会福利最大化为出发点，首次在信息不对称以及多元主体的假设条件下，通过数理逻辑推理指出，碳税是促进工业企业低碳生产转型的重要的经济杠杆。

然而，本书的局限性也是非常明显的，突出体现在：

(1) 由于历史数据的缺乏与统计口径的问题，难以准确计算苏南地区的碳排放。例如，在南京、苏州、无锡、常州、镇江五市的统计年鉴中就缺少全社会能源消耗的分类数据，难以使用国际通用的方法来计量这一地区的二氧化碳排放。同时，由于南京、苏州、无锡、常州、镇江五市没有编制投入产出平衡表，因此也难以准确计算苏南地区工业出口贸易的隐含碳的排放。虽然本书的有关碳排放计算基本可行，但由于数据的缺乏甚至各地区、省市间统计年鉴有关指标的不统一，计算结果的科学性难免受到影响。作者期待与各方面的学者、政府部门相关人员展开交流。

(2) 所构建的工业企业低碳生产意愿与行为的理论分析框架，尤其是带罚函数的二元 Logistic 模型尚需进一步的完善。本书的作者已经将带罚函数的二元 Logistic 模型应用于食品安全经济学领域中，并且效果良好，但这一理论上的创新有待于通过时间来检验，有待于国内学者的验证，更有待于国际学者的评判。

(3) 影响低碳生产意愿与行为的主要因素相当复杂，并且随着时间的演化而动态变化。由于目前国内现有的相关研究几乎空白，因此本书对影响工业企业低碳生产意愿与行为主要因素的研究是初步的，而且目前本书的研究仅在静态层次上初步展开，没有也难以在时间序列上展开深入的动态分析，这就是本书研究最大的不足，也是未来这一领域研究的重点。

第2章

碳排放、工业碳排放的相关研究成果

本书研究的主题是苏南五市工业企业低碳生产意愿与低碳生产行为，重点探究促进工业企业由高碳排放的经济模式走向低碳经济发展形态的路径等。对苏南五市这一问题的研究，必须依赖于理论的支撑，必须基于全国乃至全球的宏观背景。因此，必须首先展开与本书研究主题相关的文献综述，了解主要的研究成果，把握碳排放尤其是工业碳排放的主要特征与未来走势，进一步界定低碳经济的概念，廓清低碳经济的基本特征等，为后续构建模型与提出分析框架提供重要的文献支撑。展开碳排放、工业碳排放与低碳经济相关的文献综述、主要研究成果是本章研究的主要内容。

2.1 气候变暖、碳排放与低碳经济

现有的研究表明，全球气候变暖(Global Warming)危及能源、粮食、水资源、生态和公共卫生等，将直接影响人类的生存和发展，给全球的可持续发展带来严峻的挑战，已被国际社会公认为威胁到人类生存安全的最重大的环境问题(王正鹏等，2008)[1]。人类活动尤其是工业革命以来产生与累积的二氧化碳是导致全球气候变暖的根本原因。因此，研究二氧化碳排放与气候变暖问题，是本研究文献综述的逻辑起点。

2.1.1 气候变暖与碳排放

2007年2月至11月间，联合国政府间气候变化专门委员会(Intergovernmental Panel on Climate Change，IPCC)陆续发布的第4次气候变化评估

的四个部分指出地球表面气温在过去一百年间上升了 0.74 ℃,到 2100 年可能比 1980—1999 年时高出 1.1 ℃~6.4 ℃;而且在过去 50 年间,全球气候变暖超过 90%的可能性与人类使用的石油等化石燃料产生的温室气体(Greenhouse Gas,GHG)增加有关(IPCC,2007)[2]。二氧化碳是最主要的温室气体,是导致气候变暖的主要根源(联合国,1998)[3]。联合国环境规划署(United Nations Environment Programme,UNEP)的数据显示,在过去 40 万年间,地球的气候一直不稳定,温度变化非常显著,而温度的显著变化与大气中的二氧化碳含量之间具有很强的相关性(图 2-1)。

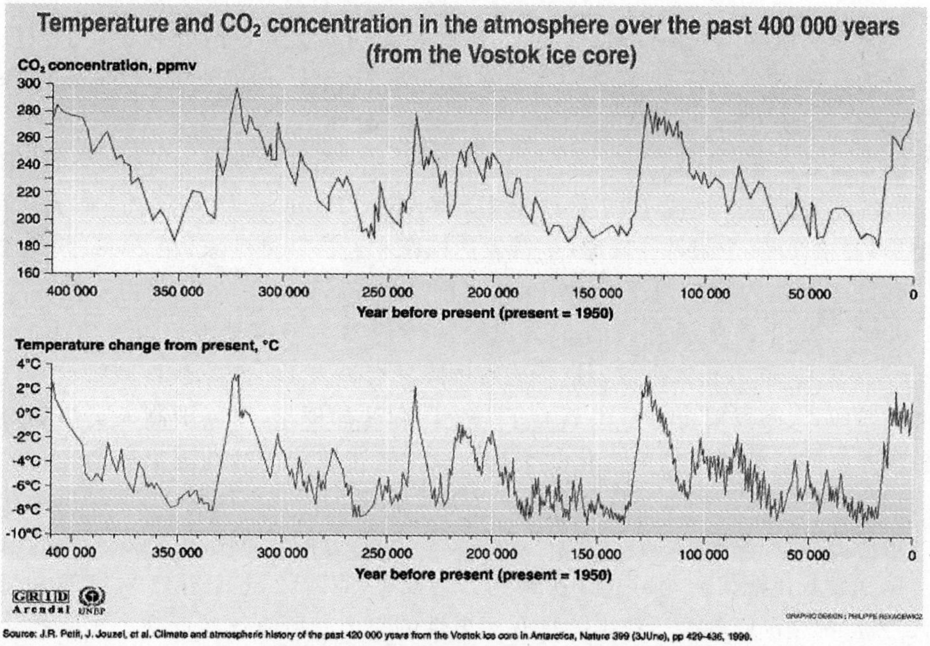

图 2-1　过去 40 万年气温和大气中 CO_2 含量的变化

数据来源:联合国环境规划署(UNEP)。

2.1.2　碳排放与气候变化的态势

目前,大气中温室气体的水平或存量相当于大约 430 ppm 二氧化碳,这个浓度已经使全球变暖了 0.5 ℃以上,而且由于气候系统的惯性,气温还将在未来数十年中继续上升 0.5 ℃。即使每年的排放不超过目前的速度,到 2050 年温室气体在大气中的存量也会比工业革命之前增加一倍。而关键的问题是，温室气体排放还在加速，到2035年温室气体在大气中的存量可能将达到550 ppm二氧化碳当量。按照这个水平并根据所使用的气候模式看，全球平均温度上升超过2 ℃的概率至少是75%，也许还会高达99%。在"照常营业"的情况下①，温室气体的存量在本世纪末将增加三倍多。未来几十年里，全球平均温度变化超过5 ℃的风险概率目前至少是50%，这将把人类带入未知的更可怕的境界。不断加剧的温室效应将会严重影响全球经济发展，其严重程度不亚于两次世界大战加上经济大萧条(Stern，2007)[4]。

2.1.3 减少碳排放的国际行动与低碳经济

为了遏制全球气候变暖，联合国、国际性组织和世界各国政府展开了积极的努力。1992年签署的《联合国气候变化框架公约》(United Nations Framework Convention on Climate Change，UNFCCC，简称《公约》)，这一《公约》被认为是冷战结束后最重要的国际公约之一。1997年12月，在日本京都召开的《公约》第三次缔约方大会上达成了《京都议定书》②(Kyoto Protocol，简称《议定书》)，《议定书》要求30多个附件一国家(包括发达国家和经济转型国家)在2008至2012年使温室气体的排放量平均比1990年削减5.2%以上。在得到占发达国家1990年二氧化碳排放总量的55%以上的缔约发达国家批准后，《议定书》于2005年2月16日正式生效。这标志着国际社会进入了一个实质性减排温室气体的阶段，人类发展史上首次具有了一个国际法律框架，用以限制人类活动对地球系统的碳循环和气候变化的干扰。减少碳排放成为缔约国家社会经济发展和生产经营活动的重要目标之一。2005年启动的后京都谈判，2007年国际社会达成的"巴厘路线图"(Bali Roadmap)，2009年召开的哥本哈根会议(全称"《联合国气候变化框架公约》第15次缔约方会议暨《京都议定书》第5次缔约方会议")等，都是国际社会所作出的具有标志性的努力。所有这些反映了国际社会在努力寻求解决全球变暖问题的历史轨迹。"将大气中的温室气体含量稳定在一个适当的水平，进而防止剧烈的气候改变对人类造成伤害"③，逐步成为全球的共识。在此背景下，以减少碳排放为核心内容的低碳经济应运而生。

---

① 所谓的"照常营业"，是指对气候变化的问题置之不理，还是依照既有的方式营业运作。此概念来源于Stern N. The Economics of Climate Change：The Stern Review[R]. Cambridge University Press，2007.

② 《京都议定书》第一次为发达国家和经济转型国家规定了具有法律约束力的温室气体减排或限排目标，到2012年，所有发达国家二氧化碳等6种温室气体的排放量，要比1990年减少5.2%。

③ 《京都议定书》确定的目标。

2.2　全球碳排放与能源结构

1750 年工业革命后，经过近两百年的缓慢增长，自 20 世纪 40 年代以来全球二氧化碳排放总量持续上升，因而研究二氧化碳排放量、排放速度、排放的基本特点等若干重大问题备受国际组织和国内外学者的高度关注。

2.2.1　全球碳排放量

关于全球碳排放的计量，国际性组织、有关国家的专题研究机构，以及大量的国内外学者展开了多层次、多角度的分析计量，有些结果比较相近，有些则大相径庭。从目前的研究文献来分析，有三个国际性组织与有关国家的机构近年来对二氧化碳排放的计算具有一定的代表性。

1. CARMA 的计量

全球发展研究中心的碳监测行动(Carbon Monitoring for Action，CARMA)网站公布的二氧化碳排放排名前十位的国家见表 2-1。美国是二氧化碳排放总量最大的国家，中国是唯一在排放总量上最接近于美国的国家。

表 2-1　CO_2 排放排名前十位的国家

位次	国家	CO_2 排放总量/亿吨
1	美国	28
2	中国	27
3	俄罗斯	6.61
4	印度	5.83
5	日本	4
6	德国	3.56
7	澳大利亚	2.26
8	南非	2.22
9	英国	2.12
10	韩国	1.85

资料来源：http://www.bioon.com/bioindustry/ep/423625.shtml.

2. WRI 的计量

世界资源研究所(World Resources Institute，WRI)根据 2005 年度的有关数据，评估了全球 186 个国家和地区的温室气体排放量，并公布了全球 30 个温室气体排放量最大国家或地区的排行榜。表 2-2 数据显示，在 WRI 排行榜上中国已超越美国成为世界二氧化碳排放量最大的国家，但人均排放量还不足美国的25%。

表2-2　全球30个温室气体排放量最大的国家或地区

序号	国家或地区	排放总量(a)	占全球百分比(%)	人均排放量(b)
1	中国	72.192	19.12	5.5(72)
2	美国	69.638	18.44	23.5(7)
3	欧盟	50.477	13.37	10.3(39)
4	俄罗斯	19.6	5.19	13.7(18)
5	印度	18.529	4.91	1.7(120)
6	日本	13.427	3.56	10.5(30)
7	巴西	10.141	2.69	5.4(74)
8	德国	9.774	2.59	11.9(25)
9	加拿大	7.316	1.94	22.6(8)
10	英国	6.398	1.69	10.6(36)
11	墨西哥	6.299	1.67	6.1(65)
12	印度尼西亚	5.944	1.57	2.7(101)
13	伊朗	5.663	1.50	8.2(54)
14	意大利	5.657	1.50	9.7(45)
15	法国	5.503	1.46	9.0(47)
16	韩国	5.487	1.45	11.4(31)
17	澳洲	5.486	1.45	26.9(5)
18	乌克兰	4.847	1.28	10.3(40)
19	西班牙	4.387	1.16	10.1(41)
20	南非	4.228	1.12	9.0(48)
21	土耳其	3.932	1.04	5.5(73)
22	波兰	3.746	0.99	9.8(44)
23	沙特阿拉伯	3.743	0.99	16.2(13)
24	泰国	3.513	0.93	5.6(71)
25	阿根廷	3.183	0.84	8.2(53)
26	阿尔及利亚	2.966	0.79	2.1(112)
27	中国台湾	2.712	0.72	11.8(26)
28	委内瑞拉	2.663	0.71	10.0(43)
29	巴基斯坦	2.406	0.64	1.5(128)
30	荷兰	2.244	0.59	13.8(16)

注：(a)计量单位为亿公吨，包含6种温室气体的排放量，以二氧化碳当量(CO_2e)表示。(b)计量单位为公吨，括号内为人均量全球排名。按人均量排名的全球四大碳排放国分别为卡塔尔(55公吨)、阿拉伯联合酋长国(38.8公吨)、科威特(35.0公吨)与卢森堡(27.5公吨)。

资料来源：世界资源研究所(WRI)2009年气候分析工具。

3. MNP 的计量

荷兰环境评估局(Netherlands Environmental Assessment Agency, MNP)发布的评估报告也显示,2006 年中国的二氧化碳排放量已超过美国位居世界第一,比美国高 8%①。MNP 报告的结果还显示,世界二氧化碳的总排放量为 276 亿吨,中国为 67.2 亿吨,远超美国的 59 亿吨。MNP 的分析认为,中国和美国一样应该成为对减排负有更多责任的国家。图 2-2 显示 EIA (2008)公布的全球二氧化碳排放量前十位的国家。数据显示,2008 年中国二氧化碳排放量达到 65.34 亿吨,高出美国 7 亿吨。中国学者对 MNP 分析报告给出的评论是,碳排放数据能在一定程度上"提供参考",但分析的角度也不尽全面(曲建升和曾静静,2007)[5]。

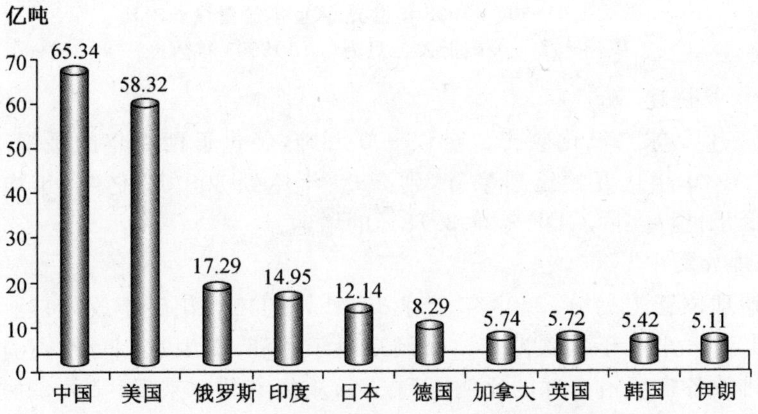

图 2-2　2008 年世界 CO_2 排放量前十位国家

资料来源:美国能源信息署(EIA)2008 年数据。

2.2.2　全球碳排放的相关特点

图 2-3 是 EIA 公布的 1990—2008 年全球二氧化碳排放量。数据显示,1990—2008 年全球二氧化碳排放量年均增速达到了 1.89%。中国学者郑新业(2010)分析了全球二氧化碳排放的相关特点,认为最主要有以下四个特点[6]:

① 荷兰环境评估局相关的资料来源于:http://www.mnp.nl/en/service/pressreleases/2007/20070622ChineseCO2emissionsinperspective.html,2007.

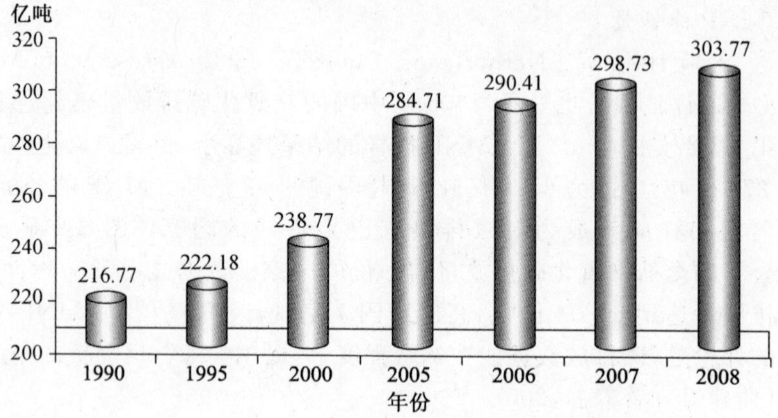

图 2-3　1990 — 2008 **年世界** CO_2 **排放量增长对比**

资料来源：美国能源信息署(EIA)2008 年数据。

1. 增长快速

1751 年全球二氧化碳排放量仅 300 万吨，经过近两百年的缓慢增长后，自 20 世纪 40 年代开始迅速攀升，到 2008 年达到 303.77 亿吨，年均增速为 3%，略低于世界实际 GDP 年均 3.78%的增速。

2. 排放集中

从地理位置上划分，2008 年全球 39.15%的二氧化碳排放来自亚洲和大洋洲，23.57%来自于北美洲，15.68%来自于欧洲，而中东、非洲、南美洲的二氧化碳排放各自所占全球的比例不到 5%；从国家分布来看，排放量居前九位的国家共占全球碳排放的 65.59%，二氧化碳排放占全球总量比例大于 1%的共有 22 个国家和地区，其总排放量占全球的 81.39%，其中包括发达国家、部分发展中国家以及能源产地国。

3. 空间上向发展中国家转移

对比 1980 年与 2008 年全球二氧化碳排放量的分布格局，1980 年北美洲和欧洲是二氧化碳排放量最大的地区，分别占全球排放总量的 29.68%和 24.51%，当时亚洲与大洋洲的总和仅占 19.51%，而在近 30 年内亚洲和大洋洲的这一比例增加了 20%，成为二氧化碳排放量最为集中的地区。从国家层面上来比较分析，二氧化碳排放量由发达国家向发展中国家转移的态势较为明显。

2.2.3　全球碳排放与能源结构

过去、现在和未来全球能源结构对化石能源的过度依赖或将是二氧化碳浓度快速上升的根源。以化石能源为基础的能源结构构成了世界现代工业文明的高碳经济发展模式的客观基础。

1. 化石能源的碳排放强度

二氧化碳是最主要的温室气体，对温室效应的贡献率达 63%，是目前所观测到的全球变暖的主要原因，并且这种可能性在 90%以上（IPCC，2007；IPCC，2001）[2,7]。人类活动导致的以二氧化碳为主的温室气体的增加主要源于人类活动中的化石燃料燃烧。各种燃料燃烧排放二氧化碳的强度从高到低的顺序依次是煤、石油、天然气、水能、核能等新能源。据估算，煤炭燃烧单位热量的二氧化碳排放比原油高 28.3%，比天然气高 68.6%（徐国泉等，2006）[8]。UNEP(2000)评估了各种发电技术之温室气体排放量，凸显了煤炭燃烧将产生 1 050～1 114 克/千瓦时的二氧化碳排放当量（见表 2-3）[9]。

表 2-3　以生命周期评估各种发电技术之温室气体排放量

单位：克/千瓦时

	煤	生物质能	太阳能	风力	地热	核能
总二氧化碳排放当量	1 050～1 114	46	60～410	7～74	47～97	39

资料来源：UNEP. Sustainable Energy[R]. Industry and Environment，2000，23(3).

2. 化石能源碳排放占总量比重

化石能源的大量使用是大气中二氧化碳浓度升高的主要原因，这一点不断得到有力的证实。1990 年和 1999 年全球和主要国家使用化石燃料所排放二氧化碳的总量见表 2-4。根据 2007 年 IPCC 第四次评估报告，全球化石燃料的使用导致的二氧化碳排放量在 2004 年占总排放量的比重接近 95.3%（不包括森林采伐及生物量减少所造成的二氧化碳排放增加）。2005 年全球约 276.36 亿吨的二氧化碳排放总量中，99.7%来自于化石燃料的使用（IPCC，2007；OECD/IEA，2009）[2,10]。

表 2-4　主要国家使用化石燃料所排放 CO_2 总量　　单位:亿吨碳当量

国名	1990 年排放量	1999 年排放量	1990 年至 1999 年排放量增长率	《京都议定书》中规范减量目标
美国	13.55	15.2	12%	−7%
加拿大	1.27	1.51	19%	−6%
日本	2.69	3.07	14%	−6%
澳大利亚	0.72	0.94	30%	+8%
新西兰	0.08	0.09	13%	0%
德国	2.71(东西德合计,1991 年)	2.3	−15%	−21%
英国	1.64	1.52	−7%	−12.5%
法国	1.02	1.09	7%	0%
意大利	1.12	1.21	8%	−6.5%
比利时	0.34	0.38	11%	−7.5%
荷兰	0.58	0.64	12%	−6%
丹麦	0.15	0.17	8%	−21%
瑞典	0.15	0.16	7%	+4%
芬兰	0.14	0.13	−10%	0%
挪威	0.09	0.12	27%	+1%
俄罗斯	5.73(1992 年)	4	−30%	0%
乌克兰	1.56(1992 年)	1.04	−33%	0%
波兰	0.89	0.85	−5%	−6%
保加利亚	0.23	0.13	−41%	−8%
罗马尼亚	0.48	0.26	−46%	−8%
中国(大陆)	6.17	6.69	8%	—
印度	1.56	2.43	56%	—
韩国	0.61	1.07	77%	—
新加坡	0.16	0.25	58%	—
全世界	58.73	61.44	5%	—

数据来源：UNEP. Sustainable Energy[J]. Industry and Environment,2000,23(3).

3. 化石能源与世界未来的能源结构

自 19 世纪 70 年代的产业革命以来,化石燃料的消费量急剧增长。初期主要是以煤炭为主,进入 20 世纪以后,特别是第二次世界大战以来,石油和天然气的生产与消费持续上升(图 2-4),20 世纪 60 年代石油首次超过煤炭,跃居一次能源的主导地位。此后，石油、煤炭所占比例缓慢下降，天然气的比例上升。目前世界主要能源消费国家的能源消费结构中，石油消费比重一般在 30%～40%，天然气在 20%～30%。同时核能、风能、水力、地热等其他形式的新能源逐渐被开发和利用。但化石能源不仅仍然是目前人类生产与生活中主要的一次能源，而且问题的严重性还在于，它将仍然是未来一个较为漫长历史时期内全球最主要的一次能源，到 2030 年煤炭仍然可能是全球需求量最大的能源之一(IEA，2009)[11]。

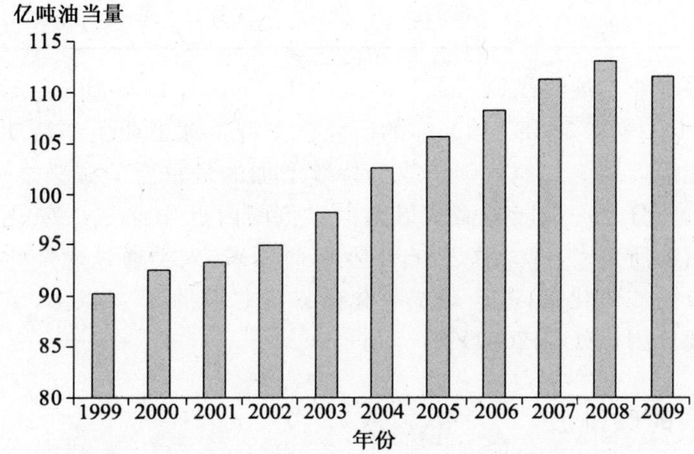

图 2-4　1999 — 2009 年世界一次能源消费量增长图

数据来源：BP 世界能源统计 2010。

2.2.4　工业生产活动与碳排放

从化石燃料燃烧导致全球大气中二氧化碳浓度增高的历史轨迹来分析，这个影响始于工业革命。从工业革命开始到 1900 年的一百多年间，人类活动导致二氧化碳浓度在 19 ppmv 左右，并且主要由少数几个发达国家排放所致(Petit 等，2007；Luthi 等，2008)[12－13]。世界气象组织全球大气监测(WMO-GAW)全球温室气体监测网络(Global Greenhouse Gas Monitoring Network)的研究报告认为，自工业化以来 CO_2、CH_4、N_2O 以及 CFC-11、CFC-12 等五种温室气体引起的辐射强迫达到了 97%(表 2-5)①，而温室气体辐射强迫增加总量的三

① 转引自中国科学院国家科学图书馆科学研究动态监测快报气候科学变化专辑[R]. 2009 (12)：1－4.

分之二是由二氧化碳总排放量造成的①。

表 2-5 全球主要温室气体浓度及 WMO-GAW 监测的全球温室气体趋势

	CO_2/ppmv	CH_4/ppb	N_2O/ppb	全球平均温度升高值/℃
极值	385.2			
2007 年	383.1	1 789.0	320.9	0.74
2006 年	381.2	1 783.0	320.1	
1998 年	381.1	1 786.3	320.1	0.40
工业化前	280.0	700.0	270.0	0.00

联合国工业发展组织(United Nations Industrial Development Organization,UNIDO,2009)和 IEA(2009)的研究也支持全球工业生产活动因为大量使用化石能源而成为二氧化碳排放量持续增加的最重要的源头之一的结论,认为全球近三分之一的能源需求以及世界范围内近 40%的二氧化碳排放量均由工业活动所致[14-15]。总之,自工业革命以来,人类通过燃烧化石燃料向大气中排放的二氧化碳,占全球二氧化碳排放总量的 95%以上,是引起大气增温的主要原因(IPCC,2007)[2]。

2.3 中国的碳排放

降低二氧化碳的排放不仅是中国应尽的国际责任,也是中国经济转型的内在迫切需要。从目前的研究文献和相关研究结果来看,国内外学者对中国二氧化碳排放的研究主要集中在以下四个方面:

2.3.1 排放总量增加迅速

随着经济与社会的快速发展,尤其是化石能源消费的快速增长,中国的二氧化碳排放增长速度一直居世界前列(宋德勇和卢忠宝,2009)[16]。金三林和邵振文(2010)计算了 1978—2008 年中国二氧化碳排放总量和人均二氧化碳排放量[17]。表 2-6 显示,中国二氧化碳排放总量从 1978 年的 14.83 亿吨增加到 2008 年的 68.97 亿吨,年均增长 5.2%。表中 2008 年中国二氧化碳排放 68.97亿吨的数据与 EIA(2008)计算的中国二氧化碳排放 65.34 亿吨的数据相差了 3.62 亿吨。2008 年,中国二氧化碳排放量约占世界二氧化碳排放总

① 气候变化:全球风险、挑战与决策[R].哥本哈根,www.climatecongress.ku.dk,2009—03—10.

量的 13.0%，仅次于美国的 23.9%的比重（World Resources Institute，1996；金川，2002；梁淑轩等，2008）[18-20]。但荷兰环境评估署（Netherlands Environmental Assessment Agency，MNP）2007 年研究报告即指出，2006 年中国的温室气体排放数据首次超过美国 8%而成为温室气体排放第一大国。Auffhammer 和 Carson（2008）也支持中国已经在 2006 年超过美国成为世界最大的二氧化碳排放者的结论[21]。中国官方的统计机构似乎没有具体公布二氧化碳的排放数据，而国内外学者对中国二氧化碳排放数据的计算依据与方法不一，具体结果不尽相同，甚至相差很大，如金三林和邵振文（2010）、李艳梅等（2010）与 CDIAC（2008）（图 2-5）间的计算就有较大的差异性，但结论描述的特征与趋势基本一致[17,22-23]。

表 2-6　1978—2008 年中国 CO_2 排放增长情况

年份	排放总量/亿吨	增长率/%	人均排放量/（吨/人）	增长率/%
1978	14.83	8.0	1.5	—
1980	15.01	−6.6	1.5	−7.8
1985	19.30	8.4	1.8	7.0
1990	24.78	1.5	2.2	0.0
1995	32.81	7.2	2.7	6.1
2000	33.84	2.9	2.7	2.1
2001	34.58	2.2	2.7	1.5
2002	36.50	5.6	2.9	4.9
2003	42.87	17.4	3.3	16.7
2004	49.59	15.7	3.8	15.0
2005	54.66	10.2	4.2	9.6
2006	59.96	9.7	4.6	9.1
2007	64.66	7.8	4.9	7.3
2008	68.97	6.7	5.2	6.1

数据来源：BP 统计 2009，中国 CO_2 排放量的计算是依据中国年度一次能源能耗量（煤炭、石油、天然气），并未考虑其他排放源的计算，也未考虑森林碳汇后的净排放额。其折算标准依据英国 BP 能源统计的折算方法，即 Oil：0.84 tonnes of carbon per tonne of oil equivalent；Gas：0.64 tonnes of carbon per tonne of oil equivalent；Coal：1.08 tonnes of carbon per tonne of oil equivalent.

资料来源：金三林，邵振文. 我国二氧化碳排放的特点、趋势及政策取向[J]. 经济纵横，2010(6)：26－30.

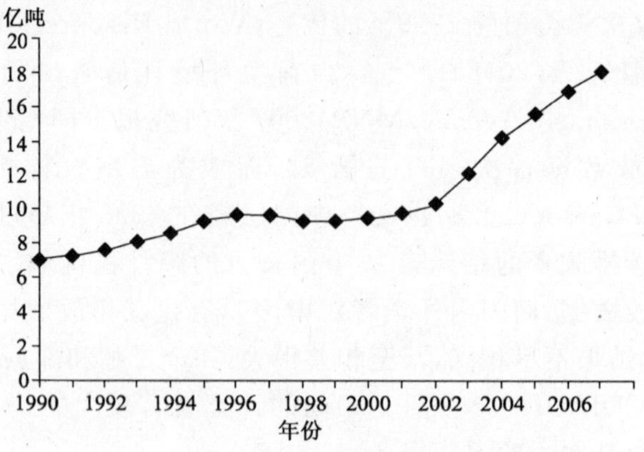

图 2-5 1990—2007 年中国 CO_2 排放量

数据来源：CDIAC。

2.3.2 人均二氧化碳排放量与排放强度持续增长

与中国二氧化碳排放总量迅速攀升相对应，随着经济发展和人民生活改善，中国的人均二氧化碳排放量与排放强度持续增长，特别是 2001 年以来增长尤为迅速。图 2-6 的排放强度曲线很好地反映了中国二氧化碳排放强度快速降低，而人均二氧化碳排放量持续增长的事实。而生活富裕或者生活方式改变是导致中国人均二氧化碳排放量持续增长的关键因素之一（Feng 等，2009）[24]。

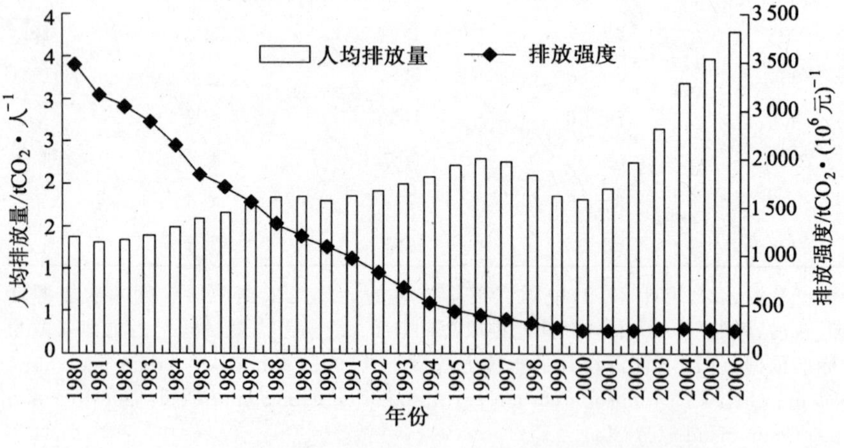

图 2-6 1980—2006 年中国 CO_2 人均排放量与排放强度

资料来源：曲建升等. 我国二氧化碳排放的区域分析[J]. 第四纪研究，2010，30(3)：465－472.

2.3.3　经济规模的扩大是碳排放增加的主要因素

李艳梅等(2010)研究认为,造成中国碳排放量迅速增加的因素是经济总量的持续增长和产业结构的变化,而产生碳减排效应的因素主要是碳排放强度降低[22]。图 2-7 和图 2-8 较好地显示了 1980—2006 年、1953—2007 年中国二氧化碳排放量与经济增长之间的相关一致性。国内外诸多学者的研究

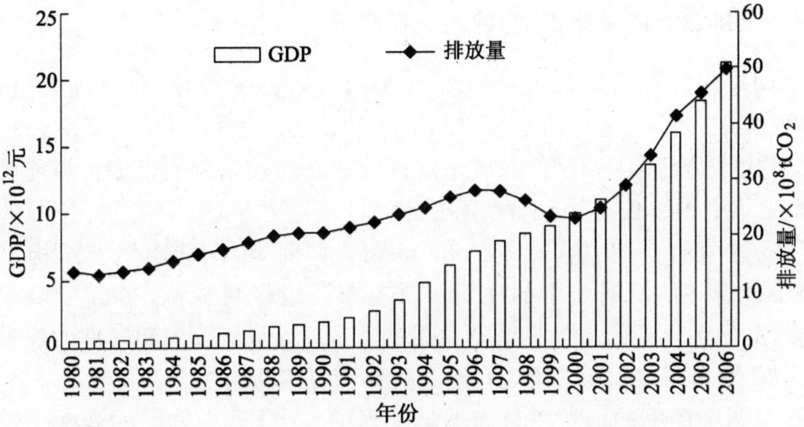

图 2-7　1980—2006 年中国 CO_2 排放总量与 GDP 增长的关系

资料来源:曲建升等.我国二氧化碳排放的区域分析[J].第四纪研究,2010,30(3):465—472.

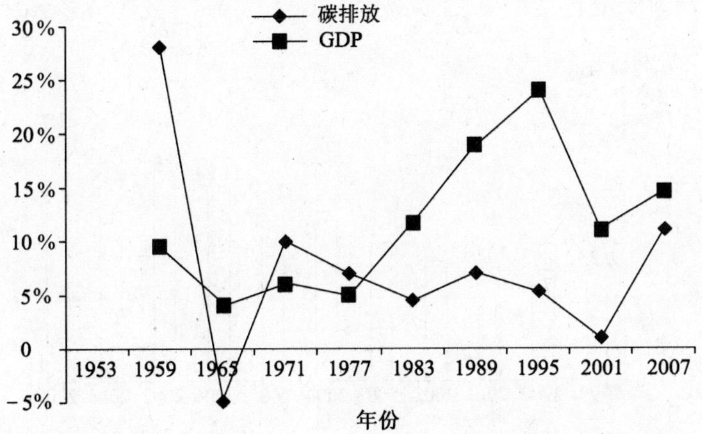

图 2-8　1953—2007 年中国 CO_2 排放与经济增长

资料来源:李艳梅,张雷,程晓凌.中国碳排放变化的因素分解与减排途径分析[J].资源科学,2010,32(2):218—222.

结论均支持中国经济规模的扩大是其碳排放增加的主要因素的结论。例如，Wang 等(2005)对中国的研究认为，经济增长带来碳排放的增加[25]。国内学者用相关分析的方法探讨了中国经济增长与碳排放间的关系，认为经济增长是中国二十多年来碳排放迅速增加的最主要因素，而且现阶段的经济增长方式将导致中国未来碳排放继续持续增加(徐玉高等，1999；王中英和王礼茂，2006)[26−27]。

2.3.4 碳排放与能源结构、能源效率密切相关

中国一次能源消费总量不断增加，从 1999 年的 9.347 亿吨油当量，增加到 2009 年的 21.77 亿吨油当量，年均增长 8.8%(图 2-9)。能源消耗量越来越大，且由于能源效率不高，二氧化碳排放量必然越来越大。据世界能源署统计，2004 年中国单位 GDP 能源消耗是世界平均水平的 2.66 倍、拉美国家的 2.94 倍、德国的 5.22 倍、日本的 8.55 倍。同时，中国能源消费结构以煤为主，清洁能源在能源消费中的比重极其有限。以煤炭为例，2009 年中国煤炭消费量增长了 9.6%，占世界消费总量的 46.9%，虽然美国和印度的煤炭消费量在全球排列第二、第三位，分别占世界消费总量的 15.2%和 7.5%(BP，2010)，但两个国家的消费总量尚不足中国的 50%[28]。2000−2009 年世界与中国煤炭消费量的对比见图 2-10，该图清晰地反映出中国以煤为主体的资源禀赋特征，也说明中国低碳能源、清洁能源、可再生能源替代战略在目前还未显现出良好的效果。

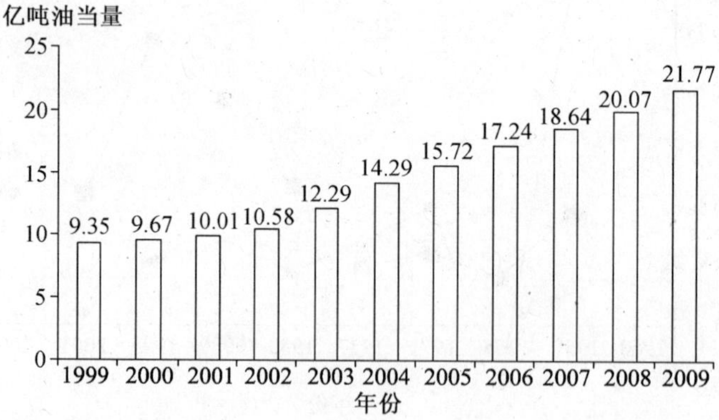

图 2-9 1999—2009 年中国一次能源消费量增长图

数据来源：BP 世界能源统计 2010。

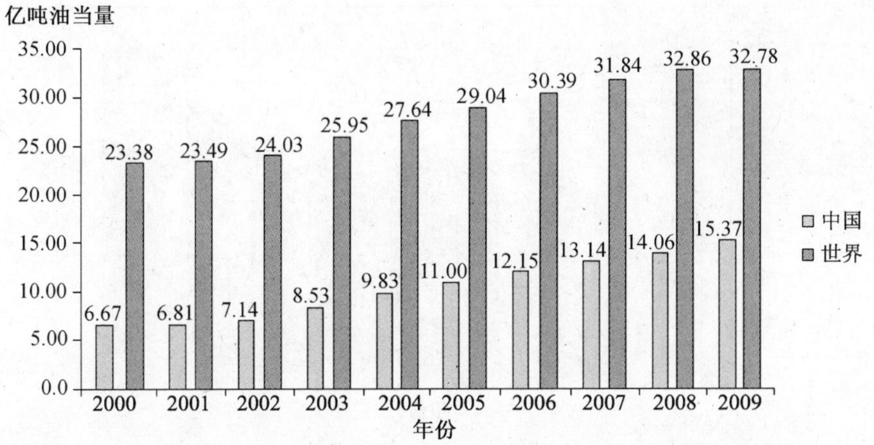

图 2-10　2000—2009 年世界与中国煤炭消费量对比图

数据来源：BP 世界能源统计 2010。

2.4　中国工业生产与碳排放

在中国，工业一次性能源尤其是煤炭消耗的主要产业部门，必然也是二氧化碳主要排放的产业系统。对中国的工业生产与二氧化碳排放之间的关系，国内外学者尤其是国内学者进行了深入的研究。

2.4.1　工业生产的碳排放

目前，国内对工业生产二氧化碳排放进行系统、全面计量的研究文献并不多。代表性的有张德英(2005)对中国工业部门排碳量进行了估算，利用复杂系统综合集成的建模手段建立了工业部门碳模型，力求达到对工业部门排碳量作出估算及预测的目的[29]。谭丹等(2008)利用工业行业碳排放估算公式，测算了 1991—2005 年中国工业的碳排放量(图 2-11)，并总结了碳排放的特征。计算结果显示，1991—2005 年中国工业生产二氧化碳排放量的年均增长率为 5.65%[30]。根据 1994 年气候变化初始国家信息通报，中国工业活动引起的直接二氧化碳排放占总排放量的 90%以上(国家发改委，2004)[31]，且随着工业的发展，工业生产二氧化碳排放持续增加(王中英和王礼茂，2006)[27]。

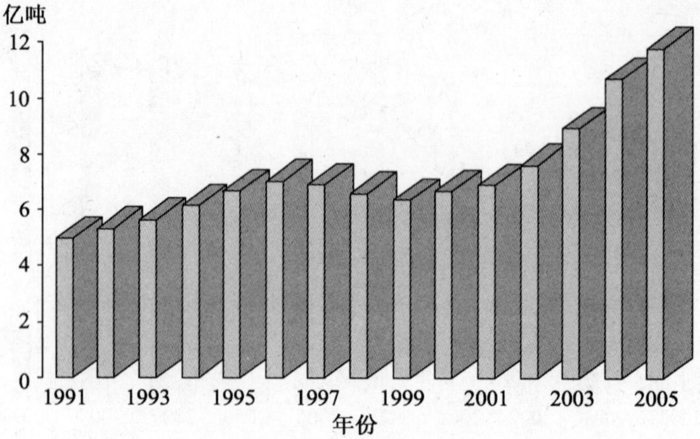

图 2-11　1991—2005 年中国工业碳排放量情况

数据来源：谭丹等. 我国工业行业的产业升级与碳排放关系分析[J]. 四川环境，2008，27(2)：74—84.

2.4.2　工业生产与能源消耗量

目前，中国工业生产的碳排放量占全国总排放量的 83.1%（陈诗一，2009）[32]。工业生产碳排放占全国排放总量的高比重与长期以来工业结构在国民经济中的比重密切相关。近年来中国能源消费明显向工业部门集中，2005 年全社会能源消耗中工业占 71%，能耗较高的重工业实现总产值占工业总产值的 68%（周叔莲和刘戒骄，2007）[33]。2007 年和 2008 年全国工业能耗占全部能耗的比率达到 71.6%和 71.1%，明显高于世界平均水平（刘畅等，2008；张军和刘君，2008；屈小娥和袁晓玲，2008；吴滨，2010）[34－37]。这与世界各国工业能源消费一般只占能源消费总量的三分之一左右形成了鲜明的对比。中国的工业生产不仅消耗了大量的能源，而且消耗的主要是化石能源，从而造成二氧化碳等温室气体大量排放，其中工业活动引起的直接二氧化碳排放量的 90%来源于工业燃烧的能源（国家发改委，2004）[31]。

2.4.3　工业生产的能源消耗结构

工业生产能源消费一直是能源消费的主体。2007 年中国四大类主要的能源产品中，94.8%的煤炭、67.7%的液体燃料、73.3%的天然气以及 75.3%的电力都用于工业部门。电力消费中又有超过 40%为高耗能产业，尤其是冶金、化工、建材和石化部门，其工业增加值的增长对能源消耗严重依赖，而这些行业的落后产能对能源消耗的依赖程度更高(中国环境与发展国际合作委员会,2009;中国社会科学院工业经济研究所课题组,2009)[38-39]。由于重工业、能源密集型工业所消耗的能源不断增加,且以煤炭为主,再加上低效率的锅炉和燃烧系统对环境所产生的影响也更为集中,全球十个污染最严重的城市中五个在中国(Economy 和 Lieberthal,2007;Houser 等,2008;Raufer 和 Li,2009)[40-42]。

2.4.4　工业生产的能源使用效率

国内外大量的实证研究证明,经济发展是二氧化碳排放增长的重要原因,而能源效率的提高对二氧化碳排放水平的增长有抑制作用。2003 年以前,中国工业部门的能源节约主要是由能源效率的提高所产生的能源强度下降所贡献,但是在没有重大技术创新的背景下,能源效率提升的空间有限,因此目前能源强度的下降带来能源消耗的压减作用正在逐渐减弱。中国自 20 世纪 90 年代中期以后进入了工业化中期阶段,而目前又正处在重化工业的加速发展阶段,到 2020 年以前中国都应该处在这样一个阶段。这个特殊的发展阶段决定了中国的能源效率已不再可能像 20 世纪 80 年代到 90 年代初那样快速提高,而是进入了低速增长的阶段(金三林和邵振文,2010)[17]

2.4.5　工业生产碳排放的空间特征

与全国二氧化碳排放的空间特征相类似,工业生产二氧化碳排放也具有相应的空间特征,而且空间特征更为明显。工业生产二氧化碳排放的空间特征是随着工业化发展进程的演化而逐步形成的。在 1952 年工业化的起始阶段,全国各省区碳排放全部处于轻型范围之内,省区间的碳排放水平,除了辽宁省外均无明显差距。改革开放以来,在经济快速发展和一次能源消费增长的带动下,各省区的碳排放增量也明显加快,各省区级碳排放空间格局演进明显加快,类型发育趋于成熟(张雷等,2010)[43]。工业生产二氧化碳排放的空间特征与中国四大经济板块的工业化进程一致(陈佳贵等,2006)[44]。目前,长江三角洲和珠江三角洲制造业集中,是工业高碳排放的集中区域(李艳君,2010)[45]。

2.5　低碳经济的内涵特征

本章上述相关内容以全球和中国碳排放、工业碳排放为主要线索,梳理了国内外近年来的主要文献与相应的研究成果。可见，低碳经济是以减少碳排放为核心，是在气候变暖已经成为对全人类的威胁的背景下产生的。虽然低碳经济理念的形成到目前尚不足十年的时间，但这一理念始于全球气候变化的考虑，是事关人类命运的重大问题，因而迅速成为国内外学者高度关注的重点，尤其是国外学者的研究已相当深入，研究内容几乎涵盖了这一领域的主要方面，研究成果颇为丰硕，为后人的研究奠定了重要的基础。

2.5.1 低碳经济概念的提出

一般认为，低碳经济（Low-Carbon Economy，LCE）最早是由英国政府在2003年发布的能源白皮书《我们能源之未来：创建低碳经济》（UK Energy White Paper，Our Energy Future — Creating a Low Carbon Economy，Feb. 2003）率先提出的，认为低碳经济主要是指依靠技术创新和政策措施，建立一种较少排放温室气体的经济发展模式，从而减缓气候变化，其实质是能源效率和清洁能源结构问题，核心是能源技术创新和制度创新，重点的路径是替代化石能源，关键的目标是减缓气候变化和促进人类的可持续发展（庄贵阳，2005）[46]。低碳经济的这一内涵已经在巴厘路线图中得到了进一步的肯定。

2.5.2 低碳经济内涵的拓展

随着实践的进展，学者们从不同的角度分析了低碳经济的基本特征，作出了不同层次的诠释，低碳经济的内涵不断得到拓展。目前国内外学术界在低碳经济概念内涵特征的研究上，以下四个方面可能是较具代表性的：

1. 发展模式的全面转型

此方面代表性的观点有：低碳经济是具有广泛社会性的前沿经济理念，涉及广泛的产业与管理领域，包括低碳发展、低碳产业、低碳技术和低碳生活等多种经济社会形态（陈柳钦，2009；冯之浚等，2009）[47—48]，包括生产、流通、分配和消费等多种低碳化体系（李胜和陈晓春，2009；朱守先，2009）[49—50]；低碳经济作为一种新的发展模式，是相对于无约束的碳密集能源的生产与能源消费方式的高碳经济，相对于基于化石能源消费的经济发展模式，相对于人为碳通量而言的，发展低碳经济的关键在于降低单位能源消费量的碳排放强度，控制二氧化碳排放量的增长速度，实现经济与碳排放错位增长（碳排放低增长、零增长乃至负增长），并最终实现经济增长的碳脱钩（庄贵阳，2008）[51]。

2. 工业文明与生态文明的高度融合

学者们还从生态功能的角度出发来分析低碳经济。最具典型性的是我国学者胡鞍钢的观点。胡鞍钢(2010)认为，人类正处在发展历史的十字路口，未来面临着两种发展模式的选择：第一种模式是沿着 1750 年以来的工业化曲线继续遵循“黑色发展轨迹”走下去，全球经济总量与碳排放同时持续增长；第二种模式就是绿色发展道路，大幅度提高资源生产率，降低污染排放，实现经济与能源消费增长、碳排放或者温室气体排放的逐步脱钩[52]。要实现从“黑猫”到“绿猫”模式的转变关键是争取在 2020 年之后实现二氧化碳排放量的下降，到 2030 年降至 2005 年的水平，之后逐步进入碳排放总量下降阶段，并使碳排放高峰幅度和累计碳排放量都明显低于库兹涅茨曲线的相关数据，基本与世界减排同行，这是中国对世界的最大贡献(胡鞍钢，2008)[53]。鲍健强(2008)认为，必须努力使经济发展建立在化石能源基础之上的现代工业文明转向生态经济和生态文明的和谐融合；姚德文(2009)指出，碳排放量成为衡量人类经济发展方式的新标识；石洋(2009)提出了“绿色＋资本＋网络”的低碳经济发展新模式，认为应该借助绿色网络和资本的力量发展绿色经济；庄贵阳(2005)、刘细良(2009)、方时姣(2010)等将低碳经济表述为经济发展的碳排放量和生态环境代价及社会经济成本最低的经济，是一种能够改善地球生态系统自我调节能力的生态可持续性很强的经济，应该将低碳经济纳入可持续发展经济学的理论框架来思考[54－58]。陈柳钦(2010)认为，低碳经济是一种旨在修复地球生态圈碳失衡的人类自救行为，不仅关注经济的发展，更强调经济发展的质量，促进人类的可持续发展是低碳经济的基本追求[59]。

3. 以技术创新为支撑

有些学者则从技术创新的角度出发来研究低碳经济，认为低碳经济可以界定为一个新的经济、技术和社会体系，通过技术性和其他方式的创新等，使经济增长逐渐与温室气体排放脱钩。在我国最具代表性的一个观点是，低碳经济的核心问题是要在市场机制基础上，通过低碳技术的开发和运用，促进经济社会向高能效、低能耗和低碳排放的模式转型(中国环境与发展国际合作委员会，2009)[60]。低碳技术又称为清洁能源技术，包括对现有能源技术的改造，可再生能源及新能源、煤炭能源的清洁高效利用，油气资源和煤层气的勘探开发，二氧化碳捕获与埋存等领域开发的有效控制温室气体排放的新技术，能源效率技术等(邢继俊和赵刚，2007；范建华，2010)[61－62]。发展低碳经济依赖于低碳技术的支撑。例如，虽然我国的风能、太阳能等新能源发展迅猛，但很难在短时间内完全替代煤、石油、天然气等化石燃料，在减少温室气体排放的压力日趋急迫的情况下，使用“碳捕获与封存技术”可实现降低化石燃料与温室气体减排兼得的效果(杨荣斌，2010)[63]。已有事实证明，技术创新对温室气体减排的贡献度将长期维持在 38%以上，而且随着技术的进步，到 2050 年减排的贡献度将能够达到 50%左右。目前，如果在智能建筑的设计和使用、智能物流、智能电网和智能工业电动机系统等领域应用先进技术，改变现有企业及公民使用技术的方法，到 2020 年每年可减少 15%的人为制造的全球温室气体排放，并通过提高能源效率在全球范围内为企业节约 5 000 亿欧元费用（UNEP，2008）[64]。因此，中国发展低碳经济不能盲目寄希望于调整产业、能源结构，因为两者都受到客观条件的制约，空间有限；重要的是通过发展低碳技术，推进产业部门的技术进步，扩展有效的减排空间，降低单位产值的碳排放（潘家华，2009；范钰婷和李明忠，2010；黄栋，2010）[65-67]。实际上，技术变迁是过去中国能源密集度下降的重要因素（Lin 和 Polenske，1995；Garbaccio 等，1999；Fisher-Vanden 等，2004），如果没有推动经济社会转型的现实技术引擎，低碳或高资源生产率只能停留在愿景层面（刘新宇，2010）[68-71]。因此，就我国而言，立足自身实际，加大对于低碳技术研究方面的投入，尽快形成一批适合我国国情的低碳技术显得尤为重要。

4. 依赖于制度创新

气候变化问题是迄今为止规模最大、范围最广的市场失灵现象，应对这一问题，需要采取国际集体行动，进行更有深度的国际合作，才能作出有实效、有效率和公平的回应，而且最重要的努力是建立碳的价格信号和市场，发展中国家尤其应该如此（Stern，2007）[4]。二氧化碳排放导致全球变暖可以被认为是世界性的市场失灵。作为理性经济人的企业，为了自身效用的最大化，对环境污染的外部性不会自发地进行内部化。低碳经济的核心是通过体制机制调整，刺激高能效、低排放技术的创新和应用，从而提高全球的能效水平，减少气体排放（中国环境与发展国际合作委员会，2009）[60]。政策制度的创新和制定是低碳经济发展的重要推动因素，解决环境污染、温室效应等问题必须要通过政府的相关规制政策为企业发展低碳经济创造政策和市场环境（任力，2009）[72]。在发展低碳经济、促进节能减排方面，中国取得了明显的进步，但国外学者研究认为机制与体制方面有待于进一步改善。由于独特的制度和经济发展的因素，中国传统的排放物交易框架并不能够应对大气污染的问题，国内围绕排放物交易方案的努力并不成功（Wang 等，2004；Morganstern 等，2004 ）[73-74]。烟气脱硫（FGD）技术已授权给中国主要的发电厂，并且国家也为烟气脱硫设备的运营提供补贴，但由于污染物排放征税等政策没有解决，60%安装烟气脱硫设备的单位并没有实际运用，执行过程中仍然有许多问题（Sun，2006；US-China Joint Economic Research Group，2008）[75-76]。事实上，在碳减排水平较低的阶段，在中国实施碳税是能够提高福利，但减少碳排放的意愿受目前政府的投资补贴政策的影响（Fisher-Vanden 和 Ho，2007）[77]。因此，中国在低碳经济的转型过程中政府必须加强对经济的宏观调控，适时适度地改革旧有的制度安排，创立一种具有积极价值且适宜的制度安排，建立与低碳经济发展相适应的生产方式、消费模式和相应的促进低碳发展的政策、法律体系与市场机制（李胜和陈晓春，2009；孙晓伟，2010）[49,78]。

2.5.3　低碳经济内涵的基本特征

综上所述，国内外学者对低碳经济概念的认识、内涵的理解、特征的把握是逐步深入、逐步发展和不断演化的，而且目前的研究尤其是国外的研究已相当丰富。由于学者们研究的背景、角度与所处的国情不同，所以他们对低碳经济的认识并不完全相同，但不难发现，国内外学者对低碳经济的内涵特征的认识上具有共同特点：通过技术创新和制度创新等多种有效的组合方式，尽可能最大限度地减少温室气体排放、提高能源效率，从而减缓全球气候变化，实现经济发展和资源环境保护共赢的可持续发展。综合上述国内外的研究，本书提出低碳经济内涵的基本特征。

1. 广泛性

低碳经济不仅是一种全新的生产方式，而且也是全新的生活方式、消费方式，是人类社会继农业文明、工业文明之后的又一次具有全球意义的革命性的重大进步，以逐步降低并最终消除由温室气体排放所诱发的全球气候变暖对人类生存与发展产生的巨大威胁为终极目标。低碳经济的广泛性特征不仅涵盖低碳发展、低碳产业、低碳技术和低碳生活等多种经济社会形态，而且包括生产、流通、分配和消费等多种低碳化体系；发展低碳经济不仅是发达国家的任务，也是发展中国家的责任，是全球共同的利益所在。

2. 相对性

人类能源利用的发展轨迹，是一个从高碳时代逐步走向低碳时代的过程。从第一代能源薪柴，到第二代能源煤炭，再到第三代能源石油、天然气和核能，是从不清洁到清洁、从低效到高效、从不可持续走向可持续、从高碳经济走向低碳经济的过程。因此，低碳经济作为一种新的发展模式是相对于无约束的化石能源消费的经济发展模式而言的，关键在于降低单位能源消费量的碳排放强度，控制二氧化碳排放量的增长速度，实现经济与碳排放错位增长，并最终实现经济增长的碳脱钩。

3. 阶段性

低碳经济并不是否定发展，而主要是指在不影响经济发展的前提下，转变发展方式，通过多种手段降低能源和资源消耗，最大限度地减少温室气体排放，实现减缓气候变化的目标。从工业革命开始到1900年的一百多年间，人类活动导致的二氧化碳浓度的升高主要由少数几个发达国家排放所致。从工业化进程看，英国、美国等国家在20世纪就完成了工业化和城市化的历史任务，走过了大量消耗煤炭、石油等化石能源的发展阶段。这些国家在后工业化阶段生产的目的主要是满足人们的生活需求，除小汽车需要消费油品外，基本可以不依赖高碳能源的生产和消费。而发达国家上百年工业化过程中分阶段出现的种种能源和环境问题目前正在发展中国家集中显现。可见，不同的国家、不同的地区由于发展水平的差异，低碳经济发展模式应具有不同的特点，并不能一概而论，包括中国在内的发展中国家发展低碳经济的重点也明显不同于发达国家。

4. 目标性

1997年12月《气候变化框架公约》第三次缔约方大会上通过的《京都议定书》确立了“共同但有区别的责任原则”，要求工业化国家以1990年的排放量为基础进行削减，在2008—2012年将六种温室气体的总排放量削减至少5.2%；发达国家不承担具体削减义务，但承担向发展中国家提供资金、技术援助的义务；发展中国家不承担削减义务，以免影响经济发展，可以接受发达国家的资金、技术援助，但不得出卖排放指标。其后，诸多国家提出了减少碳排放的目标，英国的能源白皮书《我们能源的未来：创建低碳经济》提出，到2050年将英国二氧化碳的排放量削减60%，并于2020年取得实质性的进展（在2007年3月发布的《气候变化法案》中，2020年的目标被确定为26%～32%）；欧盟的目标是到2020年减少20%的温室气体排放量，到2050年则将温室气体排放量减少60%～80%。

5. 依赖性

遏制全球气候变暖、减少碳排放的目标的行动难以完全自发产生，发展低碳经济的路径具有强烈的依赖性，首先需要政府的干预。在发展低碳经济的诱致性制度创新中，应更多体现政府的经济激励措施，满足经济主体需要，使企业通过收益与费用的简单比较，实现实施低碳经济所带来的经济收益的增加。同时，低碳经济的发展依赖于技术创新，必须通过能效技术、节能技术、可再生能源技术和减排技术能力的提升来实现，必须通过碳捕捉、碳封存、碳蓄积等技术手段，降低能源消费的碳强度，控制二氧化碳排放量的增长速度。体制机制的创新与技术创新的高度融合，是实现低碳发展目标的基本路径。

因此，基于对低碳经济内涵特征的认识，可以将低碳经济界定为：低碳经济是以减少碳排放、遏制气候变暖为核心目标，具有广泛性、相对性、阶段性的基本特征，实现目标的基本路径就在于技术创新与制度创新的高度融合，本质是以发展为基本前提，既强调发展速度，又关注发展质量的现代工业文明与生态文明和谐融合的全新的发展模式。

事实上，从 90 年代开始，绿色经济的研究者就预言，按照著名的尼古拉·康德拉季耶夫(Nikolai D Kondratieff)经济长波理论或约瑟夫·熊彼特(Joseph Alois Schumpeter)创新周期理论，在以信息技术革命为内容的第五次创新长波之后，即将来临的是以资源生产率革命为特征的第六次创新长波，而这个长波的意义就是开创以低碳能源为特征的生态经济新时代。哥本哈根会议实质性地启动了这个绿色经济的新长波，并到 2020 年进入高潮。不论格局如何变化，世界肯定将走向低碳经济的绿色发展道路，将逐步实现从高碳排放的工业文明向低碳消耗的生态文明的革命性转型。我国改革开放三十多年来，苏南地区的经济发展取得了巨大成就，但是面临着提高自主创新能力、缓解资源环境约束、着力推进改革攻坚等方面的繁重任务，正处于发展方式转变和结构调整转型的关键时期。苏南地区要实现国家提出的发展目标——成为全国发展基础最好、体制环境最优、整体竞争力最强的地区之一，必须彻底解决面临的困境——最脆弱的生态环境、最空前的资源消耗。低碳经济的发展为苏南地区创造了一个新的历史性机遇，走低碳经济的发展道路，既符合经济社会发展的新要求、人民群众的新期盼，也符合国家利益。苏南地区的发展能否在未来几十年里走在全国的前列，很大程度上取决于应对低碳经济发展调整的能力。因此，苏南地区必须尽快采取行动，积极应对这种严峻的挑战，建立与低碳发展相适应的生产方式、消费模式和鼓励低碳发展的国际国内政策、法律体系和市场机制，最终实现由高碳排放到低碳排放的历史性跨越，真正实现经济社会、人与自然和谐发展。

参考文献

[1] 王正鹏，李莹，李德贵. 进出口贸易对中国能源二氧化碳排放影响的初步分析[J]. 中国能源，2008，30(3)：14—17.

[2] IPCC. Climate Change 2007: Mitigation of Climate Change[R]. Contribution of Working Group III to the Fourth Assessment Report of the Intergovernmental Panel on Climate Change. Cambridge University Press, Cambridge, 2007.

[3] 联合国.《联合国气候变化框架公约》京都议定书(中文版)[DB/OL]. http://unfccc.int/resource/docs/convkp/kpchinese/pdf, 1998.

[4] Stern, N. The Economics of Climate Change: The Stern Review[R]. Cambridge University Press, 2007.

[5] 曲建升,曾静静.评荷兰环境评估局"中国 2006 年 CO_2 排放量全球第一"[J].科学研究动态监测快报(中国科学院国家科学图书馆编辑),2007(13):8.

[6] 郑新业.全球二氧化碳减排形势和策略[J].前线,2010(6):55—57.

[7] IPCC. Climate change 2001[M]. In:The Third Assessment Report of the Ntergovernmental Panel on Climate Change. London:Cambridge University Press, 2001: 45—50.

[8] 徐国泉,刘则渊,姜照华.中国碳排放的因素分析模型及实证分析:1995—2004[J].中国人口资源与环境,2006,16(6):158—161.

[9] UNEP. Sustainable Energy[R]. Industry and Environment, 2000, 23(3).

[10] OECD/ IEA. International Energy Agency (2009), Key Word Energy Statistics, Paris. 2009.

[11] IEA. World Energy Outlook 2009[R]. London: 2009.

[12] Petit, J. R., Jouzel, J., Raynaud, D., et al. Climate and atmospheric history of the past 420 000 years from the vostok ice core [J]. Nature, 1999, 399: 429—436.

[13] Luthi, D., Le, Floch, M., Bereiter, B., et al. High-resolution carbon dioxide concentration record 650 000—800 000 years before present[J]. Nature, 2008, 453: 379—382.

[14] UNIDO. 2009 工业发展报告[R]. http://www.unido.org/fileadmin/user_media/Publications/IDR/2009/IDR_2009_print.PDF, 2009.

[15] IEA. CO_2 emissions from fuel combustion 2009—Highlights[EB/OL]. http://www.iea.org/publications/free_new_Desc.asp? PUBS_ID=2143, 2009—12—08.

[16] 宋德勇,卢忠宝.中国碳排放影响因素分解及其周期性波动研究[J].中国人口资源与环境,2009,19(3):18—24.

[17] 金三林,邵振文.我国二氧化碳排放的特点、趋势及政策取向[J].经济纵横,2010(6):26—30.

[18] World Resources Institute. World Resources 1996—1997[M]. London: Oxford University Prees, 1996.

[19] 金川.世界二氧化碳排放量较多的十国[J].能源研究与利用,2002,(2):47.

[20] 梁淑轩,袁晨光,孙汉文.我国二氧化碳排放现状与减排对策探析[J].中国科技论文在线:1—7,2008—03—31.

[21] Auffhammer, M., Carson, R. T. Forecasting the path of China's CO_2 emissions using province-level information[J]. Journal of Environmental Economics and Management, 2008(55): 229—247.

[22] 李艳梅,张雷,程晓凌.中国碳排放变化的因素分解与减排途径分析[J].资源科学,

2010(2):218－222.

[23] CDIAC. National CO_2 Emissions from Fossil-Fuel Burning, Cement Manufacture, and Gas Flaring:1751－2005. Carbon Dioxide Information Analysis Center, 2008－08－28.

[24] Feng, K. S., Hubacek, K., Guan, D. B. Lifestyles, technology and CO_2 emissions in China: A regional comparative analysis[J]. Ecological Economics, 2009(69): 145－154.

[25] Wang, C., Chen, J. N., Zou, J. Decomposition of energy－related CO_2 emission in China: 1957－2000[J]. Energy, 2005(30): 73－83.

[26] 徐玉高,郭元,吴宗鑫.经济发展,碳排放和经济演化[J].环境科学进展,1999,7(2):54－64.

[27] 王中英,王礼茂.中国经济增长对碳排放的影响分析[J].安全与环境学报,2006,6(5):88－91.

[28] BP.《BP 世界能源统计 2010》[R].上海,2010－6.

[29] 张德英.我国工业部门碳源排碳量估算方法研究[D].北京:北京林业大学,2005.

[30] 谭丹,黄贤金,胡初枝.我国工业行业的产业升级与碳排放关系分析[J].四川环境,2008,27(2):74－84.

[31] 国家发改委.中华人民共和国气候变化初始国家信息通报[M].北京:国家计划出版社,2004.

[32] 陈诗一.能源消耗、二氧化碳排放与中国工业的可持续发展[J].经济研究,2009(4):41－55.

[33] 周叔莲,刘戒骄.中国工业发展中的资源和环境问题研究[C].中国社会科学院学术咨询委员会主编.中国社会科学院学术咨询委员会主编集刊 2007(第 3 辑).北京:中国科学文献,2007.2－24.

[34] 刘畅,孔宪丽,高铁梅.中国工业行业能源消耗强度变动及影响因素的实证分析[J].资源科学,2008,30(9):1 290－1 298.

[35] 张军,刘君.中国能源消费模式的转变及其解释[J].学术月刊,2008(7):61－68.

[36] 屈小娥,袁晓玲.中国工业部门能源消费的面板协整分析[J].产业经济研究,2008(6):10－15.

[37] 吴滨.工业碳排放及能源消耗研究[J].南京工业大学学报(社会科学版),2010,9(3):25－29.

[38] 中国环境与发展国际合作委员会.中国发展低碳经济途径研究,国合会政策研究报告 2009[R].中国环境与发展国际合作委员会 2009 年年会材料,2009－11.

[39] 中国社会科学院工业经济研究所课题组."十二五"时期工业结构调整和优化升级研究,内部资料[Z].2009.

[40] Economy,E., Lieberthal,K. Scorched earth: will environmental risks in China overwhelm its opportunities[J]. Harvard Business Review, 2007, 85(6): 88－96.

[41] Houser, T., Bradley, R., Childs, B., et al. Leveling the carbon playing field:

international competition and US Climate Policy. Washington, DC: Peterson Inst [M]. For International Economics and World Resources Inst, 2008(5).

[42] Raufer, R., Li, S. Y. Emissions trading in China: A conceptual leapfrog' approach [J]. Energy, 2009,34(7): 904－912.

[43] 张雷,黄园淅,李艳梅,等. 中国碳排放区域格局变化与减排途径分析[J]. 资源科学, 2010,32(2):211－217.

[44] 陈佳贵,黄群慧,钟宏武. 中国地区工业化进程的综合评价和特征分析[J]. 经济研究, 2006(6):4－15.

[45] 李艳君. 世界低碳经济发展趋势和影响[J]. 国际经济合作,2010(2):28－33.

[46] 庄贵阳. 中国经济低碳发展的途径与潜力分析[J]. 国际技术经济研究,2005(3):79－87.

[47] 陈柳钦. 低碳经济:国外发展的动向及中国的选择[J]. 甘肃行政学院学报,2009(6): 83－89.

[48] 冯之浚,金涌,牛文元,等. 关于推行低碳经济促进科学发展的若干思考[N]. 光明日报理论版,2009－04－21.

[49] 李胜,陈晓春. 低碳经济:内涵体系与政策创新[J]. 科技管理研究,2009(10): 41－44.

[50] 朱守先. 城市低碳发展水平及潜力比较分析[J]. 开放导报,2009(4):10－13.

[51] 庄贵阳. 低碳经济引领世界经济发展方向[J]. 世界环境,2008(2):34－36.

[52] 胡鞍钢. 世界正在开始第四次工业革命[J]. 经济研究参考, 2010(18):32.

[53] 胡鞍钢. "绿猫"模式的新内涵[J]. 世界环境,2008(2):26－28.

[54] 鲍健强,苗阳,陈锋. 低碳经济:人类经济发展方式的新变革[J]. 中国工业经济, 2008(4):153－160.

[55] 姚德文. 低碳经济模式下的产业发展新路径[J]. 当代经济,2009(12):6－7.

[56] 石洋. 绿色＋资本＋网络,一种低碳经济发展模式[J]. 国际融资,2009(11):29－31.

[57] 刘细良. 低碳经济与人类社会发展[N]. 光明日报,2009－04－21.

[58] 方时姣. 绿色经济视野下的低碳经济发展新论[J]. 中国人口资源与环境,2010(4):8－11.

[59] 陈柳钦. 低碳经济:一种新的经济发展模式[J]. 实事求是,2010(2):31－34.

[60] 国合会政策研究报告. 中国发展低碳经济途径研究[R]. 中国环境与发展国际合作委员会 2009 年年会材料,2009:2－29.

[61] 邢继俊,赵刚. 中国要大力发展低碳经济[J]. 中国科技论坛,2007(10):87－92.

[62] 范建华. 低碳经济的理论内涵及体系构建研究[J]. 当代经济,2010(2):122－123.

[63] 杨荣斌. 碳捕获技术与产业发展态势研究[Z]. 科技发展研究,2010(7):1－8.

[64] UNEP. http://hqweb.unep.org/Documents.Multilingual/Default.asp? ArticleID=5843&DocumentID=538&1=zh, 2008－06－20.

[65] 潘家华. 怎样发展中国的低碳经济[J]. 绿叶,2009(05):20－27.

[66] 范钰婷,李明忠. 低碳经济与我国发展模式的转型[J]. 上海经济研究,2010(2): 30－35.

[67] 黄栋.低碳技术创新与政策支持[J].中国科技论坛,2010(2):37－40.

[68] Lin, X., Polenske, K. R. Input-output anatomy of China's energy use changes in the 1980's[J]. Economic Systems Research, 1995, 7(1): 67－84.

[69] Garbaccio, R. F., Ho, M. S., Jorgenson, D. W. Why has the energy－output ratio fallen in China? [J]. Energy Journal, 1999, 20(3): 63－91.

[70] Fisher-Vanden, K., Jefferson, G., Liu, H., et al. What is driving China's decline in energy intensity? [J]. Resource and Energy Economics, 2004(26): 77－97.

[71] 刘新宇.论产业结构低碳化及国际城市比较[J].生产力研究,2010(4):199－202.

[72] 任力.低碳经济与中国经济可持续发展[J].社会科学家,2009(2):47－50.

[73] Wang, J., Yang, J., Ge, C., et al. Controlling sulfur dioxide in China: will emissions trading work? [J]. Environment, 2004, 46(5): 28－39.

[74] Morganstern, R., Abeygunawardena, P., Anderson, R., et al. Emissions trading to improve air quality in an industrial city in the People's Republic of China[M]. Washington, DC: Resources for the Future, 2004－04.

[75] Sun, X. Authorities work on SO_2 trade system[N]. China Daily, 2006－09－14(2).

[76] US-China Joint Economic Research Group. US-China Joint Economic Study: economic analyses of energy saving and pollution abatement policies for the electric power[R]. http://www.epa.gov/airmarkets/international/china/JES-sammary.pdf. December. 2007.

[77] Fisher-Vanden, K., Ho, M. S. How do market reforms affect China's responsiveness to environmental policy? [J]. Journal of Development Economics, 2007, 82(1): 200－233.

[78] 孙晓伟.论我国发展低碳经济的制度安排[J].现代经济探讨,2010(3):10－14.

第3章 江苏省与苏南地区碳排放的计量与比较研究

第2章有关研究结论显示，中国碳排放、工业生产的碳排放空间特征与工业化进程基本一致。目前长江三角洲地区是我国工业集聚度最高的区域之一，也是高碳排放的主要集中区之一。地处长江三角洲地区的江苏，是中国工业化水平最高的地区之一，而江苏省所辖的南京、苏州、无锡、常州和镇江等苏南地区则工业发达，在长江三角洲地区具有重要的地位，是降低碳排放尤其是工业碳排放的重点区域。探讨江苏苏南地区低碳经济发展的路径，必须基于对这一地区碳排放真实情况的把握。因此，站在全国的层面上，以江苏省为参照，分析苏南地区碳排放和工业生产的碳排放就显得尤其重要。

3.1 中国碳排放与工业碳排放

3.1.1 二氧化碳排放的计算方法

第2章的有关章节专门介绍了中国二氧化碳排放[①]的问题。可以说，国内外二氧化碳排放的计算方法与工具已趋于成熟。最简单的方法是能源结构的计算方法，因为二氧化碳主要是由能源燃烧而产生，其排放量内在地取决于

① 二氧化碳排放、碳排放在概念上是完全一致的，但排放量是有严格区别的，二氧化碳排放量与碳排放量之间的关系为3.667：1。没有特殊说明，本研究在文字的定性表达上一般不区分二氧化碳排放、碳排放的差异。

能源消耗的总量和能源消费的结构，而从经济意义上分析则主要取决于国民经济的总量与能源配置利用的效率。因此，在国民经济快速发展的背景下，中国的二氧化碳排放总量必定持续增长。根据表 3-1 中主要能源的二氧化碳排放系数，本书利用能源消费结构的二氧化碳排放计算公式对中国的二氧化碳排放量作出大体的估算①。

表 3-1 四大主要能源的碳排放系数 单位：吨/吨标准煤

项目	煤炭	石油	天然气	水电、核电
$F_i(C)$	0.748	0.583	0.444	0.0
$F_i(CO_2)$	2.745	2.146	1.629	0.0

注：$F_i(C)$是碳排放系数，$F_i(CO_2)$是二氧化碳排放系数。后者是在前者基础上乘以3.67而得。

数据来源：国家发展和改革委员会能源研究所，2003。

假设年能源消费总量为 E_t 吨标准煤，其中煤炭原煤、原油、天然气占全部能源消费的比重分别为 α、β、γ，则能源结构二氧化碳排放公式为：

$$Q_t = E_t \times (\alpha \times 2.745 + \beta \times 2.146 + \gamma \times 1.629) \quad (1)$$

每吨标准煤的二氧化碳排放系数 $K = \alpha \times 2.745 + \beta \times 2.146 + \gamma \times 1.629$，不同能源结构下 K 值也不同。煤炭的比重越高，K 值越高；石油、天然气的比重越高，K 值越低。学界称 K 值为能源结构二氧化碳强度。

3.1.2 中国碳排放量的计算

1. 中国的碳排放量

利用能源结构的二氧化碳计算方法，根据《中国统计年鉴》和相应的统计资料，本书估算的 1953—2009 年中国二氧化碳排放量如表 3-2 和图 3-1 所示。

表 3-2 中国能源消费结构与 CO_2 排放量

年份	能源消费总量/万吨标准煤	煤炭/%	石油/%	天然气/%	水电、核电、风电/%	二氧化碳排放量/万吨
1953	5 411	94.3	3.8		1.8	14 447.82

① 目前我国和江苏省均没有碳排放量的直接监测数据，且相关统计数据不完整，有些数据的统计口径难以与国际上对接。实际上，目前国内学者和有关研究结构对碳排放的计算与预测绝大部分是基于对能源消费量的测算而来。这也是造成国内外学者与研究机构给出的中国碳排放量具体数字存在差异甚至较大差异的重要原因。本书的相关测算也是如此。

续表

年份	能源消费总量/万吨标准煤	煤炭/%	石油/%	天然气/%	水电、核电、风电/%	二氧化碳排放量/万吨
1954	6 234	93.5	4.3		2.2	16 575.29
1955	6 968	92.9	4.9		2.1	18 501.84
1956	8 800	92.7	4.8		2.4	23 299.08
1957	9 644	92.3	4.6	0.1	3.0	25 402.10
1958	17 599	94.6	3.9	0.1	1.4	47 202.15
1959	23 926	94.7	4.1	0.1	1.1	64 340.12
1960	30 188	93.9	4.1	0.5	1.5	80 713.23
1961	20 390	91.3	5.5	0.9	2.3	53 806.68
1962	16 540	89.2	6.6	0.9	3.2	43 084.00
1963	15 567	88.9	7.2	0.8	3.1	40 596.39
1964	16 637	88.0	8.0	0.7	3.3	43 234.29
1965	18 901	86.5	10.3	0.9	2.7	49 333.95
1966	20 269	86.2	10.2	0.7	2.9	52 628.15
1967	18 328	84.8	10.9	0.8	3.5	47 189.21
1968	18 405	83.8	12.1	0.8	3.4	47 356.21
1969	22 730	81.9	13.8	0.8	3.5	58 128.22
1970	29 291	80.9	14.7	0.9	3.5	74 716.30
1971	34 496	79.2	16.0	1.4	3.4	87 626.95
1972	27 273	77.5	17.2	1.7	3.6	68 841.96
1973	39 109	74.8	18.6	2.0	4.6	97 185.71
1974	40 144	72.1	20.7	2.5	4.7	98 918.51
1975	45 025	71.9	21.1	2.5	4.6	111 085.05
1976	47 831	69.9	23.0	2.8	4.3	117 566.06
1977	52 354	70.3	22.6	3.1	4.1	129 064.65
1978	57 144	70.7	22.7	3.2	3.4	141 716.26
1979	58 588	71.3	21.8	3.3	3.6	145 226.18
1980	60 275	72.2	20.7	3.1	4.0	149 277.73
1981	59 447	72.7	20.0	2.8	4.5	146 859.47
1982	62 067	73.7	18.9	2.5	4.9	153 267.26
1983	66 040	74.2	18.1	2.4	5.3	162 743.16
1984	70 904	75.3	17.4	2.4	4.9	175 805.40
1985	76 682	75.8	17.1	2.2	4.9	190 440.82
1986	80 850	75.8	17.2	2.3	4.7	201 097.32
1987	86 632	76.2	17.0	2.1	4.7	215 775.97
1988	92 997	76.2	17.0	2.1	4.7	231 629.39
1989	96 934	76.0	17.1	2.0	4.9	240 953.30

续表

年份	能源消费总量/万吨标准煤	煤炭/%	石油/%	天然气/%	水电、核电、风电/%	二氧化碳排放量/万吨
1990	98 703	76.2	16.6	2.1	5.1	244 994.17
1991	103 783	76.1	17.1	2.0	4.8	258 263.06
1992	109 170	75.7	17.5	1.9	4.9	271 229.15
1993	115 993	74.7	18.2	1.9	5.2	286 739.10
1994	122 737	75.0	17.4	1.9	5.7	302 314.12
1995	131 176	74.6	17.5	1.8	6.1	321 727.77
1996	138 948	74.6	18.0	1.8	5.5	342 280.61
1997	137 798	71.7	20.4	1.7	6.2	335 351.00
1998	132 214	69.6	21.5	2.2	6.7	318 337.99
1999	133 831	69.1	22.6	2.1	7.2	323 335.70
2000	138 553	67.8	23.2	2.4	6.6	332 260.90
2001	143 199	66.7	22.9	2.6	7.8	338 623.10
2002	151 797	66.3	23.4	2.6	7.7	358 916.87
2003	174 990	68.4	22.2	2.6	6.8	419 336.59
2004	203 227	68.0	22.3	2.6	7.1	485 206.90
2005	224 682	69.1	21.0	2.8	7.1	537 679.08
2006	246 270	69.4	20.4	3.0	7.2	589 000.02
2007	265 583	69.5	19.7	3.5	7.3	634 093.22
2008	285 000	68.7	18.7	3.8	8.9	669 470.42
2009	306 647	70.4	17.9	3.9	7.8	729 864.32

数据来源：根据历年《中国统计年鉴》计算形成。本表中 2008 年及以前数据来源于《中国统计年鉴 2009》，2009 年数据来源于《中国统计年鉴 2010》。由于统计年鉴本身数据口径的不统一，上表中的有关数据并不完全统一。

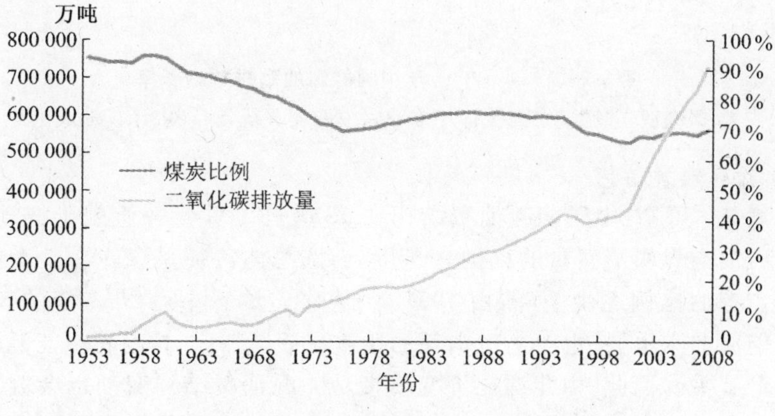

图 3-1　中国能源结构与 CO_2 排放量

数据来源：根据《中国统计年鉴》和《中国能源统计年鉴》计算形成。

2. 碳排放量的增长率

图 3-1 显示了中国二氧化碳排放量与能源消费结构的相关性。由于中国的能源消耗一直是以煤炭为主导的能源结构，而且在改革开放三十多年来经济快速发展，必然导致二氧化碳排放量的持续增长。2008 年中国二氧化碳排放量达到 66.95 亿吨，是 1953 年的 46.34 倍。本书基于能源结构的二氧化碳计算方法的相关结论与金三林和邵振文(2010)等的结论基本一致，也与美国能源信息署(EIA)公布的 2008 年中国二氧化碳排放量 65.33 亿吨的数据基本接近[1]。

如图 3-2 所示为 1954—2009 年中国能源的碳排放增长率。1979－2002 年中国碳排放增长率较为稳定，平均碳排放增长率为 4%。1997 年和 1998 年，受东南亚经济危机影响，碳排放水平略有降低。2003 年起，中国的二氧化碳排放量加速上升，增长率达到 16.8%，高于同期中国实际 GDP 的增长率。2002－2007 年中国的碳排放年均增长率达到了 10.1%，主要的原因是这一阶段中国经济增长依赖于能源消费的高增长。

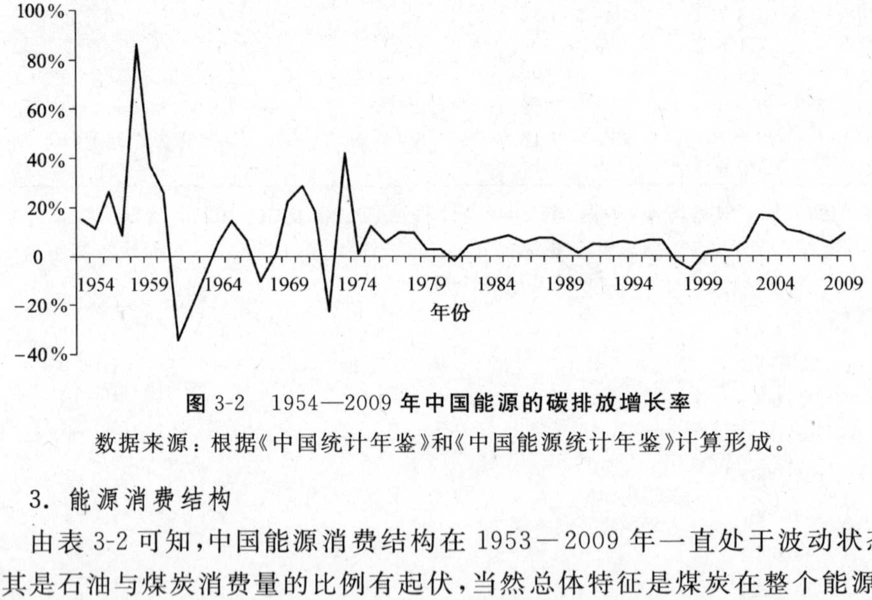

图 3-2　1954—2009 年中国能源的碳排放增长率

数据来源：根据《中国统计年鉴》和《中国能源统计年鉴》计算形成。

3. 能源消费结构

由表 3-2 可知，中国能源消费结构在 1953－2009 年一直处于波动状态，尤其是石油与煤炭消费量的比例有起伏，当然总体特征是煤炭在整个能源消费中所占有的比例逐步下降，由 1953 年的 94.3%下降到 2009 年的70.4%，而其他能源如水电、核电等能源消耗的比重在逐渐加大，这与化石能源的相对价格上升有关。因此，由能源比价变动带动能源消费结构变动也会对二氧化碳排放量产生影响。从价格角度来看，有效率的能源替代会导致碳排放强度及碳排放总量的变化。一般说来，由于煤的碳排放系数较高，由煤替代其他能源会提高碳排放强度及碳排放总量。各种能源间互相替代所产生的碳排放结果见表 3-3。1984 年以后直至 20 世纪 90 年代初，中国煤炭消费比重有微弱的提高，而二氧化碳排放量显著增加(图 3-1)。

表 3-3　能源间的碳排放替代系数　　单位：吨/吨标准煤

	能源	二氧化碳排放系数	被替代能源			
			煤炭	石油	天然气	水电、核电
替代能源	煤炭	2.745	0	0.599	1.116	2.745
	石油	2.146	−0.599	0	0.517	2.146
	天然气	1.629	−1.116	−0.517	0	1.629
	水电、核电	0	−2.745	−2.146	−1.629	0

数据来源：2050 中国能源和碳排放课题组. 2050 中国能源和碳排放报告[R]. 北京：科学出版社.

我国的能源禀赋具有多煤、少油、少气的特点，在一次能源的生产和消费结构中，我国是煤炭比重世界上最高的国家之一。虽然近年来我国能源结构有所改善，天然气、石油、水电比例相对逐步提升，而且努力开发与推广使用可再生能源，但与国外相比差距仍然相当明显。我国以煤炭为主的能源结构在相当长的时期内难以改变。2007 年 3 月，欧盟 27 国签署了一项具有强制性的可再生能源目标协议，确定到 2020 年可再生能源占欧盟总能源消费量的比例应达到 20%。目前欧盟的能源消费中 8.5%来自于可再生能源，离 20%的目标还有 11.5%的差距(刘贞等，2009)。表 3-4 显示，2010 欧盟电力行业可再生能源终端消费比重已显著提高[2]。

表 3-4　可再生能源在电力终端能源消费中的比例　　单位：%

成员国	2005 年	2010 年	成员国	2005 年	2010 年
英国	1.3	10.0	芬兰	28.5	31.5
丹麦	17.0	29.0	瑞典	39.8	60.0
爱尔兰	3.1	13.2	斯洛文尼亚	16.0	—
法国	10.3	21.0	匈牙利	4.3	—
德国	5.8	12.5	立陶宛	15.0	—
意大利	5.2	25.0	波兰	7.2	—
荷兰	2.4	9.0	斯洛伐克	6.7	—
欧共体	8.5	22.0	拉脱维亚	34.9	—
西班牙	8.7	29.4	爱沙尼亚	18.0	—
希腊	6.9	20.1	捷克	6.1	—

续表

成员国	2005 年	2010 年	成员国	2005 年	2010 年
比利时	2.2	6.0	保加利亚	9.4	—
奥地利	23.3	78.1	罗马尼亚	17.8	—
葡萄牙	20.5	39.0	塞浦路斯	2.9	—
卢森堡	0.9	5.7	马耳他	0	—

数据来源：Europe's Energy Portal-Towards a low-carbon，environmentally friendly & sustainable future. htm. on the promotion of electricity produced from renewable energy sourse in the internal electricity.

3.1.3 中国工业生产的碳排放

1. 计算方法

二氧化碳排放可分为自然排放和人工排放，人工排放是由于人类活动引起的，主要包括化石燃料消耗、生物质燃烧等引发的二氧化碳排放，其中化石燃料消耗所排放的二氧化碳占 95%以上（赵荣钦和秦明周，2007）[3]。谭丹等（2008）利用工业行业碳排放估算公式①，根据有关经验数据，利用《中国统计年鉴》和《中国能源年鉴》等有关统计资料，测算了 1991—2005 年中国工业二氧化碳排放量（表 3-5）[4]。

表 3-5　1991—2005 年中国工业 CO_2 排放量

年份	工业二氧化碳排放量/万吨
1991	49 671.29
1992	53 280.33
1993	56 503.80
1994	61 500.86
1995	66 890.19
1996	70 530.14
1997	69 059.8
1998	66 178.98
1999	63 617.32
2000	67 010.12
2001	69 038.23

① 计算公式为 $E_t=\delta_f E_f+\delta_m E_m+\delta_n E_n$。谭丹等参考了徐国泉等人提出并改进的碳排放量分解模型中的算法，该公式的算法目前基本得到认可。

续表

年份	工业二氧化碳排放量/万吨
2002	76 390.67
2003	89 432.85
2004	107 089.21
2005	118 164.46

2. 计算结果

根据表3-5可以计算出1991－2005年中国工业二氧化碳排放量年均增长率为5.65%，而根据表3-2计算的1991－2005年中国二氧化碳排放总量的年均增长率为5.38%，由此可见，1991－2005年中国工业生产的二氧化碳排放量占中国二氧化碳排放总量的比重逐步提高，这与中国迅速推进工业化、城市化发展有着密切的关系。

上述部分没有对中国二氧化碳排放与工业二氧化碳排放强度、能源效率等有关问题展开分析，这将在后续有关章节中结合江苏和江苏苏南地区的二氧化碳排放等相关问题的讨论而展开。

3.2 江苏及规模以上工业碳排放

3.2.1 江苏碳排放总量

1. 计算方法与结果

对于一定区域内，计算某种燃料直接燃烧供终端消费使用产生的二氧化碳排放量，利用该种燃料终端消费量数据乘以二氧化碳排放系数（刘强等，2008）[5]。其中终端消费量数据应扣除用作原材料的燃料数量，因为这部分燃料并未燃烧而产生二氧化碳。主要燃料的二氧化碳排放系数见表3-6。

表3-6 主要燃料的 CO_2 排放系数

单位：万吨二氧化碳/万吨燃料

燃料种类	排放系数	燃料种类	排放系数
原煤	1.818	柴油	3.186
洗精煤	2.291	燃料油	3.127
其他洗煤	0.7254	液化石油气	2.985
煤制品	2.668	炼厂干气	1.718

续表

燃料种类	排放系数	燃料种类	排放系数
焦炭	3.017	天然气	16.872（万吨/亿立方米）
焦炉煤气	7.903（万吨/亿立方米）	其他石油制品	2.947
其他煤气	12.026（万吨/亿立方米）	其他焦化产品	3.017
汽油	3.070	原油	3.127
煤油	3.149	其他能源	2.227（万吨/万吨标准煤）

注：表中除现有项目单位外，其他项目单位为“万吨二氧化碳/万吨燃料”。

资料来源：刘强，庄幸，姜克隽等. 中国出口贸易中的载能量及碳排放量分析[J]. 中国工业经济，2008(8)：46－55.

计算二氧化碳的排放量，不仅需要计算因使用电力或热力而产生的二氧化碳排放量，而且还需要加总电力或热力生产中各种燃料燃烧而产生的二氧化碳排放量。至于使用外来电力或热力而产生的二氧化碳排放量，由于电力或热力的生产活动并未发生在本地，由此带来的二氧化碳排放活动也未发生在本地，按“生产属地”原则，不计入本地产生的二氧化碳排放量之内。IPCC给出的固定源二氧化碳排放的计算公式为：

$$二氧化碳排放量=\sum 燃料消耗量\times 二氧化碳排放因子 \quad (2)$$

利用上述公式与表 3-6 中的二氧化碳排放系数，根据《江苏统计年鉴》和《中国能源统计年鉴》，计算 2001—2009 年江苏一次化石能源消费及二氧化碳排放量。结果见表 3-7。

表 3-7　2001—2009 年江苏省能源消费及 CO_2 排放量

年份	2001	2002	2003	2004	2005	2006	2007	2008	2009
煤合计/万吨	8 963.23	9 663.23	10 893.35	12 280.07	16 778.57	18 427.68	19 951.80	20 736.71	21 003.02
原煤/万吨	9 009.75	9 531.45	10 601.48	11 791.64	15 814.25	17 272.08	18 415.63	18 974.30	19 465.22
洗精煤/万吨	350.59	487.95	617.91	782.49	1 242.80	1 455.17	1 596.76	1 830.87	2 022.17
其他洗煤/万吨	167.82	180.19	218.71	265.47	185.64	252.80	566.41	651.36	516.28
型煤/万吨	4.19	5.36	7.35	10.09	18.49	19.10	31.47	38.32	28.23
焦炭/万吨	367.64	395.97	500.27	632.04	1 593.12	1 844.49	1 884.70	1 888.95	2 221.20
焦炉煤气/亿立方米	8.53	12.03	14.25	16.88	19.05	26.03	25.03	27.94	24.26
其他煤气/亿立方米	50.86	57.16	73.17	93.66	133.35	243.14	231.80	286.43	321.30
油品合计/万吨	1 399.64	1 467.97	1 585.68	1 712.84	2 218.51	2 249.64	2 354.43	2 401.66	2 639.87
原油/万吨	1 317.61	1 407.68	1 525.53	1 653.24	2 264.76	2 302.70	2 454.00	2 313.13	2 661.44
汽油/万吨	247.63	292.76	329.11	369.97	420.13	449.51	481.56	561.80	585.66
煤油/万吨	6.05	6.52	7.81	9.36	21.55	18.41	20.79	21.45	21.18

续表

年份	2001	2002	2003	2004	2005	2006	2007	2008	2009
柴油/万吨	349.89	365.21	398.66	435.18	515.12	587.17	607.99	646.21	655.87
燃料油/万吨	*257.72*	*257.72*	*257.72*	*257.72*	257.72	201.06	236.59	218.00	217.10
液化石油气/万吨	*136.25*	*136.25*	*136.25*	*136.25*	136.25	124.26	122.15	147.26	156.85
炼厂干气/万吨	*69.31*	*69.31*	*69.31*	*69.31*	69.31	63.71	56.97	56.65	69.28
天然气/亿立方米	0.23	1.01	0.62	3.14	13.62	31.30	44.58	63.13	63.43
其他石油制品/万吨	*687.73*	*687.73*	*687.73*	*687.73*	687.73	725.94	737.43	654.27	835.24
其他焦化产品/万吨	*29.52*	*29.52*	*29.52*	*29.52*	29.52	47.72	53.27	54.26	62.33
其他能源/万吨标煤	*2.03*	*2.03*	*2.03*	*2.03*	2.03	3.47	39.38	71.91	122.84
二氧化碳排放①/万吨	28 525.53	30 470.19	33 850.11	37 778.12	52 017.99	58 015.41	61 720.14	64 116.03	68 650.61

注：数据来源于《中国能源统计年鉴》(2002－2010)，其中 2003 年、2004 年数据缺，故数据由年均增长计算得来；图中斜体数据在《中国能源统计年鉴》2005 年之前未统计，且无明显变化趋势，故一致使用《中国能源统计年鉴》中的 2005 年数据。

表 3-7 显示，2001－2009 年江苏二氧化碳排放量迅速增加，由 2001 年的 28 525.53 万吨增加到 2009 年的 68 650.61 万吨，年均增长率为 11.60%，低于江苏全省同期 17.54%的 GDP 增长率，但高于我国 10.08%的碳排放年均增长率。图 3-3 显示，2001－2009 年江苏省二氧化碳排放量与 GDP 增长具有较强的同步性、一致性。因此，从现实分析，实现江苏经济增长与碳排放脱钩的目标难度较大。

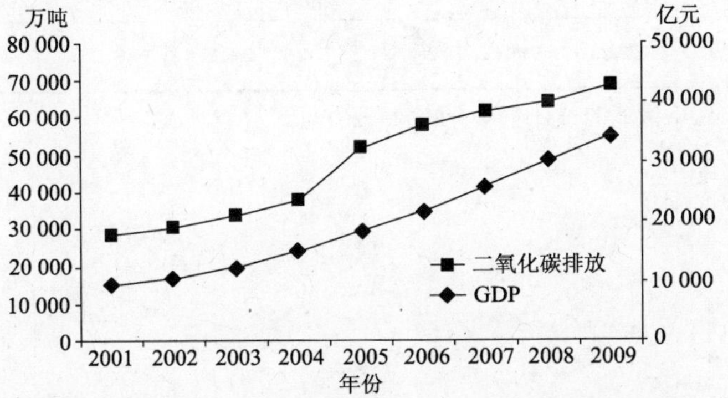

图 3-3　2001—2009 年江苏省 GDP 与 CO_2 排放量比较图

数据来源：《江苏统计年鉴》(2002－2010)、《中国能源统计年鉴》(1999－2010)。

① 可能由于数据来源的不一，各有关文献对江苏省二氧化碳排放量的计算结果不一，甚至差异很大，也难以判断哪个数据计算结果更准确。江苏省人民政府颁布的《关于印发江苏省应对气候变化方案的通知》(发文字号：苏政发[2009]124 号)公布了官方的数据：2007 年江苏省温室气体排放总量约为 82 445.71 万吨二氧化碳当量，其中化石燃料燃烧排放的二氧化碳是最主要来源，约为59 927.34万吨。本书计算的 2007 年化石燃料燃烧的二氧化碳排放数据是 61 720.14 万吨，与官方发布数据的误差为1 729.8万吨，是目前各类计算结果中与官方数据最为接近的，也初步验证了本书计算结论的可靠性。

2. 碳排放与能源结构

随着经济规模的不断扩大，江苏能源需求量增长速度不断加快。2001 年江苏的能源消费量达到了 8 881 万吨标准煤，而 2009 年能源消费量达到了历史最高点的 23 709 万吨标准煤。2001—2009 年江苏能源消费量年均增长 13.06%。

江苏省能源结构比较单一，比例失调，大量依赖煤炭。如表 3-8 所示为 2001—2009 年江苏省煤炭消费量。而由于煤炭的二氧化碳排放强度较高，致使江苏省在经济发展过程中“高碳”特征非常明显。来自《中国能源统计年鉴》的数据显示，十年来江苏煤炭在一次化石能源消费中的比重基本保持稳定，在 74.8%～78.0%小幅波动。石油所占比重由 1998 年的 23.09%下降到 2008 年的 19.25%。而天然气消费增长缓慢，2007 年所占比重尚不足 5%，清洁能源的开发较为滞后，难以满足需求。图 3-4 显示，江苏二氧化碳排放量与煤炭消费在一次化石能源消费中的比重变化具有显著的相似性。图 3-5 显示，2001—2009 年江苏省煤炭消费在一次化石能源消费中的比重始终高于全国的平均水平，并且相互之间的差距变化不大。以煤为主仍然是今后江苏省能源消费的基本格局，这是未来江苏发展低碳经济所面临的主要障碍之一。

表 3-8　2001—2009 年江苏省煤炭消费量　　单位：万吨

年份	2001	2002	2003	2004	2005	2006	2007	2008	2009
煤炭消费量	8 963.23	9 663.23	10 893.35	12 280.07	16 778.57	18 427.68	19 951.80	20 736.71	21 003.02

数据来源：《中国能源统计年鉴》(2002—2010)。

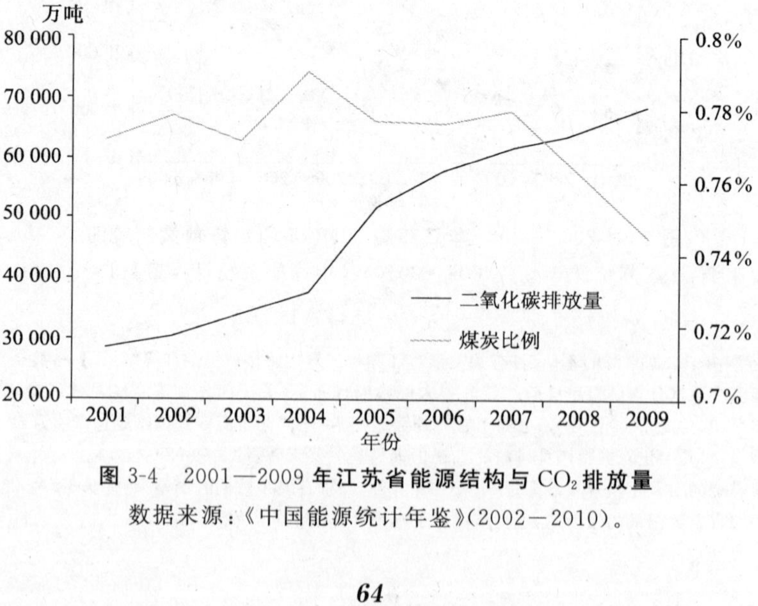

图 3-4　2001—2009 年江苏省能源结构与 CO_2 排放量

数据来源：《中国能源统计年鉴》(2002—2010)。

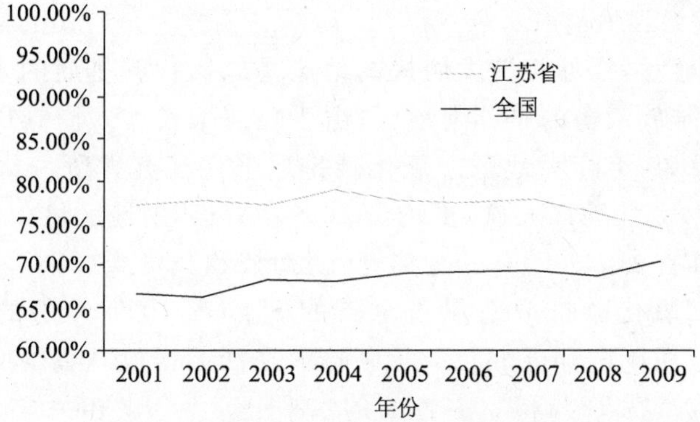

图 3-5　2001—2009 年江苏省与全国煤炭消费量能源比重比较示意图

数据来源:《江苏统计年鉴》(2002－2010)、《中国能源统计年鉴》(1999－2010)。

3. 单位 GDP 的能耗

如表 3-9 所示,2001－2009 年江苏单位 GDP 能耗逐步下降,由 2001 年的 0.86 吨标准煤/万元下降到 2009 年的 0.761 吨标准煤/万元,并且始终低于全国的平均水平,但图 3-6 显示江苏与全国的单位 GDP 能耗水平的差距在逐步缩小。

表 3-9　2001—2009 年江苏省和全国 GDP 能耗数据表

单位:吨标准煤/万元

	2001	2004	2005	2006	2007	2008	2009
全国	1.4	1.4	1.2	1.2	1.16	1.102	1.077
江苏	0.86	0.86	0.92	0.891	0.853	0.803	0.761

数据来源:全国单位 GDP 能耗数据来自《中国统计年鉴》(2001－2010),江苏省的数据来自于江苏省统计局年度出版的全省及各省辖市单位 GDP 能耗等指标公报。

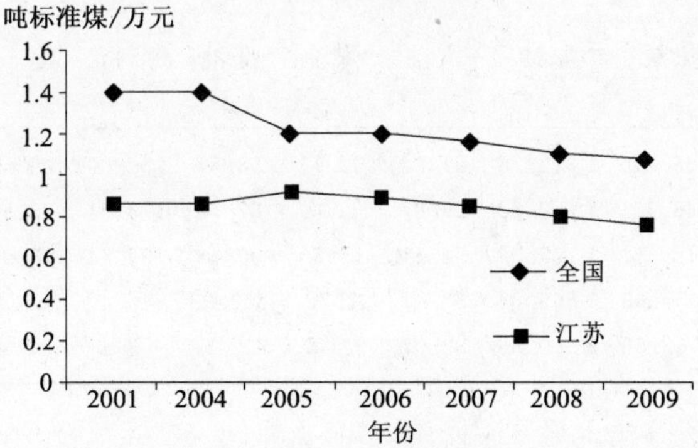

图 3-6　2001—2009 年江苏省与全国单位 GDP 能耗比较图

数据来源:全国单位 GDP 能耗数据来自《中国统计年鉴》(2002—2010),江苏省的数据来自于江苏省统计局年度出版的全省及各省辖市单位 GDP 能耗等指标公报。

4. 碳排放的区域特征

有关研究显示，江苏经济发展快的地区是二氧化碳排放的主要区域。江苏省二氧化碳排放最多的是苏南地区，由于经济增长方式尚难以实现根本性转型，1990－2006年苏南地区二氧化碳排放量在江苏省所占比重大于60%（1996年除外）；苏北地区其次，平均占20%左右；苏中地区最少，平均为14%左右（民盟江苏省委，2009）[6]。类似地，胡初枝和黄贤金（2007）的研究认为，1996年苏南二氧化碳排放总量占全省的55.3%，其他年份的比重稳定在63%～73%[7]；而苏中和苏北二氧化碳排放在江苏排放总量中所占的比重也较稳定，分别维持在12%和20%左右的水平上。上述的相关结论与陈佳贵等（2006）、张雷等（2010）、李艳君（2010）[8-10]的研究结论完全吻合。上述结论将在本章后面的有关苏南地区二氧化碳排放的分析中得到进一步的证实。

3.2.2 江苏规模以上工业碳排放量

1. 计算方法与结果

由于缺少江苏省工业分行业的能源消费数据，而只有规模以上工业分行业的有关数据，本书仅计算了江苏省规模以上工业碳排放量，近似地反映江苏省工业碳排放的现状与基本特点。

根据上述3.2.1中的计算公式、碳排放系数与2001－2009年江苏的相关统计年鉴与资料，本书计算得出了江苏规模以上工业主要能源消费的二氧化碳排放量①（表3-10）。

表3-10 江苏规模以上工业主要能源消费的CO_2排放量 单位：万吨

年份	煤炭	焦炭	原油	汽油	煤油	柴油	燃料油	液化石油气	规模以上工业CO_2排放量
2001	8 901.96	368.27	1 312.76	29.32	62.76	58.57	152.06	26.51	22 428.71
2002	10 056.44	446.11	1 422.52	29.87	4.03	67.75	173.51	33.59	25 039.82
2003	11 542.66	618.15	1 705.02	34.11	5.8	90.48	199.74	48.97	29 363.13
2004	14 260.59	1 057.33	1 865.04	33.41	7.78	302.03	46.4	46.4	36 320.63
2005	16 490.60	1 562.66	2 250.86	32.07	3.75	212.52	53.4	53.4	42 846.63

① 计算江苏规模以上工业二氧化碳排放量涉及的主要能源为煤炭、焦炭、原油、汽油、柴油、煤油、燃料油以及液化石油气8种能源。

续表

年份	煤炭	焦炭	原油	汽油	煤油	柴油	燃料油	液化石油气	规模以上工业 CO_2 排放量
2006	17 750.78	1 980.74	2 293.19	35.29	3.43	186.43	44.63	44.63	46 403.50
2007	20 000.28	2 270.20	2 444.20	40.98	4.04	114	177.44	43.37	52 038.76
2008	21 258.55	2 349.48	2 291.83	39.17	3.14	109.56	137.76	44.37	53 945.40
2009	22 323.72	2 519.04	2 652.49	44.60	2.24	108.36	116.47	44.64	57 465.46

数据来源：依据《江苏统计年鉴》(2002—2010)计算形成。

2. 工业碳排放的基本特征

(1) 工业碳排放总量急剧上扬。如表 3-10 和图 3-7 所示，江苏进入新世纪以来工业发展快速，二氧化碳排放量逐年提高，全省规模以上工业二氧化碳排放量从 2001 年的 22 428.71 万吨增加到 2009 年的 57 465.46 万吨，八年间二氧化碳排放量的年均增速达到了 12.48%。

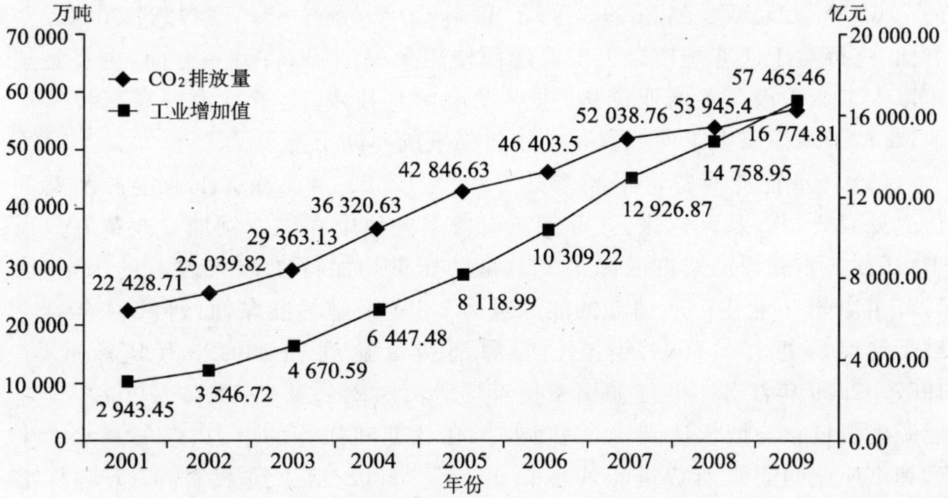

图 3-7 2001—2009 年江苏规模以上工业 CO_2 排放量与工业增加值

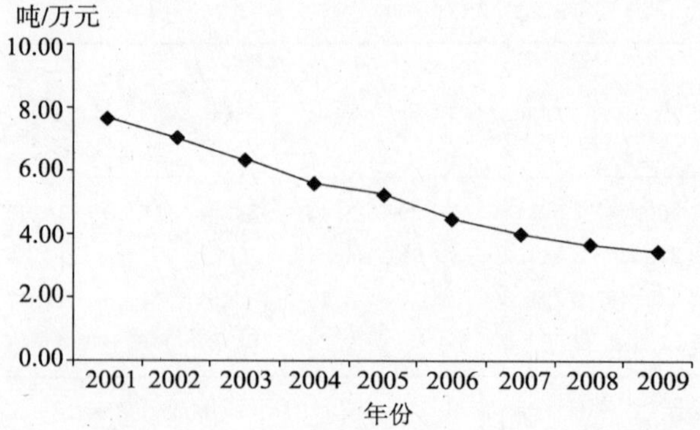

图 3-8　2001—2009 年江苏省规模以上工业 CO_2 排放强度

（2）工业碳排放强度显著下降。与此同时，全省规模以上工业增加值由 2001 年的 2 943.45 万元提高到 2009 年的 16 774.81 万元(图 3-7)，八年间的年均增速为 24.30%。就年均增速这一指标而言，江苏规模以上工业增加值增速跑赢了二氧化碳排放量的增速。排放强度显著下降，单位排放由 2001 年的 7.62 吨/万元减少到 2009 年的 3.43 吨/万元(图 3-8)，降幅超过 50%。一方面，这得益于江苏规模以上工业能源使用效率的提高；另一方面，主要是规模以上工业积极调整产业结构，重点发展信息技术、电子技术等高新技术产业，带动了规模以上工业二氧化碳排放强度的不断下降。

（3）工业能源消费量不断攀升。2001－2009 年江苏省工业能源消费的情况见表 3-11。长期以来，江苏能源消费主要集中在工业领域。改革开放以来，江苏工业能源消费占能源消费总量的比重均保持在 70%左右的水平上。1987 年江苏工业生产所消耗的能源量为 3 385 万吨标准煤，而到 2004 年则突破 1 亿吨标准煤。2009 年工业能源消费量达到 19 260.23 万吨标准煤。1987—2009 年江苏工业能源消费量年均增长 8.2%；其中 2000－2009 年工业能源消费量年均增长达到 13%。同时，在此期间江苏的电力、燃气及水的生产和供应业的能源消费量年均增长 14.6%，2008 年达到了 1 607 万吨标准煤。因此，电力、燃气及水的生产供应业始终是江苏省节能降耗的重中之重。

表 3-11　江苏三次产业能源消费量　　单位：万吨标准煤

年份	能源消耗量	第一产业	工业	第三产业	单位 GDP 能耗/(吨/万元)
2000	8 612.43	400.39	6 474.58	737.84	0.86
2004	13 651.69	369.43	11 041.13	1 325.64	0.86
2005	16 895.39	321.57	13 748.43	1 522.48	0.92

续表

年份	能源消耗量	第一产业	工业	第三产业	单位 GDP 能耗/(吨/万元)
2006	18 742.19	327.97	15 401.34	1 633.46	0.89
2007	20 604.43	330.15	16 973.62	1 818.72	0.85
2008	21 775.53	330.90	17 716.66	3 495.03	0.80
2009	23 709.28	360.96	19 260.23	2 249.04	0.76

资料来源:《江苏统计年鉴》(2001—2010)。三次产业的能源消费总量根据“综合能源平衡表”中能源消费总量结构计算得到,第一产业为农、林、牧、渔、水利业,第三产业包括交运、仓储、邮电、批发零售餐饮及其他。由于本书重点研究的是工业,故没有将包括建筑业的第二产业列出。单位 GDP 能耗按 2005 年不变价计算。

3.2.3　江苏规模以上工业碳排放量占全省碳排放总量的比重

依据上述江苏二氧化碳排放量与规模以上工业二氧化碳排放量,可以获得表 3-12。2001－2009 年江苏省规模以上工业二氧化碳排放量占全省二氧化碳排放总量的比重虽在个别年份有起伏,但总体上呈不断提升的趋势,由 2001 年的 78.63%上升到 2009 年的 83.71%。

表 3-12　2001—2009 年江苏 CO_2 排放和规模以上工业 CO_2 排放

单位:万吨

年份	2001	2002	2003	2004	2005	2006	2007	2008	2009	年均增长率
CO_2 总排放量	28 525.53	30 470.19	33 850.11	37 778.12	52 017.99	5 015.41	61 720.14	64 116.03	68 650.61	11.60%
工业 CO_2 排放量	22 428.71	25 039.82	29 363.13	36 320.63	42 846.63	46 403.5	52 038.76	53 945.4	57 465.47	12.48%
工业 CO_2 排放量占比	78.63%	82.18%	86.74%	96.14%	82.37%	79.99%	84.31%	84.14%	83.71%	

3.3　苏南地区二氧化碳排放

3.3.1　计算方法

由于南京、苏州、无锡、常州、镇江五市的统计年鉴缺少全社会能源消耗的分类数据,所以难以用上述相关的计算方法分地区来计量整个二氧化碳排放。本书依据《江苏统计年鉴》和苏南地区五个城市的统计年鉴,按照下列方法对苏南五市能源消费量进行估算,在此基础上计算其二氧化碳排放量。

主要采用如下的计算步骤:① 将江苏及苏南五市发电量折算成标准煤,方法为"发电量×4.04 吨标准煤/万千瓦时";② 用折算成标准煤的江苏发电量除以江苏能源消耗总量,得到用于发电的能源占总能源消耗的比重;③ 用折算成标准煤的苏南五市发电量除以②得到的相应比重计算苏南五市能源消耗总量;④ 计算苏南五市单位 GDP 能耗,方法是用③得到的各市的能源消耗总量除以 GDP;⑤ 计算苏南五市单位 GDP 二氧化碳排放量,方法是用④计算得到的各个城市单位 GDP 能耗乘以 2.493(标准煤的二氧化碳排放因子)。需要指出的是,虽然这一方法在某些案例或文献中采用过,如《国家电网公司 2009 年社会责任报告》,甚至在国际性较权威的研究机构的报告中也使用了类似的二氧化碳排放的计算,如全球环境研究所(Global Environment Institute,GEI)发布的《解读〈中国应对气候变化的政策与行动〉》等,但这一方法计算获得的数据的科学性有待于进一步的验证。

3.3.2 计算结果

1. 苏州

2005—2009 年苏州市能源消耗量及二氧化碳排放量(表 3-13)均远超苏南其他四个城市,凸显了苏州在江苏和苏南地区经济上的地位,也显示了在未来的发展中应该承担更多的环境责任。

表 3-13 2005—2009 年苏州市能源消耗量及 CO_2 排放量

	2005 年	2006 年	2007 年	2008 年	2009 年	增长率
GDP/亿元	4 026.52	4 820.26	5 700.85	6 701.29	7 740.20	17.75%
全年用电量/亿千瓦时	566.04	686.49	807.27	848.42	879.94	11.66%
发电量/亿千瓦时	381.22	581.01	705.40	754.23	797.79	20.28%
转换成标准煤/万吨	1 540.13	2 347.28	2 849.82	3 047.09	3 223.07	20.28%
发电能源消耗量/万吨	2 932.92	4 470.00	5 427.00	5 802.67	6 137.80	20.28%
煤气/万立方米	6 200	6 403	6 900	7 077	7 475	4.79%
转换成标准煤/万吨	7.53	7.78	8.38	8.59	9.08	4.79%
液化石油气/万吨	24.2	24.22	23.1	12.7	16.2	−9.55%
转换成标准煤/万吨	41.49	41.52	39.60	21.77	27.77	−9.55%
天然气/亿立方米	1.19	2.24	4.13	5.77	6.3	51.69%
转换成标准煤/万吨	1.58	2.98	5.49	7.67	8.38	51.76%
能源消耗总量/万吨	2 983.52	4 522.28	5 480.47	5 840.70	6 183.03	19.98%
二氧化碳排放量/万吨	7 437.92	11 274.04	13 662.81	14 560.87	15 414.29	19.98%
单位 GDP 能耗/(吨/万元)	0.741 0	0.938 2	0.961 3	0.871 6	0.798 8	1.90%
单位 GDP 二氧化碳排放量/(吨/万元)	1.85	2.34	2.40	2.17	1.99	1.84%

2. 南京

南京市作为江苏省会城市，工业发展历史悠久，工业基础稳固，服务业比重较高，在2005－2009年虽然GDP保持了15.09％的增长率，但能源消耗总量及二氧化碳排放量（表3-14）基本保持稳定，经济增长与二氧化碳排放脱钩的迹象开始有所显现。

表3-14　2005—2009年南京市能源消耗量及 CO_2 排放量

	2005年	2006年	2007年	2008年	2009年	增长率
GDP/亿元	2 411.11	2 773.78	3 283.73	3 775.00	4 230.26	15.09％
全年用电量/亿千瓦时	246.67	270.57	299.13	310.79	337.05	8.12％
发电量/亿千瓦时	180.74	210.96	213.90	198.10	207.04	3.45％
转换成标准煤/万吨	730.19	852.28	864.16	800.32	836.44	3.45％
发电能源消耗量/万吨	1 390.52	1 623.02	1 645.64	1 524.08	1 592.86	3.45％
煤气/万立方米	1 265.49	1 398.02	1 612.37	1 537.57	1 712.28	7.85％
转换成标准煤/万吨	1.54	1.70	1.96	1.87	2.08	7.80％
液化石油气/万吨	14.55	16.83	16.55	13.34	15.44	1.50％
转换成标准煤/万吨	24.94	28.85	28.37	22.87	26.47	1.50％
天然气/亿立方米	1.42	3.15	3.84	4.29	4.52	33.57％
转换成标准煤/万吨	1.89	4.19	5.11	5.71	6.01	33.54％
能源消耗总量/万吨	1 418.89	1 657.76	1 681.08	1 554.53	1 627.42	3.49％
二氧化碳排放量/万吨	3 537.30	4 132.80	4 190.93	3 875.43	4 057.17	3.49％
单位GDP能耗/（吨/万元）	0.588 5	0.597 7	0.511 9	0.411 8	0.384 7	－10.08％
单位GDP二氧化碳排放量/（吨/万元）	1.47	1.49	1.28	1.03	0.96	－10.10％

3. 无锡

同苏州市一样，得益于长三角地区丰厚的经济资源和良好的工业基础，无锡经济快速发展导致其在2005－2009年能源消耗总量及二氧化碳排放量（表3-15）仍维持在一个较高的水平上，二氧化碳排放总量仅次于苏州。

表3-15　2005—2009年无锡市能源消耗量及 CO_2 排放量

	2005年	2006年	2007年	2008年	2009年	增长率
GDP/亿元	2 804.68	3 300.59	3 858.54	4 419.50	4 991.72	15.50％
全年用电量/亿千瓦时	337.05	400.99	461.31	466.69	480.57	9.27％
发电量/亿千瓦时	165.79	175.24	326.75	349.07	364.83	21.80％

续表

	2005年	2006年	2007年	2008年	2009年	增长率
转换成标准煤/万吨	669.79	707.97	1 320.07	1 410.24	1 473.91	21.80%
发电能源消耗量/万吨	1 275.51	1 348.21	2 513.85	2 685.57	2 806.82	21.80%
液化石油气/万吨	1.64	1.93	2.06	7.48	6.73	42.33%
转换成标准煤/万吨	2.81	3.31	3.53	12.82	11.54	42.36%
天然气/亿立方米	—	—	2.54	2.84	3.07	—
转换成标准煤/万吨	—	—	3.38	3.78	4.08	—
能源消耗总量/万吨	1 278.32	1 351.52	2 520.76	2 702.17	2 822.44	21.90%
二氧化碳排放量/万吨	3 186.85	3 369.34	6 284.25	6 736.51	7 036.34	21.90%
单位GDP能耗/(吨/万元)	0.455 8	0.409 5	0.653 3	0.611 4	0.565 4	5.53%
单位GDP二氧化碳排放量/(吨/万元)	1.14	1.02	1.63	1.52	1.41	5.46%

注：从2008年起，无锡市人工煤气转天然气工程全部完成，因此本表忽略煤气相关数据。

4. 常州

虽然常州市地区生产总值与苏州、无锡、南京相比还有一定差距，但其能源消耗量与二氧化碳排放量（表3-16）均处于苏南五市最低水平，并且单位GDP二氧化碳排放强度、单位GDP二氧化碳排放量也处于较低水平。与南京类似，常州此方面的经验对苏南各市今后产业结构与能源结构的调整具有一定的借鉴意义。

表3-16　2005—2009年常州市能源消耗量及CO_2排放量

	2005年	2006年	2007年	2008年	2009年	增长率
GDP/亿元	1 303.36	1 569.46	1 881.28	2 202.23	2 519.93	17.92%
全年用电量/亿千瓦时	182.66	212.68	230.62	237.33	255.41	8.74%
发电量/亿千瓦时	64.12	82.70	149.65	133.32	129.75	19.27%
转换成标准煤/万吨	259.04	334.11	604.59	538.61	524.19	19.27%
发电能源消耗量/万吨	493.31	636.25	1 151.33	1 025.70	998.23	19.27%
液化石油气/万吨	8.08	4.21	3.70	2.66	2.35	−26.56%
转换成标准煤/万吨	13.85	7.22	6.34	4.56	4.03	−26.55%
天然气/亿立方米	0.80	1.49	2.69	3.13	3.34	42.94%
转换成标准煤/万吨	1.06	1.98	3.58	4.16	4.44	43.06%
能源消耗总量/万吨	508.22	645.45	1 161.25	1 034.42	1 006.70	18.63%

续表

	2005 年	2006 年	2007 年	2008 年	2009 年	增长率
二氧化碳排放量/万吨	1 267.00	1 609.11	2 895.01	2 578.81	2 509.71	18.63%
单位 GDP 能耗/(吨/万元)	0.389 9	0.411 3	0.617 3	0.469 7	0.399 5	0.61%
单位 GDP 二氧化碳排放量/(吨/万元)	0.97	1.03	1.54	1.17	1.00	0.76%

注：从 2008 年起，常州市人工煤气转天然气工程全部完成，因此本表忽略煤气相关数据。

5. 镇江

镇江市与苏南其他四市相比有其特殊的地方，镇江市内主要发电厂发电量与其他各市相当，而地区生产总值却远落后于其他四市，可能由于其一部分发电量用于输出至周边市县，这就导致了镇江市较高的二氧化碳排放总量和相对较高的排放强度，单位 GDP 二氧化碳排放量在苏南五市中位居第一。

表 3-17 2005—2009 年镇江市能源消耗量及 CO_2 排放量

	2005 年	2006 年	2007 年	2008 年	2009 年	增长率
GDP/亿元	871.67	1 021.52	1 206.69	1 408.14	1 672.08	17.69%
全年用电量/亿千瓦时	97.18	110.54	126.80	137.69	144.92	10.51%
发电量/亿千瓦时	215.11	245.96	231.66	217.69	235.54	2.29%
转换成标准煤/万吨	869.04	993.68	935.91	879.47	951.58	2.29%
发电能源消耗量/万吨	1 654.95	1 892.29	1 782.28	1 674.80	1 812.13	2.29%
液化石油气/万吨	5.61	6.0	4.5	4.3	4.2	−6.98%
转换成标准煤/万吨	9.62	10.29	7.71	7.37	7.20	−6.99%
天然气/亿立方米	0.31	1.0	1.3	1.35	1.68	52.58%
转换成标准煤/万吨	0.41	1.33	1.73	1.80	2.23	52.71%
能源消耗总量/万吨	1 664.98	1 903.91	1 791.72	1 683.97	1 821.56	2.27%
二氧化碳排放量/万吨	4 150.79	4 746.45	4 466.76	4 198.13	4 541.16	2.27%
单位 GDP 能耗/(吨/万元)	1.910 1	1.863 8	1.484 8	1.195 9	1.089 4	−13.10%
单位 GDP 二氧化碳排放量/(吨/万元)	4.76	4.65	3.70	2.98	2.72	−13.06%

注：由于镇江市人工煤气转天然气工程已基本完成，因此本表忽略煤气相关数据。

3.3.3 苏南地区碳排放的比较

1. 碳排放量与增速

2005—2009 年苏南五市二氧化碳排放量由大到小的顺序为苏州、无锡、镇江、南京和常州(图 3-9);排放增速由大到小的顺序为无锡、苏州、常州、南京和镇江;2009 年苏南五市单位 GDP 二氧化碳排放量由大到小的顺序为镇江、苏州、无锡、常州和南京。

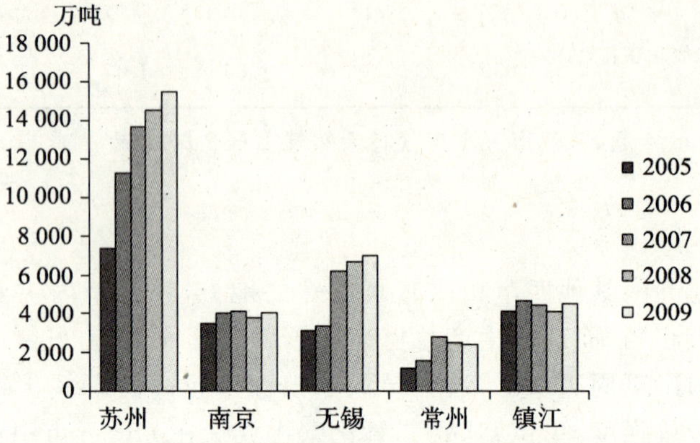

图 3-9　2005—2009 年苏南五市 CO_2 排放量对比图

2. 能源消耗总量与增速

2005—2009 年苏南五市能源消耗总量由大到小的顺序为苏州、无锡、镇江、南京和常州(图 3-10),与二氧化碳排放量的排列顺序一致;能源消耗总量的增速由大到小的顺序为无锡、苏州、常州、南京和镇江,与二氧化碳排放量增速排序一致。

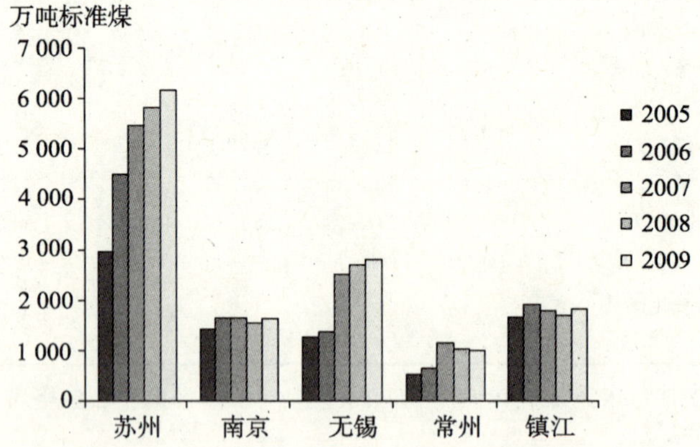

图 3-10　2005—2009 年苏南五市能源消耗总量对比图

3. 单位 GDP 能耗与能源效率

2009 年,苏南五市单位 GDP 能耗由大到小的顺序为镇江、苏州、无锡、常州和南京(图 3-11),与单位 GDP 二氧化碳排放量排序一致。能源效率可以分为经济效率与技术效率,实际上就是能源的投入与产出之比。朱健和詹亦军(2009)通过模型计算将江苏省分为四类地区,其中第Ⅰ类和第Ⅱ类地区为能源与经济发展比较协调的区域,主要集中在苏南地区,也是能源消费量最集中的地区;第Ⅲ类和第Ⅳ类地区为经济发展与能源消费协调比较弱的地区,主要集中在苏中和苏北地区[11]。宋蕊(2010)采用数据包络分析(DEA)的方法和 CCR 模型,计算了江苏 13 个城市的能源效率,苏南五市能源效率由大到小的排序是无锡、南京、苏州、常州、镇江[12]。

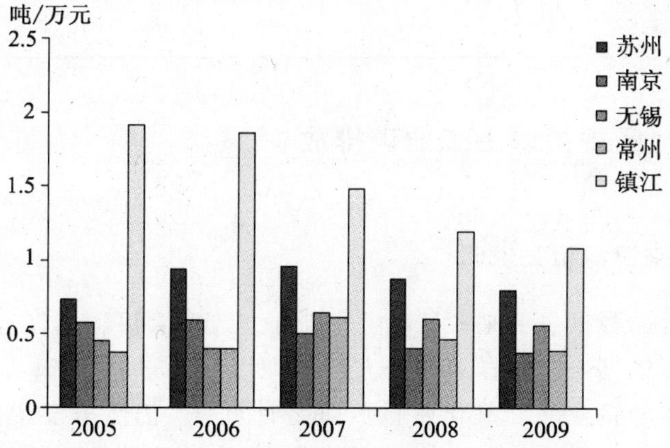

图 3-11　2005—2009 年苏南五市单位 GDP 能耗对比图

由此可见,2005－2009 年苏州、无锡、南京的二氧化碳排放量、能源消耗量与其经济总量的排序完全一致,而且与这一时期经济总量的增速保持一致,二氧化碳排放量取决于能源消耗、经济规模的结论进一步得到了验证。由于产业结构的差异性,南京的单位 GDP 能耗明显低于无锡、苏州。由于发电的对外输出,经济总量小于常州的镇江形成了经济总量与二氧化碳排放量、能源消耗量不对称的格局,二氧化碳排放量、能源消耗量超过了常州。

3.3.4　苏南地区碳排放量占全省碳排放总量的比重

根据以上的相关数据计算,2005—2009 年苏南五市二氧化碳排放与占全省的比重见表 3-18。表 3-18 显示,2005—2009 年江苏苏南地区二氧化碳排放量年均增长率为 13.30%,高出全省 7.18%的平均增长率;相对应的是,苏南五市二氧化碳排放量占全省排放总量的比重进一步提升,由 2005 年的 41.49%增加到 2009 年的 51.81%。

表 3-18　2005—2009 年苏南五市 CO_2 排放与占全省的比重　单位：万吨

年份	2005	2006	2007	2008	2009	年均增长率
苏州	7 437.92	11 274.04	13 662.81	14 560.87	15 414.29	19.98%
南京	3 537.30	4 132.80	4 190.93	3 875.43	4 057.17	3.49%
无锡	3 186.85	3 369.34	6 284.25	6 736.51	7 036.34	21.90%
常州	1 267.00	1 609.11	2 895.01	2 578.81	2 509.71	18.63%
镇江	4 150.79	4 746.45	4 466.76	4 198.13	4 541.16	2.27%
苏南五市	21 584.86	27 137.74	33 506.76	33 957.75	35 567.67	13.30%
江苏全省	52 017.99	58 015.41	61 720.14	64 116.03	68 650.61	7.18%
苏南五市占全省比重	41.49%	46.78%	54.29%	52.96%	51.81%	

3.4　苏南地区规模以上工业碳排放

3.4.1　数据来源与相关说明

这一部分的数据主要来源于南京、苏州、无锡、常州和镇江苏南五市各自的统计年鉴。依据上述同样的计算方法，可对南京、苏州、无锡、常州和镇江苏南五市工业与分行业的二氧化碳排放进行计算①。仍然需要说明的是，虽然《镇江统计年鉴》中有全部工业的能源消费量，但目前有关统计年鉴中缺乏南京、苏州、无锡、常州四个城市全部工业的能源消费量，难以对这四个城市全部工业生产的二氧化碳排放量进行估算。因此，本书仍然使用规模以上工业的二氧化碳排放量来大体判断与分析江苏苏南地区工业二氧化碳的排放量。在实际计算与分析过程中将镇江全部工业的二氧化碳排放量近似地看做规模以上工业的二氧化碳排放，与南京、苏州、无锡、常州的口径保持一致，并展开相应的比较研究。这一方法肯定有误差，但与南京、苏州、无锡、常州相比较，由于镇江工业经济总量比较小，误差估算也不会大。

3.4.2　规模以上工业碳排放量

2005—2009 年南京、苏州、无锡、常州和镇江苏南五市规模以上工业二氧化碳排放量的计算结果如表 3-19 所示。2005—2009 年苏南地区的规模以上

① 计算南京、苏州、无锡、常州、镇江工业企业二氧化碳排放量涉及的主要能源为原煤、汽油、柴油及燃料油 4 种能源。

工业二氧化碳排放量年均增长率为 5.02%，低于江苏全省 7.61% 的平均水平；占江苏全省规模以上工业二氧化碳排放量的比重逐年下降，由 2005 年的 40.78% 下降到 2009 年的 36.98%。苏南地区的规模以上工业二氧化碳排放量占全省比重相对于这一地区规模以上工业增加值占全省比重（表 3-20）而言，工业二氧化碳排放水平是比较低的。

比较苏南各市规模以上工业二氧化碳排放量，苏州市始终最大。2009 年苏州市的这一指标分别占江苏全省和苏南地区工业二氧化碳排放量的比重为 14.39% 和 38.91%；从 2005—2009 年的年均增长率来分析，苏州市的增长率最高，达到了 9.13%，高于全省和苏南地区的平均水平。而南京、镇江规模以上工业二氧化碳排放量则呈现负增长。

表 3-19 2005—2009 年苏南五市规模以上工业 CO_2 排放量 单位：万吨

年份	2005	2006	2007	2008	2009	年均增长率
南京	3 113.08	3 291.13	3 237.61	3 009.29	3 062.81	−0.41%
苏州	5 830.22	6 952.83	8 189.49	8 210.34	8 267.87	9.13%
无锡	4 003.88	4 562.70	4 823.54	4 866.37	4 861.01	4.97%
常州	19 10.02	1 923.62	2 356.09	2 205.47	2 485.15	6.80%
镇江	2 615.87	2 744.54	2 602.55	2 589.23	2 574.58	−0.40%
苏南五市	17 473.07	19 474.82	21 209.28	20 880.70	21 751.42	5.02%
江苏全省	42 846.63	46 403.50	52 038.76	53 945.40	57 465.47	7.61%
苏南五市占全省比重	40.78%	41.97%	40.76%	38.71%	36.98%	

表 3-20 2005—2009 年苏南五市规模以上工业增加值 单位：亿元

年份	2005	2006	2007	2008	2009	年均增长率
南京	903.91	973.60	1 150.17	1 322.03	1 459.48	12.72%
苏州	2 466.1	3 075.13	3 680.34	4 036.82	4 346.43	15.22%
无锡	1 353.1	1 661.78	1 984.23	2 246.21	2 390.62	15.29%
常州	600.68	768.16	940.65	1 159.76	1 333.44	22.06%
镇江	360.25	460.97	584.23	682.92	790.03	21.69%
苏南五市	5 684.04	6 939.64	8 339.62	9 447.74	10 320.00	16.08%
江苏全省	8 118.99	10 309.22	12 926.87	14 758.95	16 774.81	19.89%
苏南五市占全省比重	70.01%	67.31%	64.51%	64.01%	61.52%	

资料来源：根据 2006—2010 年苏南五市及江苏省的统计年鉴计算整理得。

3.4.3 规模以上工业碳排放强度

苏南五市规模以上工业二氧化碳排放强度均呈下降的格局(表 3-21)。常州市最低,2009 年为 1.86 吨/万元,领先于其余四个城市;镇江市最高,2009 年为 3.26 吨/万元,但下降速度也最快。总体上说明 2005—2009 年苏南地区的工业二氧化碳排放控制水平得到了新的提高,节能减排效果较为明显。

表 3-21 2005—2009 年苏南五市规模以上工业 CO_2 排放强度

单位:吨/万元

年份	2005	2006	2007	2008	2009	年均增长率
南京	3.44	3.38	2.81	2.28	2.10	−11.61%
苏州	2.36	2.26	2.23	2.03	1.90	−5.28%
无锡	2.96	2.75	2.43	2.17	2.03	−9.00%
常州	3.18	2.50	2.50	1.90	1.86	−12.55%
镇江	7.26	5.95	4.45	3.79	3.26	−18.14%
江苏省	5.28	4.50	4.03	3.66	3.43	−10.22%

3.4.4 规模以上工业碳排放量占碳排放总量的比重

如表 3-22 所示,2005—2009 年苏南五市规模以上工业二氧化碳排放量的年均增长率为 5.02%,远低于这一地区二氧化碳排放量 13.30%的年均增长率;规模以上工业二氧化碳排放量占这一地区二氧化碳排放总量的比重逐年下降,由 2005 年的 80.95%下降到 2009 年的 61.16%,说明这一地区产业结构与工业内部结构的转型取得了新的成效。

表 3-22 2005—2009 年苏南五市规模以上工业碳排放量及占碳排放总量的比重

单位:万吨

年份	2005	2006	2007	2008	2009	年均增长率
苏南规模以上工业碳排放量	17 473.07	19 474.82	21 209.28	20 880.70	21 751.42	5.63%
苏南碳排放总量	21 584.86	27 137.74	33 506.76	33 957.75	35 567.67	13.30%
规模以上工业碳排放占本地区碳排放的比重	80.95%	71.76%	63.30%	61.49%	61.16%	

3.5　苏南地区规模以上工业分行业的碳排放

上述有关章节研究了江苏省与苏南地区碳排放、规模以上工业碳排放的问题。本小节则重点研究苏南地区规模以上工业分行业的碳排放。由于统计资料的原因,本节仅在 2005—2008 年的数据上展开分析。

3.5.1　南京

2008 年南京规模以上工业二氧化碳排放量最高的五个行业分别为电力及热力的生产和供应业、化学原料及化学制品制造业、非金属矿物制品业、石油加工炼焦及核燃料加工业、化学纤维制造业,这五大行业的二氧化碳排放量分别为 1 618.95 万吨、446.61 万吨、386.86 万吨、353.71 万吨、47.39 万吨,共为 2 853.52 万吨,占全市规模以上工业二氧化碳排放量的 94.82%,是节能减排的重点行业。碳排放量最低的前五个行业分别为家具制造业、水的生产和供应业、燃气生产和供应业、有色金属矿采选业、印刷业和记录媒介的复制业。

表 3-23　南京规模以上工业分行业主要能源碳排放量①　　单位:万吨

年　份	2005	2006	2007	2008
黑色金属矿采选业	2.99	3.10	2.86	2.08
有色金属矿采选业	0.05	0.02	0.04	0.19
非金属矿采选业	6.47	6.74	7.27	6.83
农副食品加工业	5.38	4.95	3.30	4.99
食品制造业	6.51	2.80	4.27	4.61
饮料制造业	3.13	4.40	4.15	2.54
烟草制品业	0.95	0.27	0.38	0.51
纺织业	5.65	5.20	6.24	5.93
纺织服装、鞋、帽制造业	4.26	5.09	5.35	5.14
皮革、毛皮、羽毛(绒)及其制品业	0.47	0.77	0.75	0.62
木材加工及木、竹、藤、棕、草制品业	0.98	1.78	1.63	1.13
家具制造业	0.09	0.28	0.38	0.09
造纸及纸制品业	10.11	8.79	8.15	7.55

① 计算南京、苏州、无锡、常州、镇江工业二氧化碳排放量涉及的主要能源为煤炭、汽油、柴油及燃料油 4 种能源。

续表

年　份	2005	2006	2007	2008
印刷业和记录媒介的复制业	0.37	0.22	0.22	0.32
文教体育用品制造业	1.30	2.10	1.27	0.82
石油加工、炼焦及核燃料加工业	251.07	363.83	350.97	353.71
化学原料及化学制品制造业	382.62	434.17	575.06	446.61
医药制造业	4.97	4.87	4.66	3.44
化学纤维制造业	28.18	25.10	32.47	47.39
橡胶制品业	7.03	5.50	5.30	5.71
塑料制品业	6.90	4.82	6.00	4.71
非金属矿物制品业	393.50	387.93	432.58	386.86
黑色金属冶炼及压延加工业	266.18	125.09	112.23	30.27
有色金属冶炼及压延加工业	5.98	6.29	8.88	12.45
金属制品业	4.57	5.63	6.59	6.65
通用设备制造业	12.12	11.25	13.50	13.74
专用设备制造业	1.85	2.52	3.73	3.22
交通运输设备制造业	25.06	21.95	24.25	21.31
电气机械及器材制造业	2.90	3.45	6.02	4.17
通信设备、计算机及其他电子设备制造业	6.70	4.44	5.01	4.37
仪器仪表及文化、办公用机械制造业	0.41	0.27	0.37	0.52
工艺品及其他制造业	0.32	0.53	0.53	0.36
废弃资源和废旧材料回收加工业	0.82	0.38	0.65	1.20
电力、热力的生产和供应业	1 662.96	1 836.31	1 602.27	1 618.95
燃气生产和供应业	0.11	0.13	0.13	0.19
水的生产和供应业	0.13	0.13	0.13	0.11
总　计	3 113.08	3 291.13	3 237.61	3 009.29

数据来源：依据《南京统计年鉴》(2006—2009)计算整理而得。

3.5.2 苏州

2008年苏州规模以上工业中二氧化碳排放量列前五位的行业分别为电力及热力的生产和供应业、造纸及纸制品业、纺织业、化学原料及化学制品制造业、金属矿物制品业，其二氧化碳排放量分别为5 611.10万吨、574.21万吨、504.05万吨、421.14万吨、310.38万吨，五大行业的二氧化碳排放量占到苏州规模以上工业二氧化碳排放总量的90.38%。与南京相比，苏州规模以上工业主要碳排放产业呈现出显著的差异性，除电力、热力的生产和供应业仍占碳排放的主体地位外，造纸及纸制品业、纺织业分列苏州规模以上工业碳排放的二、三位。二氧化碳排放量最低的五大行业分别为自来水生产和供应业、废弃资源和废旧材料回收加工业、非金属矿采选业、石油加工及炼焦业、煤气生产和供应业。

表 3-24　苏州规模以上工业分行业主要能源碳排放量　　单位：万吨

年　份	2005	2006	2007	2008
有色金属矿采选业	0.00	0.04	0.00	0.00
非金属矿采选业	0.33	0.09	0.08	0.07
食品加工业	7.21	7.41	8.40	6.09
食品制造业	30.70	24.37	14.09	4.92
饮料制造业	11.65	11.81	8.71	6.16
纺织业	715.78	617.73	613.39	504.05
纺织服装、鞋、帽制造业	22.74	40.68	41.10	24.55
皮革、毛皮、羽毛(绒)及其制品业	2.66	3.65	4.85	4.42
木材加工及木、竹、藤、棕、草制品业	17.29	17.20	13.33	18.42
家具制造业	1.11	1.08	0.81	0.72
造纸及纸制品业	383.46	408.24	514.58	574.21
印刷业和记录媒介的复制业	2.17	3.65	3.07	2.55
文教体育用品制造业	2.87	2.36	2.09	2.31
石油加工及炼焦业	0.50	0.80	1.54	0.87
化学原料及化学制品制造业	355.00	366.89	414.38	421.14
医药制造业	41.66	37.28	43.11	42.59
化学纤维制造业	97.51	43.69	130.19	151.39
橡胶制品业	31.80	27.96	32.88	26.38
塑料制品业	44.10	45.06	50.68	47.53
非金属矿物制品业	385.07	302.70	333.02	310.38
黑色金属冶炼及压延加工业	240.72	340.30	318.85	309.60
有色金属冶炼及压延加工业	22.68	30.53	28.28	21.16
金属制品业	32.76	39.82	45.67	40.96
通用设备制造业	20.47	29.90	30.30	27.98
专用设备制造业	6.63	6.57	5.86	5.85
交通运输设备制造业	9.16	5.69	4.18	4.43
电气机械及器材制造业	7.93	11.90	12.20	11.15
通信设备、计算机及其他电子设备制造业	35.58	34.78	25.25	25.33
仪器仪表及文化、办公用机械制造业	2.24	1.74	1.53	1.24
其他制造业	2.30	1.16	1.43	1.42
废弃资源和废旧材料回收加工业	0.07	0.15	0.20	0.11
电力、热力的生产和供应业	3 252.07	4 486.26	5 484.10	5 611.10
煤气生产和供应业	43.90	1.18	1.22	1.18
自来水生产和供应业	0.12	0.19	0.11	0.09
总　计	5 830.22	6 952.83	8 189.49	8 210.34

数据来源：依据《苏州统计年鉴》(2006—2009)计算整理而得。

3.5.3 无锡

2008年无锡规模以上工业中二氧化碳排放量列前五位的行业分别为电力及热力的生产和供应业、黑色金属冶炼及压延加工业、化学原料及化学制品制造业、非金属矿物制品业以及纺织业，二氧化碳排放量分别为3 019.94万吨、455.36万吨、413.13万吨、314.38万吨、204.43万吨，五大行业的二氧化碳排放量占到无锡市规模以上工业二氧化碳排放总量的90.57%。重点碳排放行业分布与南京相似，除纺织业外均是以化石能源为原材料的工业。二氧化碳排放量最低的五大行业分别为自来水生产和供应业、燃气生产和供应业、皮革毛皮羽毛(绒)及其制品业、非金属矿采选业和家具制造业。

表3-25 无锡规模以上工业分行业主要能源碳排放量 单位：万吨

年 份	2005	2006	2007	2008
非金属矿采选业	0.88	0.00	0.00	0.03
农副食品加工业	3.10	2.55	1.28	1.43
食品制造业	20.40	17.42	17.73	17.76
饮料制造业	1.93	2.36	2.39	2.63
纺织业	317.06	345.26	367.14	204.43
纺织服装、鞋帽制造业	86.06	74.53	69.05	71.06
皮革、毛皮、羽毛(绒)及其制品业	1.15	0.79	0.65	0.24
木材加工及木、竹、藤、棕、草制品业	0.85	1.00	1.25	1.05
家具制造业	0.03	0.03	0.04	0.04
造纸及纸制品业	35.49	38.33	32.08	29.80
印刷业和记录媒介的复制业	1.37	1.40	1.85	1.70
文教体育用品制造业	2.51	1.68	1.57	1.14
石油加工、炼焦及核燃料加工业	1.63	3.67	3.07	2.90
化学原料及化学制品制造业	345.35	404.58	462.38	413.13
医药制造业	8.87	8.25	9.03	7.40
化学纤维制造业	166.84	207.71	221.70	77.76
橡胶制品业	20.12	14.81	13.96	10.20
塑料制品业	23.79	25.30	28.65	26.26
非金属矿物制品业	225.98	272.26	298.34	314.38
黑色金属冶炼及压延加工业	354.85	436.72	495.96	455.36
有色金属冶炼及压延加工业	33.44	33.08	38.57	33.04
金属制品业	25.71	32.26	32.56	33.13
通用设备制造业	34.76	100.92	41.38	44.50
专用设备制造业	3.34	3.51	3.30	4.16

续表

年　份	2005	2006	2007	2008
交通运输设备制造业	10.99	11.69	10.68	9.89
电气机械及器材制造业	30.24	45.73	56.92	77.63
通信设备、计算机及其他电子设备制造业	5.03	5.88	3.22	2.34
仪器仪表及文化、办公用机械制造业	0.98	0.84	1.05	0.55
工艺品及其他制造业	2.67	2.84	2.36	2.31
电力、热力的生产和供应业	2 238.34	2 467.08	2 605.18	3 019.94
燃气生产和供应业	0.06	0.17	0.14	0.15
水的生产和供应业	0.05	0.05	0.05	0.04
总　计	4 003.88	4 562.70	4 823.54	4 866.37

数据来源：依据《无锡统计年鉴》(2006—2009)计算整理而得。

3.5.4　常州

2008 年常州规模以上工业二氧化碳排放量约为苏州的四分之一，无锡的一半。碳排放排名前五位的规模以上工业行业分别为电力及热力的生产和供应业、非金属矿物制品业、黑色金属冶炼及压延加工业、化学原料及化学制品制造业、纺织业，其二氧化碳排放量分别 1 222.78 万吨、526.38 万吨、162.00 万吨、147.91 万吨、34.11 万吨，五大行业的二氧化碳排放量占常州规模以上工业碳排放总量的 94.91%，除二氧化碳排放数值上与无锡、南京略有差距外，重点能耗产业分布类似。二氧化碳排放量最低的五大行业分别为水的生产和供应业、燃气生产和供应业、工艺品及其他制造业、家具制造业、文教体育用品制造业。

表 3-26　常州规模以上工业分行业主要能源碳排放量　　单位:万吨

年　份	2005	2006	2007	2008
非金属矿采选业	0.18	0.30	0.28	0.28
农副食品加工业	3.51	4.29	1.03	1.68
食品制造业	10.61	6.51	7.47	4.86
饮料制造业	4.98	5.66	5.80	6.71
纺织业	97.14	73.75	56.25	34.11
纺织服装、鞋、帽制造业	23.08	15.98	16.77	8.37
皮革、毛皮、羽毛(绒)及其制造业	0.19	0.22	0.27	0.32
木材加工及木、竹、藤、棕、草制品业	1.40	1.12	2.75	1.95

续表

年　份	2005	2006	2007	2008
家具制造业	0.07	0.07	0.06	0.02
造纸及纸制品业	7.92	7.23	8.48	6.38
印刷业和记录媒介的复制业	0.94	1.06	1.44	0.56
文教体育用品制造业	0.62	0.17	0.15	0.19
石油加工、炼焦及核燃料加工业	0.74	0.92	0.44	0.32
化学原料及化学制品制造业	165.60	183.21	197.82	147.91
医药制造业	10.55	10.41	11.05	6.72
化学纤维制造业	4.64	1.63	2.00	2.50
橡胶制品业	3.12	3.01	3.78	2.21
塑料制品业	12.58	9.53	5.98	4.75
非金属矿物制品业	520.41	529.61	475.52	526.38
黑色金属冶炼及压延加工业	194.41	207.89	187.68	162.00
有色金属冶炼及压延加工业	6.57	6.96	6.10	4.28
金属制品业	12.12	12.53	13.23	15.89
通用设备制造业	21.57	20.29	23.91	20.10
专用设备制造业	3.25	4.22	5.68	4.66
交通运输设备制造业	12.39	8.14	6.26	5.34
电气机械及器材制造业	5.79	5.59	7.76	9.14
通信设备、计算机及其他电子设备制造业	4.94	3.67	4.36	4.48
仪器仪表及文化、办公用机械制造业	0.16	0.14	0.28	0.20
工艺品及其他制造业	0.56	0.46	0.38	0.14
电力、热力的生产和供应业	779.96	798.92	1 302.80	1 222.78
燃气生产和供应业	0.01	0.08	0.11	0.03
水的生产和供应业	0.01	0.02	0.03	0.03
总　计	1 910.02	1 923.62	2 356.09	2 205.47

数据来源：依据《常州统计年鉴》(2006—2009)计算整理而得。

3.5.5　镇江

镇江市的工业发展水平在苏南地区中相对较低。2008 年镇江所有工业行业的二氧化碳排放总量为 2 589.23 万吨，排名前五位的重点二氧化碳排放行业分别为电力及热力的生产和供应业、造纸及纸制品业、非金属矿物制品业、化学原料及化学制品制造业、金属制品业，其二氧化碳排放量分别为 1 780.55万吨、289.82 万吨、249.67 万吨、146.30 万吨和 38.59 万吨，五大行业的二氧化碳排放总量占镇江所有工业二氧化碳排放量的 96.74%。值得一提的是，镇江金东纸业股份有限公司 2008 年销售利润排名全国第一，其在镇江二氧化碳排放中的地位凸显出龙头企业应作为地方节能减排的重点对象。二氧化碳排放量最低的五大行业分别为水的生产和供应业、燃气生产和供应业、仪器仪表及文化和办公用机械制造业、工艺品及其他制造业。

表 3-27　镇江所有工业分行业主要能源碳排放量　　单位：万吨

年　份	2005	2006	2007	2008
黑色金属矿采选业	—	0.22	0.00	0.00
非金属矿采选业	3.15	2.44	3.09	2.39
农副食品加工业	3.28	2.76	0.61	1.89
食品制造业	2.87	2.85	3.38	3.21
饮料制造业	0.29	0.63	1.05	0.52
纺织业	12.01	11.41	10.01	11.05
纺织服装、鞋、帽制造业	2.11	2.62	2.74	1.75
皮革、毛皮、羽毛(绒)及其制造业	0.56	0.76	0.85	0.90
木材加工及木、竹、藤、棕、草制品业	1.73	2.24	1.70	2.02
家具制造业	0.02	0.02	0.01	0.01
造纸及纸制品业	260.74	276.78	277.09	289.82
印刷业和记录媒介的复制业	1.01	0.90	0.40	0.25
文教体育用品制造业	0.29	0.13	0.19	0.18
石油加工、炼焦及核燃料加工业	10.45	4.42	3.64	1.39
化学原料及化学制品制造业	145.14	153.15	146.99	146.30
医药制造业	3.08	2.42	2.98	2.61
化学纤维制造业	2.67	4.05	6.58	6.96
橡胶制品业	8.52	2.97	6.15	6.53
塑料制品业	1.46	1.03	1.17	0.97
非金属矿物制品业	248.77	241.65	247.97	249.67
黑色金属冶炼及压延加工业	16.53	19.96	20.37	22.26
有色金属冶炼及压延加工业	2.84	4.78	3.84	1.49
金属制品业	28.43	29.54	37.66	38.59
通用设备制造业	3.23	3.48	8.98	5.57
专用设备制造业	1.08	1.48	2.05	2.88
交通运输设备制造业	4.19	4.59	5.98	4.67
电气机械及器材制造业	2.05	2.33	2.59	2.66
通信设备、计算机及其他电子设备制造业	0.64	0.59	0.97	0.73
仪器仪表及文化、办公用机械制造业	0.21	0.21	0.41	0.32
工艺品及其他制造业	0.22	0.12	0.42	0.39

续表

年 份	2005	2006	2007	2008
废弃资源和废旧材料回收加工业	0.00	0.00	0.01	0.65
电力、热力的生产和供应业	1 848.31	1 963.98	1 802.63	1 780.55
燃气生产和供应业	0.02	0.02	0.02	0.03
水的生产和供应业	0.01	0.01	0.01	0.02
总 计	2 615.87	2 744.54	2 602.55	2 589.23

数据来源：依据《镇江统计年鉴》(2006—2009)计算整理而得。

3.6 简要的比较与基本结论

(1) 进入新世纪以来，江苏二氧化碳排放总量持续上扬。表3-12的结果显示，2001—2009年江苏二氧化碳排放总量的年均增长率达到11.60%，虽然低于江苏全省同期17.54%的GDP增长率，但高于我国9.99%的碳排放年均增长率(根据表3-2计算而得)。而2005—2009年江苏二氧化碳排放总量的年均增长率为7.18%，出现了较大幅度的下降。2005—2009年苏南五市二氧化碳排放量年均增长率为13.30%，超过江苏全省的平均水平，占全省排放总量的比重进一步提升，由2005年的41.49%增加到2009年的51.81%。

(2) 2005—2009年江苏规模以上工业二氧化碳排放量的年均增长率为7.15%，与同期江苏碳排放总量7.18%的年均增长率接近；占全省二氧化碳排放总量的比重呈不断提升的趋势，由2005年的82.37%上升到2009年的83.71%。苏南五市规模以上工业二氧化碳排放量在2005—2009年的年均增长率为5.02%，低于全省的平均水平，占全省规模以上工业二氧化碳排放总量的比重显著下降，由2005年的40.78%下降到2009年的36.98%。就苏南地区的规模以上工业二氧化碳排放量占全省比重与这一地区规模以上工业增加值占全省比重而言，工业二氧化碳排放水平是相对比较低的。由此可见，苏南地区规模以上产业结构调整的成效已经逐步显现。

(3) 2005—2009年苏南五市二氧化碳排放量由大到小排列依次为苏州、无锡、镇江、南京和常州，能源消耗总量排序与二氧化碳排放量的顺序一致，能源效率由大到小的排序是镇江、苏州、无锡、常州、南京；而规模以上工业碳排放量依次为苏州、无锡、南京、镇江和常州。无论是碳排放总量，还是规模以上工业碳排放量，苏州、无锡始终在苏南地区位列第一、第二。这与苏州、无锡经济总量高度相关。

（4）比较苏南五市规模以上工业各行业的碳排放量，发现碳排放量最大的前五个行业具有一定的相似性，体现出区域性的行业共性特点。一是电力、热力的生产和供应业的二氧化碳排放量在工业部门以及区域内二氧化碳排放中占主体地位，是主要的碳排放来源。二是工业碳排放行业集中度高。南京、苏州、无锡、常州、镇江的碳排放行业主要集中在电力及热力的生产和供应业、化学原料及化学制品制造业、非金属矿物制品业、石油加工炼焦及核燃料加工业、化学纤维制造业、造纸及纸制品业、纺织业、黑色金属冶炼及压延加工业等行业，其二氧化碳的排放量占到所有行业的 90％以上。三是与全省的情况也非常相似。从江苏全省规模以上工业 39 个行业大类看，黑色金属冶炼及压延加工业、化学原料及化学制品制造业、非金属矿物制品业、电力及热力的生产和供应业、纺织业是全省工业的五大高能耗行业。因此强化这些行业的转型升级对苏南地区和江苏发展低碳经济具有基础性的作用。

（5）无论是江苏，还是苏南地区，能源消费格局仍然是以煤为主的，消费结构单一，而且能源消费主要集中在工业领域。与全国的情形相一致，江苏和苏南地区工业部门的能源节约主要来自能源强度下降的贡献，但目前能源强度的下降带来能源消耗的压减作用正在逐渐减弱。以煤为主的能源消费的基本格局能否扭转，未来工业二氧化碳排放强度能否有效下降，这是江苏和苏南地区未来发展低碳经济所面临的最大障碍之一。

参考文献

[1] 金三林，邵振文. 我国二氧化碳排放的特点、趋势及政策取向[J]. 经济纵横，2010(6)：26－30.

[2] 刘贞，张希良，张达. 欧盟可再生能源目标分解对我国省域规划的启示[J]. 中国矿业，2009，18(9)：66－70.

[3] 赵荣钦，秦明周. 中国沿海地区农田生态系统部分碳源/汇时空差异[J]. 生态与农村环境学报，2007，23(2)：1－7.

[4] 谭丹，黄贤金，胡初枝. 我国工业行业的产业升级与碳排放关系分析[J]. 四川环境，2008，27(2)：74－84.

[5] 刘强，庄幸，姜克隽，等. 中国出口贸易中的载能量及碳排放量分析[J]. 中国工业经济，2008(8)：46－55.

[6] 中国民盟同盟江苏省委员会. 关于加强我省低碳经济发展的建议[DB/OL]. http://www.jsmm.org.cn/Article.asp? Id＝1939，2009－02－16.

[7] 胡初枝，黄贤金. 区域碳排放及影响因素差异比较研究——以江苏省为例[C]. 第二届全国循环经济与生态工业学术研讨会：第一篇区域循环经济模式：34－39.

[8] 陈佳贵，黄群慧，钟宏武．中国地区工业化进程的综合评价和特征分析[J]．经济研究，2006(6)：4－15．

[9] 张雷，黄园淅，李艳梅，等．中国碳排放区域格局变化与减排途径分析[J]．资源科学，2010，32(2)：211－217．

[10] 李艳君．世界低碳经济发展趋势和影响[J]．国际经济合作，2010(2)：28－33．

[11] 朱健，詹亦军．江苏能源消费与经济增长的相关性分析[J]．中国能源，2009(6)：42－45．

[12] 宋蕊．江苏省能源效率及地区差异评价研究[EB/OL]．中国科技论文在线，http：//www.paper.edu.cn，2010－06－29．

第 4 章

江苏与苏南地区工业出口贸易的碳排放与环境污染

本书在第 2 章中曾指出，2006 年中国的温室气体排放首次超过美国 8% 成为全球第一温室气体排放大国(MNP，2007)[1]。同时，中国不仅是碳排放大国，也是国际贸易大国。国家统计局的数据显示，虽然加入 WTO 后我国的对外贸易年均增速达到 20%～30%，然而在国际产业分工体系中仍处于低端位置的格局并未改变。江苏尤其是苏南地区是我国工业化与国际化发展程度最高的地区之一，工业出口贸易在促进经济增长、扩大就业方面发挥了重要作用。但与全国的情形相一致，这一地区进口多为高技术含量的产品，而出口多为机电、服装、化工等传统高碳产品，隐含碳的出口排放远高于相应的进口排放，造成了事实上的碳污染转移。因此，对苏南地区而言，高度重视工业出口贸易结构的优化调整，应是发展低碳经济、促进工业低碳转型的重要内容。本章主要通过投入产出法计算江苏工业出口贸易的隐含碳排放，并依据计算结果，利用 CGE 模型估算可能实施的碳关税对江苏工业生产、出口和就业等相关方面的影响，同时实证研究江苏工业出口贸易生产对整个江苏工业“三废”排放污染的影响。在此基础上，以江苏全省的情景作参照，对苏南地区情况展开简要的分析，力求为这一地区的产业结构转型寻求路径。

4.1　工业出口贸易的隐含碳与分析工具

作为国际贸易大国，其贸易额对本国与全球的碳排放具有重要的影响。准确研究因进出口贸易产生的碳排放转移即贸易过程中的隐含碳问题，不仅能够对国际贸易结构的转型提供决策依据，而且也能够以可靠的数据为国家争取更有利的发展空间，因而贸易中的隐含碳排放就成为国内外学术界关注的焦点。

4.1.1 工业出口贸易的隐含碳

20 世纪 90 年代初，德国 Wuppertal 研究机构（Wuppertal Institute）构建了定量测度经济系统运行中物质使用量的基本工具——物质流账户体系（Material Flow Account，MFA），并提出生态包袱（Ecological Rucksacks，ER）的概念，即为隐藏流（Hidden Flow，HF）概念的雏形。国际高级研究机构联合会（International Federation of Institutes for Advanced Study，IFIAS）能源分析工作组在 1974 年的相关会议上就曾指出，为了衡量某种产品生产或提供服务过程中直接和间接消耗的某种资源的总量，可以使用“Embodied”（隐含）这一概念，与资源及污染排放物（如二氧化碳、二氧化硫、土地、水等）联用，即为分析产品生产过程中污染的排放及资源消耗量（Brown 和 Herendeen，1996）[2]。隐含碳实际上就是物质流计算中物质隐藏流的发展（Bringezu 等，2003），主要是指为了得到某种产品而在整个生产过程中排放的二氧化碳，是隐含能概念的衍生（Peters 和 Hertwisch，2008）[3-4]。

工业品整个产品生产链中直接或间接地排放的二氧化碳，即为隐含碳。对外贸易的隐含碳就是在生产出口（或进口）商品满足进口国（或本国）消费需求的同时，生产过程中的二氧化碳都排放在原产国（Ipek 等，2007）[5]。因此，传统的基于领土范围的二氧化碳排放的统计极易歪曲一国二氧化碳排放的真实情况，不仅会引起发达国家对发展中国家的碳泄漏，也会间接导致全球二氧化碳排放的增加。以中国为例，2007 年中国化石能源消费排放的二氧化碳为 62.84 亿吨，占全球排放总量的 21.01%，并已超过美国的 20.08%[6]。虽然这一数据尚未得到普遍认同，但由此表明中国确实面临着碳减排的巨大压力。作为发展中大国，由于对外贸易的快速发展及较高的能耗水平，为满足发达国家的需求，中国排放了数量巨大的二氧化碳，可见中国并不应是唯一责任方。

4.1.2 工业出口贸易隐含碳的分析工具

计算工业出口贸易隐含碳的基本方法是以生产国该工业品的二氧化碳排放系数乘以出口品价值。由于生产国的工业生产直接影响工业制成品的二氧化碳排放系数，且估算二氧化碳排放系数有多种方法，因此学者们基于各自研究目的采用了不同的估算方法。张宏等（2007）通过行业能耗强度、垂直分工系数等指标估算了中国出口工业品载能量，虽然方法简单且一定程度上说明了中国工业出口贸易现状，但无法具体计算中国工业出口中的贸易隐含碳排放并预计其未来发展趋势[7]。付加锋和高庆先(2009)利用国际能源署(IEA)和《国际统计年鉴》中各国单位 GDP 二氧化碳排放强度数据作为出口工业品二氧化碳排放系数，计算工业出口贸易的隐含碳排放[8]，但由于忽略了不同产品二氧化碳排放强度的差异，数据结果估算相对较粗。与其他自上而下的研究方法不同，刘强等(2008)采用的生命周期模型研究贸易商品的碳排放是一种自下而上的计算方法，研究对象是从投入到结束整个过程中二氧化碳的排放量[9]。与常规的自上而下的统计口径不同，该方法要在国家宏观层次上搜集各碳源部门数据，分别估算至最后汇总，必然导致重复计算，且数据搜集工作也非常困难。目前，投入产出法是计算工业出口贸易隐含碳的普遍方法。

投入产出法始于美国经济学家瓦西里·里昂惕夫(W Leontief)20 世纪 30 年代在前人关于经济活动相互依存性研究的基础上编制的投入产出表。1970 年里昂惕夫又将该方法应用于环境反馈和经济结构分析，描述污染物与各生产部门间的投入产出关系。此后投入产出法被广泛应用于经济和环境关系的分析研究。工业出口贸易的隐含碳排放不仅产生于最终产品的制造过程，还存在于中间投入品的制造和运输环节。因此，利用投入产出法可以比较正确、全面地估算工业出口贸易的隐含碳排放。

4.1.3　投入产出法计算隐含碳排放的评价

与其他方法相比，投入产出法计算隐含碳排放具有准确度高、完整性强等优点。多数研究文献对化石能源的碳排放系数采用 IPCC 的估算方法，隐含碳排放系数基本不变(徐国泉等，2006；王中英和王礼茂，2006)[10-11]。但不同国家和地区由于能源使用技术不同，加之生产管理水平、员工素质、生产习惯与自然条件等因素，能源的燃烧和使用程度存在一定差异，即使相同碳含量的能源在使用过程中的间接隐含碳排放量也不同。另外，IPCC 的系数估算过程也会存在一定偏差。而投入产出法最大程度地考虑了技术差异，将非直接能源消耗也考虑在内，对能源和部分产品生产过程的隐含碳排放系数都进行了修正和补充。同时，投入产出法的数据易搜集、分析简便。与生命周期模型相比较，投入产出法虽然缺少从企业层面自下而上地对隐含碳排放系数的更新，但较生命周期模型而言，具有数据易搜集、分析简便的特点，对建立适合我国国情、科学合理的隐含碳排放系数体系具有重要作用。

当然，投入产出法计算隐含碳排放也有其缺陷。以价格为基础进行统计的投入产出法，实质上以碳排放增加为代价掩盖了高额的增加值，不能完全反映各国能源效率的真实差异。虽然可以通过对每类产品采用购买力平价(Purchasing Power Parities，PPP)法加以改进，但由于计算及数据搜集过程较为复杂，往往不被学者们采用。同时，投入产出法无法提供连续时间序列的数据。我国从1987年编制全国性的投入产出表，五年编制更新一次，其间逢"0"、"5"年份编制投入产出延长表。各省、自治区、直辖市(不含西藏)与国家同步编制本地区投入产出表和投入产出延长表。因此，按照目前的编制体制，投入产出表无法提供连续年份数据。有文献利用某年投入产出表，假设各年度的工业部门间投入产出关系保持不变，计算各年度的工业出口贸易隐含碳排放(沈利生和唐志，2008；匡新瑞和武戈，2009)[12-13]，但这种方法显然忽略了工业生产的技术进步，不能准确描述工业出口贸易的隐含碳排放。

4.1.4 本书采用的方法

计算对外贸易隐含碳排放还应考虑进口商品的最终消费或中间投入商品的碳排放。然而，目前大多数研究忽略了对中间投入进口与再出口部分的计算，只考虑去除能源的进口或出口量计算隐含碳排放(黄敏和蒋琴儿，2010)[14]。或者不考虑国家生产水平的差异，直接利用能源消费种类估算碳排放强度的国别差异(张晓平，2009)[15]。有些研究则采用某个典型国家的投入产出数据代替，如日本等(匡新瑞和武戈，2009；齐晔等，2008)[13,16]。有些研究直接采用单位GDP的碳排放强度代替对外贸易商品的碳排放强度，利用中国和某个典型国家的碳排放强度分别作为隐含碳排放系数的上下限(魏本勇等，2009)[17]。

要正确、全面地分析对外贸易隐含碳排放，必须考虑进口商品的最终消费或中间投入品的碳排放。真正进口的能源流或污染流的评估应依据进口商品原产国的技术水平完整计算其能耗强度或污染强度系数。由于江苏进口的工业制成品主要来源于工业生产水平和能源利用效率较高的日本、欧美等发达国家，这些国家和地区单位GDP的碳排放强度明显低于中国，因此隐含碳排放的计算方法必须既考虑进口商品最终消费或中间投入品与中国本土商品不同的碳排放强度，又应该兼顾计算的复杂性和数据的可得性、准确性。本书的计算方法就是在采用典型国家间单位GDP碳排放强度差异替代对外贸易碳排放强度的基础上，分别利用中国和日本的碳排放强度作为进出口隐含碳排放的上下限，力求通过对江苏工业及分行业碳排放量区间的描述，更全面、更科学地评估江苏工业出口贸易隐含碳排放的客观状态。

4.2　江苏工业出口贸易隐含碳计算的数据与方法

这一部分主要介绍江苏工业出口贸易隐含碳计算的数据与基本方法。

4.2.1　数据来源

我国自 1987 年开始编制全国性的投入产出表，在其后的 1992 年、1997 年、2002 年和 2007 年分别进行了投入产出调查与编表工作，形成了逢“0”、“5”年份编制投入产出延长表的惯例。各省、自治区、直辖市（不含西藏）与国家同步编制本地区投入产出表、投入产出延长表。本章采用 2002 年江苏投入产出表（42 部门表），计算工业及分行业出口贸易隐含碳排放。为避免不同数据来源引起的统计标准不一，并可能导致最终结果差异的问题，本书所用工业分行业的进口和出口数据（包括商品和服务进出口）均直接取自投入产出表。工业及分行业能源消耗数据则源自 2003 年《中国统计年鉴》和《江苏统计年鉴》。

4.2.2　数据的归口处理

由于投入产出表和统计年鉴中能源消费的行业分类并不完全对应，故在进一步分析之前，以《国民经济行业分类》（GB/T 4754－2002）为基本参考标准，以投入产出表中的工业部门分类为主，对统计年鉴中提供的能源消费的工业分行业进行调整，与投入产出表的部门分类相对应。按照上述合并方法，最终将国民经济中工业部门分类的统计口径合并如表 4-1 所示。

表 4-1　工业部门分类统计口径对照表

序号	部门名称	所含分类部门名称
1	煤炭开采和洗选业	煤炭开采和洗选业
2	石油和天然气开采业	石油和天然气开采业
3	金属矿采选业	黑色金属矿采选业 有色金属矿采选业
4	非金属矿及其他矿采选业	非金属矿及其他矿采选业
5	食品制造及烟草加工业	农副食品加工业 食品制造业 饮料制造业 烟草制品业

续表

序号	部门名称	所含分类部门名称
6	纺织业	纺织业
7	纺织服装鞋帽皮革羽绒及其制品业	纺织服装、鞋、帽制造业 皮革、毛皮、羽毛(绒)及其制品业
8	木材加工及家具制造业	木材加工及木、竹、藤、棕、草制品业 家具制造业
9	造纸印刷及文教体育用品制造业	造纸及纸制品业 印刷业和记录媒介的复制业 文教体育用品制造业
10	石油加工、炼焦及核燃料加工业	石油及核燃料加工业 炼焦业
11	化学工业	化学原料及化学制品制造业 医药制造业 化学纤维制造业 橡胶制品业 塑料制品业
12	非金属矿物制品业	非金属矿物制品业
13	金属冶炼及压延加工业	黑色金属冶炼及压延加工业 有色金属冶炼及压延加工业
14	金属制品业	金属制品业
15	通用、专用设备制造业	普通机械制造业 专用设备制造业
16	交通运输设备制造业	交通运输设备制造业
17	电气机械及器材制造业	电气机械及器材制造业
18	通信设备、计算机及其他电子设备制造业	通信设备、计算机及其他电子设备制造业
19	仪器仪表及文化办公用机械制造业	仪器仪表及文化办公用机械制造业
20	其他制造业	其他制造业
21	电力、热力的生产和供应业	电力、热力的生产和供应业
22	燃气生产和供应业	燃气生产和供应业
23	水的生产和供应业	水的生产和供应业

需要说明的是，在《国民经济行业分类》(GB/T 4754—2002)中，工业分为3个大类(采矿业、制造业以及电力、燃气及水的生产和供应业)、39个中类和191个小类。本书工业分行业数据就是针对这39个中类而言的。由于数值很小或者序列较短，二位数行业中的其他采矿业、废弃资源和废旧材料回收加

工业(2003 年后才公布)与工艺品及其他制造业一起合并成其他制造业项目。另外,木材及竹材采运业在 GB/T 4754—2002 中改属农林牧渔业,本书遵循的分类方法是仍将其作为工业行业列入(在投入产出延长表中与采矿业合在一起称为采掘业)。因此,本章实际构建的是按照 38 个工业中类分行业整理的面板数据。

4.2.3　计算方法与基本过程

本章利用投入产出法计算能源消耗产生的工业出口贸易的隐含碳。

第一,计算由能源消耗导致的工业各部门隐含碳排放系数。计算由能源消耗产生的工业各部门隐含碳排放,主要依据工业各部门的完全碳排放系数来计算各个工业部门单位产值的完全碳排放量,包括单位产值的直接碳排放量(直接碳排放系数)和单位产值的间接碳排放量(间接碳排放系数)。

直接碳排放系数为:

$$ce_j^{E,d} = f_j \cdot e_j \tag{1}$$

其中,$e_j = E_j / X_j$,表示 j 部门的单位产值能源消耗(万吨标准煤/万元);E_j 为 j 部门的能源消耗量(万吨标准煤);X_j 为 j 部门的总产出(万元);f_j 是 j 部门的能源隐含碳排放系数(万吨二氧化碳/万吨标准煤,下同),具体可以表达如下:

$$f_j = \sum_{k=1}^{m} \theta_k \alpha_{kj} \tag{2}$$

θ_k 为工业分部门消耗表 4-2 中 k 能源品种的二氧化碳排放系数,α_{kj} 为 j 行业总能源消费中第 k 种能源的消费比重。

根据 2006 年联合国政府间气候变化专门委员会的指南(IPCC,2006)第二卷,结合中国能源消耗的实际情况,分别计算煤炭、焦炭、原油、汽油、煤油、柴油、燃料油和天然气八种化石能源的二氧化碳排放系数[18]。根据 IPCC(2006)第二卷(能源)第六章提供的参考方法,各种能源的二氧化碳排放系数 θ_k 可以由以下公式计算得到:

$$\theta_k = NCV_k \times CEF_k \times COF_k \times (44/12)\quad (k = 1, 2, \cdots, 8) \tag{3}$$

其中,NCV 为《中国能源统计年鉴》(2008)附录 4 提供的一次能源的平均低位发热量(IPCC 也称为净发热值),CEF 为 IPCC(2006)指南中提供的隐含碳排放因子,COF 是碳氧化因子(取缺省值 1),44 和 12 分别为二氧化碳和碳的分子量。计算结果如表 4-2 所示。

表 4-2　主要燃料的 CO_2 排放系数

单位：万吨 CO_2/万吨燃料

燃料种类	排放系数
煤炭	2.03
焦炭	2.66
原油	3.07
汽油	3.19
煤油	3.08
柴油	3.16
燃料油	3.22
天然气	21.8(万吨/亿立方米)

间接碳排放系数为：

$$ce_j^{E,id} = f_j \cdot \left(\sum_{i=1}^{n} e_i \cdot b_{ij}\right) \tag{4}$$

b_{ij}是投入产出表中 j 部门对 i 部门产品的完全消耗系数，表示提供 j 部门单位产品对第 i 部门产品的完全消耗量；$\sum_{i=1}^{n} e_i \cdot b_{ij}$ 表示为提供 j 部门单位产品而对所有 n 种产品的消耗导致的间接能源总消耗。

能源消耗的完全碳排放系数为直接碳排放系数与间接碳排放系数之和：

$$ce_j^{E} = f_j \cdot e_j + f_j\left(\sum_{i=1}^{n} e_i \cdot b_{ij}\right) \tag{5}$$

第二，计算工业各部门生产过程的隐含碳排放系数。假设 i 工业部门产品生产过程中会产生隐含碳排放，由于 j 工业部门消耗 i 工业部门的产品，由此产生的 j 工业部门单位产值的生产过程中隐含碳排放为：

如果　$i \neq j, ce_j^{ip} = f^{ip} \cdot b_{ij}$　(6)

如果　$i = j, ce_j^{ip} = f^{ip} + f^{ip} \cdot b_{ij}$　(7)

其中，$f^{ip} = \omega_i \cdot Q_i / X_i$ 表示 i 工业部门产品的生产过程直接碳排放系数(吨二氧化碳/万元)；ω_i是 i 工业部门单位物理量产品生产过程的隐含碳排放，本章参考林而达和李玉娥(1998)、IPCC(2006)的相应推荐值，将中国生产1吨水泥的排放因子定为0.376 2吨二氧化碳，生产1吨电解铝的排放因子定为1吨二氧化碳；而 Q_i是 i 工业部门的水泥或电解铝的产量(万吨)；X_i为 i 部门的总产出(万元)[18－19]。

因此，包含能源消费和工业生产过程排放的各工业部门隐含碳排放系数为：

$$ce_j = ce_j^{E,d} + ce_j^{E,id} + ce_j^{ip} \tag{8}$$

在得到工业各部门隐含碳排放系数的基础上，工业品出口总隐含碳排放量的计算公式为：

$$CE_j = ce_j \cdot Y_j \tag{9}$$

$$CE = \sum_{j=1}^{n} CE_j = \sum_{j=1}^{n} ce_j \cdot Y_j \tag{10}$$

Y_j是 j 工业部门的出口额(万元)。

第三，考虑中间投入品的出口工业品隐含碳排放量。本书利用投入产出法计算江苏工业出口贸易的隐含碳排放，主要考虑作为开放的经济系统，社会最终需求不仅包括国内生产供应，还包括国外进口；且工业进口的产品或服务不仅用于国内最终使用，还用于国内生产投入。因此，投入产出表中社会最终需求，除用于国内使用(Y^d)外，还包括用于出口需求(Y^z)的部分。而工业出口贸易的隐含碳排放(C^z)也应包括国内出口排放(C^{dz})和国外进口加工再出口排放(C^{mz})两部分。因而，计算江苏工业出口贸易和净出口的隐含碳排放量需要在投入产出法中区分生产投入中的进口部分，即考虑加工贸易的影响。

对于进口中间投入品的测算，则是根据一致性假设，即假设进口产品与国内产品具有同质性，进口产品在各部门之间的分配与国内产品在部门之间的分配比例完全相同，用公式表示如下：

$$\frac{I_i^M}{I_i^D} = \frac{C_i^M}{C_i^D} \rightarrow \frac{I_i^M}{I_i^D + I_i^M} = \frac{C_i^M}{C_i^D + C_i^M} = \frac{I_i^M + C_i^M}{I_i^D + I_i^M + C_i^D + C_i^M} \tag{11}$$

I_i^M 为 i 工业行业中进口投入中间产品，I_i^D 为国内中间投入品，C_i^M 为进口最终产品，C_i^D 为国内该行业最终消费。因此，(11)式得到比例乘以各年投入产出表的直接消耗系数 A，即可得出进口投入系数矩阵 A^m。

由于江苏进口的工业产品或服务(X^m)除用于国内生产活动投入($A^m X^d$)外，还包括直接用于最终使用(Y^m)，即：

$$X^m = A^m X^d + Y^m = A^m (I-A)^{-1} (Y^d + Y^z) + Y^m \tag{12}$$

本章对进口部分的处理采用的是典型国家替代法，即以中国的典型进口国家日本的完全隐含碳排放水平(R^m)为标准计算进口隐含碳排放。因而，江苏进口工业产品或服务在国外直接和间接排放的总碳量(C^m)可表示为：

$$\begin{aligned} C^m &= R^m X^m = R^m A^m (I-A)^{-1} (Y^d + Y^z) + R^m Y^m \\ &= R^m A^m (I-A)^{-1} Y^d + R^m A^m (I-A)^{-1} Y^z + R^m Y^m \end{aligned} \tag{13}$$

其中，$R^m A^m (I-A)^{-1} Y^d$ 表示用于国内使用的进口投入排放；$R^m A^m (I-A)^{-1} Y^z$ 表示出口需求的进口投入排放，即进口再出口排放(C^{mz})；$R^m Y^m$ 表示进口消费品排放。

工业出口贸易在国内及国外引起的总的隐含碳排放为：

$$C^z = C^{dz} + C^{mz} = R^d Y^z + R^m A^m (I-A)^{-1} Y^z \tag{14}$$

因此，工业净出口隐含碳排放为：

$$C^b = C^z - C^m = R^d Y^z - R^m A^m (I-A)^{-1} Y^d - R^m Y^m \tag{15}$$

如果 $C^b > 0$，表明为工业隐含碳排放净出口，即碳污染转入地；如果 $C^b < 0$，则表明为工业隐含碳排放净进口，即贸易碳污染转出地；$C^b = 0$ 则反映为工业进出口的隐含碳排放平衡地区。

为更全面地评估江苏工业分行业的出口隐含碳排放，本书给出两种计算进口隐含碳排放的替代情景。

其一，以中国的完全隐含碳排放水平 R^d 值，即国内单位总产出的完全隐含碳排放强度代表 R^m 值：

$$R^m = R^d = E^d (I-A)^{-1} \tag{16}$$

其中，E^d 表示中国国内单位总产出的直接隐含碳排放强度。计算结果可作为江苏净出口隐含碳排放的下限值。

其二，以日本的完全隐含碳排放水平代表 R^m，其值的确定是以美国能源信息署(U. S. EIA)基于购买力平价法(PPP)核算的日本与中国的平均隐含碳排放强度 2000、2002 的比值为参考得到 R^m 与 R^d 的比值。计算结果可看做是江苏工业品净出口隐含碳排放的上限值。

4.3 江苏工业进出口贸易隐含碳计算结果与初步分析

依据相关数据，结合上述的分析，这一部分重点计算江苏工业进出口贸易的隐含碳，并展开初步的分析讨论。

4.3.1 进出口隐含碳排放计算结果

依据上述计算方法，得出如表 4-3 所示的 2002 年江苏工业隐含碳排放结果。2002 年江苏工业出口隐含碳排放总量为 7.701～8.927 兆吨，其中为满足出口需求而在国内生产的碳排放为 6.918 兆吨，占工业出口隐含碳排放的比例为 78%～90%；进口隐含碳排放总量为 3.011～7.716 兆吨，其中 18%左右为满足国内最终消费；江苏工业净出口隐含碳排放量为 1.211～4.690 兆吨，可见江苏工业出口存在着碳污染的转出行为。

表 4-3　2002 年江苏隐含碳排放　　单位：兆吨

项目	公式	中国隐含碳水平①	日本隐含碳水平
进口投入排放	$R^mA^m(I-A)-1\ (Y^d+Y^z)$	6.291	2.455
进口消费品排放	R^mY^m	1.425	0.556
总进口碳排放	$R^mA^m(I-A)^{-1}(Y^d+Y^z)+R^mY^m$	7.716	3.011
国内实际进口的碳排放	$R^mA^m(I-A)^{-1}Y^d+R^mY^m$	5.707	2.228
国内出口排放	R^dY^z	6.918	6.918
进口再出口碳排放	$R^mA^m(I-A)^{-1}Y^z$	2.009	0.783
总出口碳排放	$R^dY^z+R^mA^m(I-A)^{-1}Y^z$	8.927	7.701
净出口碳排放	$R^dY^z-R^mA^m(I-A)^{-1}Y^d-R^mY^m$	1.211	4.690

江苏工业进口的隐含碳排放 80％左右来源于加工贸易要求进口的中间投入品。与之形成鲜明对比的是，江苏出口工业品引起的隐含碳排放未产生在加工贸易出口环节，而是来源于国内生产出口品直接引起的碳排放。这在一定程度上说明，对于包含在江苏工业出口贸易隐含碳排放中的工业直接生产的隐含碳，由于自身生产水平决定的能源利用效率不高，加工贸易实际上直接或间接地贡献了其中相当大的比例。

4.3.2　工业分行业进出口隐含碳排放计算结果

表 4-4 是分别以日本和中国工业的生产水平计算的江苏工业出口贸易中隐含碳排放。可见，2002 年江苏工业出口贸易中隐含碳排放最高的前 5 位的行业都是化学工业，服装皮革羽绒及其制品业，通信设备、计算机及其他电子设备制造业，纺织业，金属冶炼及压延加工业。按照日本和中国两种生产水平计算的结果显示，这 5 个行业的隐含碳排放量分别占整个江苏工业出口隐含碳排放总量的 82.3％和 74.2％。而工业出口贸易隐含碳排放量最小的末 5 位行业依次是金属矿采选业、非金属矿采选业、煤炭开采和洗选业、其他制造业、仪器仪表及文化办公用机械制造业。总的看来，分别以日本和中国两种生产水平计算的江苏工业分行业间隐含碳排放的相对结果差别不大。

① 这里的中国隐含碳水平和日本隐含碳水平分别是指以中国单位产出的完全隐含碳排放强度代表 R^d 和以日本的完全隐含碳排放水平代表 R^m 计算出的结果。

表 4-4　2002 年江苏工业分行业出口隐含碳排放量　　单位：万吨

部　门	出口碳排放日本水平	排名	出口碳排放中国水平	排名
化学工业	169.67	1	176.27	2
服装皮革羽绒及其制品业	147.46	2	169.42	3
通信设备、计算机及其他电子设备制造业	146.20	3	192.51	1
纺织业	62.56	4	79.07	4
金属冶炼及压延加工业	43.38	5	45.15	5
造纸印刷及文教用品制造业	36.69	6	39.59	6
交通运输设备制造业	29.56	7	36.47	7
非金属矿物制品业	27.00	8	27.85	9
电气、机械及器材制造业	26.12	9	33.96	8
木材加工及家具制造业	18.73	10	21.51	10
通用、专用设备制造业	17.04	11	19.16	11
石油加工、炼焦及核燃料加工业	14.50	12	14.70	13
金属制品业	14.23	13	17.74	12
食品制造及烟草加工业	10.33	14	10.69	14
仪器仪表及文化办公用机械制造业	3.10	15	4.29	15
其他制造业	1.92	16	2.60	16
煤炭开采和洗选业	0.98	17	1.01	17
非金属矿采选业	0.60	18	0.64	18
金属矿采选业	0.04	19	0.05	19
石油和天然气开采业	0.00	20	0.00	20
电力、热力的生产和供应业	0.00	21	0.00	21
燃气生产和供应业	0.00	22	0.00	22
水的生产和供应业	0.00	23	0.00	23
前 5 位行业的隐含碳排放量合计	569.28		662.42	
合　计	770.12		892.67	

表 4-5 显示，以日本和中国两种生产水平计算的结果中，工业各行业的进口隐含碳排放由大到小的排名位次完全一致。其中，排名前 5 位的行业都是通用、专用设备制造业，通信设备、计算机及其他电子设备制造业，化学工业，电气、机械及器材制造业，纺织业，且这 5 个行业的进口隐含碳排放均占整个江苏工业进口隐含碳排放总量的 67%左右。排名末 5 位的行业都是石油和天然气开采业、煤炭开采和洗选业、非金属矿采选业、水的生产和供应业、金属

矿采选业。相比于表 4-4 出口隐含碳排放的计算结果，分别以两种生产水平计算的进口隐含碳排放数据差异较大，且按日本生产水平计算的结果整体较按中国水平计算的结果低 61%左右。

表 4-5　2002 年江苏工业分行业进口隐含碳排放量　　单位：万吨

部　门	进口碳排放 日本水平	排名	进口碳排放 中国水平	排名
通用、专用设备制造业	62.35	1	159.87	1
通信设备、计算机及其他电子设备制造业	56.49	2	144.84	2
化学工业	38.75	3	99.37	3
电气、机械及器材制造业	23.58	4	60.45	4
纺织业	21.91	5	56.17	5
服装皮革羽绒及其制品业	21.02	6	53.89	6
交通运输设备制造业	16.09	7	41.26	7
食品制造及烟草加工业	13.11	8	33.62	8
金属制品业	11.48	9	29.43	9
金属冶炼及压延加工业	8.00	10	20.52	10
造纸印刷及文教用品制造业	6.93	11	17.77	11
非金属矿物制品业	4.69	12	12.03	12
木材加工及家具制造业	4.21	13	10.80	13
石油加工、炼焦及核燃料加工业	4.10	14	10.51	14
仪器仪表及文化办公用机械制造业	3.12	15	7.99	15
其他制造业	2.54	16	6.51	16
燃气生产和供应业	0.95	17	2.43	17
电力、热力的生产和供应业	0.70	18	1.80	18
金属矿采选业	0.43	19	1.11	19
水的生产和供应业	0.40	20	0.52	20
非金属矿采选业	0.13	21	0.33	21
煤炭开采和洗选业	0.12	22	0.30	22
石油和天然气开采业	0.03	23	0.08	23
前 5 位行业隐含碳排放量合计	203.07		520.70	
合　计	301.11		771.57	

表4-6显示，以日本、中国两种生产水平来计算，江苏工业分行业净出口隐含碳排放量的结果排名有较大差别。虽然排名前5位的均为化学工业，服装皮革羽绒及其制品业，通信设备、计算机及其他电子设备制造业，纺织业、金属冶炼及压延加工业，且6—8位和第23位都是造纸印刷及文教用品制造业，非金属矿物制品业，木材加工及家具制造业，通用、专用设备制造业，但9—22位排名的变动较大，调整幅度最大的行业依次是交通运输设备制造业，电气、机械及器材制造业，金属制品业，水的生产和供应业，电力、热力的生产和供应业，燃气生产和供应业。

表4-6　2002年江苏工业分行业净出口隐含碳排放量　　单位：万吨

部　　门	净出口碳排放日本水平	排名	净出口碳排放中国水平	排名
化学工业	130.92	1	76.90	2
服装皮革羽绒及其制品业	126.44	2	115.53	1
通信设备、计算机及其他电子设备制造业	89.71	3	47.67	3
纺织业	40.66	4	22.90	5
金属冶炼及压延加工业	35.38	5	24.63	4
造纸印刷及文教用品制造业	29.76	6	21.82	6
非金属矿物制品业	22.30	7	15.82	7
木材加工及家具制造业	14.52	8	10.71	8
交通运输设备制造业	13.47	9	−4.80	19
石油加工、炼焦及核燃料加工业	10.41	10	4.20	9
金属制品业	2.76	11	−11.69	20
电气、机械及器材制造业	2.55	12	−26.49	22
煤炭开采和洗选业	0.86	13	0.71	10
非金属矿采选业	0.47	14	0.31	11
仪器仪表及文化办公用机械制造业	−0.02	15	−3.71	17
石油和天然气开采业	−0.03	16	−0.08	12
金属矿采选业	−0.39	17	−1.06	14
水的生产和供应业	−0.40	18	−0.52	13
其他制造业	−0.62	19	−3.92	18
电力、热力的生产和供应业	−0.70	20	−1.80	15
燃气生产和供应业	−0.95	21	−2.43	16
食品制造及烟草加工业	−2.78	22	−22.93	21
通用、专用设备制造业	−45.31	23	−140.70	23
合　计	469.01		121.09	

虽然以中国生产水平计算的江苏工业净出口的隐含碳排放量较按日本水

平的计算结果低 74%左右，但是两种计算结果都显示 2002 年江苏工业出口是隐含碳排放的净出口，是国际贸易中碳污染的转出方。其中，排名前 8 位的行业和石油加工、炼焦及核燃料加工业，煤炭开采和洗选业，非金属矿采选业都存在碳污染的转出；交通运输设备制造业，金属制品业，电气、机械及器材制造业则在两种技术水平下于碳污染转出和转入间徘徊不定；另外，食品制造及烟草加工业和通用、专用设备制造业则都为碳污染的转入。江苏工业进口的隐含碳排放在两种技术生产条件下的差异性一定程度影响了净出口隐含碳排放的计算结果，由此表明江苏工业隐含碳排放受加工贸易进口品生产来源国的技术水平、进口品种类的影响较大。因此，需要结合江苏对外贸易的实际情况，并关注主要进口中间投入品的江苏加工贸易的隐含碳排放，这也是降低江苏工业出口贸易的隐含碳排放总量和进一步优化工业品出口结构，实现工业出口贸易转型和低碳化发展的关键。

4.3.3 工业进出口贸易与隐含碳排放

首先，从江苏工业品出口市场、结构及贸易方式来分析。2002 年江苏工业出口总额达到 384.8 亿美元，出口市场中的前八位分别是美国、日本、中国香港、韩国、德国、荷兰、英国、中国台湾(图 4-1)，仅上述八大市场的出口额就达到 262.79 亿美元，占出口总额的 68.3%。

在工业出口商品结构中，工业制成品占 97.5%。其中，机电产品出口额达到 211.9 亿美元，高新技术产品占出口总额的比重为 31.5%。工业制成品中，机械及运输设备占出口总额的 48.9%；占出口份额 26.2%的杂项制品中，64%是服装及衣着附件和鞋靴产品；占出口总额 17.2%的按原料分类的制成品中，近 54%是纺织纱线织物及制品；化学成品及有关产品的出口则占到 6.7%。可见，江苏出口商品中近 48%为出口隐含碳较高的机械及运输设备，其他出口隐含碳排放较高的服装皮革羽绒及其制品业、纺织业和化学工业等行业的产品也占据了一定比例。

从工业出口的贸易方式来分析，2002 年江苏一般贸易方式的出口额仅为 171.8 亿美元，而加工贸易方式的出口额达到 212.6 亿美元，占总出口的 55.2%。因此，可以认为较大的加工贸易份额使得江苏工业进口中间投入品来源地的生产水平对江苏出口隐含碳的排放影响较大。

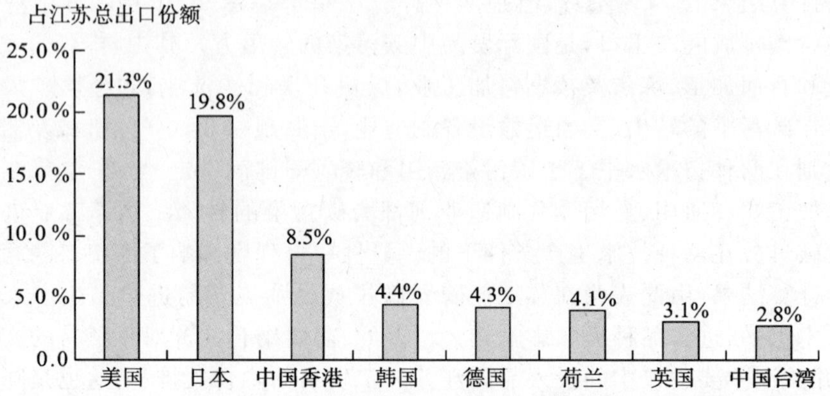

图 4-1 2002 年江苏前八大境外出口市场份额

其次，江苏工业品进口市场、结构及贸易方式显示，2002 年江苏进口商品总额 318.25 亿美元，进口商品主要来源于日本、中国台湾、韩国、美国、中国香港和德国，仅这六个来源地的进口金额已达 221.38 亿美元，占整个江苏进口额的 69.56%。而这些国家或地区的总体工业生产水平和能源利用水平都较中国本土要高。

2002 年江苏进口的工业制成品占总进口额的 89.7%，机电产品进口达到 211.89 亿美元，高新技术产品占进口总额的比重为 38.1%。进口的工业制成品中，机械及运输设备占 50.9%，其中 91.2%是电力机械、器具及其电气零件、特种工业专用机械、办公用机械及自动数据处理设备、通用工业机械设备及零件、电信及声音的录制及重放装置设备；化学成品及有关产品则占 13.8%；而占进口总额 12.9%的按原料分类的制成品中，31.7%是纺织纱线织物及制品，27.3%是钢铁；占比 12.2%的杂项制品中，76.2%是专业、科学及控制用仪器和装置。可见，江苏进口商品中加工贸易所需的机电产品和纺织品的中间投入品占有很大比例，且进口隐含碳排放较高的化学工业、纺织业等行业的产品也占据了一定比例。从进口的贸易方式分析，2002 年江苏一般贸易方式的进口额为 112.9 亿美元，而加工贸易方式的进口额达到 195.1 亿美元，占总进口额的 61.3%。这进一步表明，江苏工业的出口隐含碳排放实际上与进口中间投入品的隐含碳排放联系紧密。

4.4 隐含碳排放计算结果的比较

与相关研究展开比较分析，有助于验证江苏工业出口贸易隐含碳排放的计算结论。

4.4.1　与全国隐含碳排放研究的比较

中国学者在对外贸易的隐含碳排放研究方面,鲜有地得出比较一致的结论:中国尽管表面上是世界工业二氧化碳排放的大国,但是从国际贸易角度深层次分析,事实上为发达国家的进口消费承担了不公平的碳排放责任。学者们研究认为,发达国家生产水平较为先进,生产并出口低能耗低排放产品,而中国技术水平较低,目前只能生产高耗能高排放产品,这种国际分工导致中国的工业品出口隐含碳排放占据了比较大的比例,在满足进口国消费的同时,也增加了全球碳排放,形成了所谓的“碳泄漏”。闫云凤和杨来科(2009)利用美国投入产出表计算得出,中美贸易使美国的二氧化碳排放量减少了 2%～4%,中国增加了 14%～20%,全球增加了 2%～4%[20]。张晓平(2009)也认为进出口贸易使中国本土的二氧化碳排放量增加较多,而中美和中欧贸易顺差则是产生这种碳泄漏的重要原因[15]。

现有文献多数支持中国对外贸易造成隐含碳的净出口。魏本勇等(2009)认为中国存在显著的隐含碳出口行为,2002 年为满足国外需求而出口的国内碳排放为 261.19 兆吨,约占当年国内一次能源消费碳排放量的 23.45%。IEA(2009)对中国出口隐含碳的评估认为,2004 年中国与能源相关的隐含碳排放出口占国内生产排放总量的 34%,若考虑扣除进口的隐含碳排放,中国对外贸易引起的隐含碳净出口可能为国内排放总量的 17%左右[21]。Wang 和 Watson(2007)的研究也认为,由于对外贸易,2004 年中国净出口了大约 11.09 亿吨的隐含碳,占中国当年隐含碳排放总量的 23%,其中货物出口产生了约 14.9 亿吨隐含碳排放[22]。而本章的研究结论恰也证实,江苏工业出口隐含碳排放明显高于因进口而节约的隐含碳排放,存在隐含碳出口行为。而进口的隐含碳中近 74%为满足江苏本土需求产生的隐含碳排放,进出口贸易既使得江苏范围内碳排放增加,也造成碳排放的净出口,这已成不争的事实。

4.4.2　与工业分行业隐含碳排放相关研究的比较

现有研究的基本共识是能源利用效率直接关系到隐含碳排放量。本章对江苏工业分行业的碳排放强度的计算参照了全国数据。通过计算一次能源消耗,2002 年中国碳排放强度为 3.505 万吨/亿元①,江苏省规模以上工业碳排

① 来源于《中国统计年鉴》。

放强度则为4.512万吨/亿元①,高于全国碳排放强度。因此,本章计算的江苏工业分行业的对外贸易隐含碳排放量存在被低估的可能性。虽然计算的2002年江苏省工业出口贸易隐含碳排放强度为0.287 5万吨/亿元,与江苏工业的碳排放强度相比较低,但江苏整体工业碳排放强度高于全国的水平,而江苏工业加工贸易方式目前及今后一段时间仍将占据主导地位,如何调整与改善加工贸易的出口额、进口中间投入品与出口最终产品的结构及其生产技术水平,很大程度上关系到江苏省、全国乃至全球的工业隐含碳排放量。

从现有文献对全国工业分行业隐含碳排放的研究结论比较来看,魏本勇等(2009)对2002年中国工业分行业出口的相关研究认为,通信及电子设备制造业、化学原料以及化学制品制造业和纺织业的出口隐含碳排放较多。匡新瑞和武戈(2009)也认为,2002年我国工业出口贸易碳排放主要集中在纺织服装制造业、电气机械及器材制造业、电子通信设备制造业、仪器及办公用品制造业等行业。这些结论都与本章中江苏工业出口的计算结果大体一致。而张宏(2007)认为高耗能行业的工业品出口载能也较高,依次应是黑色金属冶炼及压延加工业、造纸及纸制品业、煤炭开采和洗选业、石油加工及炼焦业。本书的研究结论则与之不同,工业出口贸易隐含碳排放应综合考虑出口行业的规模、技术和结构等因素,出口规模大、技术生产能力低且出口结构偏重于低附加值的行业也可能超过高耗能行业成为出口高碳排放的行业,这也与刘强等(2008)的研究结论基本一致。

4.4.3 研究结论分析

本章以日本和中国两种技术水平计算的结果显示,虽然江苏工业出口贸易整体上是隐含碳的净出口,但各行业表现各有不同。其中仪器仪表及文化办公用机械制造业、石油和天然气开采业、金属矿采选业、其他制造业、食品制造及烟草加工业、通用专用设备制造业都是隐含碳排放净进口。这说明以上这些行业在利用发达国家先进技术及生产水平通过增加进口来减少江苏工业隐含碳排放方面做得较差。而交通运输设备制造业、金属制品业和电气机械及器材制造业在用两种技术水平计算后,显示出由碳排放净出口转为净进口,说明这些部门在加大对先进技术、低碳排放中间投入品的进口方面仍有波动,应继续坚持高新技术产品进口,真正实现利用进口贸易提高本土生产的技术效率。

① 来源于《江苏统计年鉴》、《江苏统计公报》。

因此，应根据江苏工业各分行业出口贸易的实际情况，有针对性地适度调整每个工业行业的出口规模、出口的产品结构，并有效提升生产技术水平，才能真正稳定和平衡江苏工业进出口贸易的隐含碳排放。

4.5　碳关税对江苏工业品出口的影响

碳关税产生于全球关注气候变暖，提倡发展低碳经济的大背景下，是以“碳税”为基础，对进口高耗能产品征收特别的二氧化碳排放关税，亦即主要针对进口的碳排放密集型产品，如铝、钢铁、水泥、玻璃制品等征税。因此，针对未来碳关税的征收是否波及江苏工业品出口以及具体影响程度，有必要在以上对江苏工业出口贸易隐含碳排放量计算分析的基础上，采用相关方法（本书主要采用可计算一般均衡（Computable General Equilibrium，CGE）模型）测算碳关税对江苏工业品出口影响的可能性，以及分析不同的征税税率对江苏工业出口贸易的影响。

4.5.1　碳关税溯源

欧盟国家提出设置碳关税的本意是希望针对未遵守《京都议定书》的国家课征商品进口税，以避免在碳排放交易机制运行后，欧盟国家生产的商品遭遇不公平竞争。而 2009 年 6 月美国国会众议院通过的《美国清洁能源安全法案》除设定美国国内二氧化碳减排目标之外，还涉及一项名为边界调节税（Border Adjustment Tax）的碳关税条款，明确提出未来将对中国、印度、巴西等尚未承担碳减排目标任务的发展中国家征收惩罚性的碳关税。

由于生产高耗能产品排放的二氧化碳比一般产品多，加剧全球气温上升，不利于生态平衡，《京都议定书》规定，各国尤其是能耗巨大的发达国家承担一定的减排责任，而发展中国家除个别国家外并没有具体指标。发达国家借此提出碳关税的理由是，当发达国家采取相关措施（如承担强制减排义务、为二氧化碳定价等）以应对气候变化时，发达国家的富碳（Carbon-intensive）产品（即生产过程中排放大量二氧化碳的产品）的生产成本显著提高，使得目前没有承担减排义务的发展中国家在生产同类产品时，拥有了相对的成本和价格优势，损害了发达国家产品在国际贸易中的竞争力。这种实施全球统一的碳税是防止发生碳泄漏（Carbon Leakage），避免发达国家碳密集型产品竞争力损失的一种有效机制（Nordhaus，2006；Stiglitz，2006）[23-24]。多数国内学者则提出，碳关税作为一种反映碳足迹（carbon footprint）从而提高富碳出口产品成本的手段，被发达国家冠以“公平竞争”名义，实际上是发达国家新型的贸易保护主义手段（曹静和陈粹粹，2010）[25]。这一判断也值得商榷。

国际碳价格的形成就是今后碳关税征收的基础。现有多数研究结论比较一致地认为，碳价格约在15～60美元/吨，这将导致我国高碳产业的出口成本增加5%左右，且该成本会随着时间推进和长期温室气体累计目标的变化而增加（赵玉敏，2009）[26]。世界银行的研究报告显示，如果全面实施碳关税，中国工业制造在国际市场上将面临平均26%的关税，出口量因此可能下滑21%，随之也会对中国就业、劳动报酬及国民福利产生负面效应。江苏工业品出口一直占全省出口总额的90%以上，且美国和欧盟国家历年来位居江苏出口市场的前五位。因此，未来发达国家可能实施的碳关税必然会影响江苏工业品出口，其具体影响程度正是这一部分所需要讨论的重点。

4.5.2 CGE计算模型

可计算一般均衡（CGE）模型是通过对家庭、企业、政府等各个经济主体的行为设定，定量分析经济体系中各部门之间的相互影响。一般认为，可计算一般均衡模型是公共政策评估的基本且有效的工具。可以说，CGE模型是对经济生活的全局分析，具有反馈调整和自发性决策的特征。CGE模型最早由挪威的Leif Johansen使用于经济长期宏观计划和预测的分析，之后逐渐扩展到环境、能源和经济转型的路径选择、公共产品的最优提供及其外部性等研究领域。将环境因素纳入CGE模型的研究始于1980年，现有的20种环境CGE模型主要用于评估税收等公共政策、国际贸易政策等对环境、经济的影响。而中国国内在能源资源环境和气候变化领域的CGE模型分析始于2000年前后，研究内容主要涉及碳税、环境税及能源价格变动的经济影响。

实质上，碳关税是针对产品生产过程所采取的边界税收调节机制，关注不同国家在产品生产过程中温室气体排放强度的差异。实施过程也主要是针对化石能源（煤炭、石油和天然气）消耗量及化石能源含碳量而课征的关税。实际上，征收碳关税的直接影响即造成能源价格的上涨。根据环境影响评价规则（EIA），其对市场的影响为：对二氧化碳征收100美元/吨的关税，将使化石能源价格上涨20%～40%，天然气价格则更将上升60%～150%。在丹麦、芬兰、挪威和荷兰等国率先实施的碳税政策为基本按照10～70美元/吨征收。而江苏工业消耗历来以煤炭为主，2002年工业企业煤炭消费占化石能源消费总量的85%以上。因此，为简化分析，本书主要讨论煤炭消费征收碳关税后造成的煤炭价格上升（5%～20%）及对江苏工业品出口造成的影响程度。

本书对 CGE 模型的假设条件为：① 模型的分析是一种比较静态分析，只关注对工业消费煤炭排放的二氧化碳征税后造成的影响而不考虑具体的实现路径；② 为避免编制社会核算矩阵(SAM)模型数据搜集和整理的繁琐，本模型的基础为江苏省 2002 年投入产出表；③ 本研究采用江苏省 2002 年投入产出表中 42 部门的基本流量表，并将其中工业的 24 部门归类为 4 部门的投入产出表，部门对应关系如表 4-7 所示；④ 模型中的所有产业均满足规模与收益相等；⑤ 各部门的生产过程都包括能源、劳动、资本投入，能源投入与劳动、资本投入均为一次性投入，能源投入对资本、劳动的投入有替代性；⑥ 产品和要素市场均处于均衡状态。

表 4-7　本研究 CGE 模型 4 部门与江苏省投入产出表 24 部门的分类对应表

4 部门	24 工业部门
煤炭开采和洗选业	煤炭开采和洗选业
石油和天然气开采业	石油和天然气开采业
其他能源产业	石油加工、炼焦及核燃料加工业，电力、热力的生产和供应业，燃气生产和供应业
非能源产业	金属矿采选业，非金属矿采选业，食品制造及烟草加工业，纺织业，服装皮革羽绒及其制品业，木材加工及家具制造业，造纸印刷及文教用品制造业，化学工业，非金属矿物制品业，金属冶炼及压延加工业，金属制品业，通用、专用设备制造业，交通运输设备制造业，电气、机械及器材制造业，通信设备、计算机及其他电子设备制造业，仪器仪表及文化办公用机械制造业，其他制造业，废品废料，水的生产和供应业

4.5.3　基于 CGE 模型的碳关税对江苏工业品出口影响的计算

CGE 模型结构主要由以下四个部分构成：

1. 需求模块

根据预算限制下效用最大化，定义消费者的需求为：

$$\max. U = \prod_{i=1}^{4} X_{i0}^{\alpha}$$

$$s.t. \sum_{i=1}^{4} P_i X_{i0} = Y$$

$$\sum_{i=1}^{4} \alpha_{i0} = 1$$

其中，采用 Cobb-Douglas 效用函数，α_{i0} 表示效用函数的参数，X_{i0} 为第 i 项消费资料的需求水平，P_i 为第 i 项消费资料的价格，Y 表示消费者收入，约束条件为消费支出。并据此作各生产要素需求量 X_{i0} 的拉格朗日函数，由极值的一阶条件导出各部门生产资料中对消费能源的需求：

$$X_{i0}=\frac{\alpha_{i0}Y}{P_i},\ i=1,2,3,4 \tag{1}$$

2. 生产模块

各部门产出一定，根据投入要素成本最小化，确定投入决策为以下函数：

$$\min. C_j = \sum_{i=1}^{6} P_i X_{ij},\ j = 1,2,3,4$$

$$\text{s.t. } X_j = A_j \prod_{i=1}^{6} X_{ij}^{\alpha}$$

$$\sum_{i=1}^{6} \alpha_{ij} = 1,\ j = 1,2,3,4$$

其中，C_j 表示 j 行业的总成本，X_{ij} 表示商品及初始要素（劳动、资本）投入，P_i 表示第 i 种商品或要素的价格，α_{ij} 表示各生产要素的分配率。约束条件中，各产业增加值与能源的关系采取 Cobb-Douglas 生产函数形式，允许能源与要素以及能源之间替代。同样，通过作拉格朗日函数，求解极值得到各投入要素的需求量 X_{ij}，根据极值的一阶条件导出各部门对劳动、资本、煤炭、石油等生产要素的需求方程：

$$X_{ij} = \frac{\alpha_{ij} Q_j X_j \prod_{i=1}^{6} P_i^{\alpha}}{P_i} \tag{2}$$

其中

$$Q_j = \frac{\prod_{i=1}^{6} \alpha_{ij}^{-\alpha}}{A_j}$$

3. 价格模块

根据一般均衡统计，每个行业产出值等于该行业的总成本，即：

$$P_j X_j = \sum_{i=1}^{6} P_i X_{ij} = C_j,\ j = 1,2,3,4$$

将(2)式代入后得：

$$P_j = Q_j \prod_{i=1}^{6} P_i^{\alpha} \tag{3}$$

4. 市场出清模块

产品市场的供需平衡方程如下：

$$X_j = \sum_{j=0}^{4} X_{ij} + F_i + EX_i - IM_i,\ i = 1,2,3,4 \tag{4}$$

要素市场的供需平衡方程为：

$$X_i = \sum_{j=1}^{4} X_{ij} + F_i + EX_i - IM_i, i = 5,6 \quad (5)$$

将一种商品价格定为 1，根据如下方程：

$$P_1 = 1 \quad (6)$$

得到 P_i 为商品 i 相对于商品 1 的相对价格。

采用 Johansen 方法对上述模型线性化后，利用 Matlab 软件求解。对江苏工业品因煤炭消费产生的二氧化碳排放征收碳关税，将导致煤炭价格上涨，表 4-8 即为通过模拟得到的煤炭价格分别上涨 5%、10%、15%和 20%后对江苏煤炭、石油、其他能源和非能源行业的工业品出口的影响。化石能源的二氧化碳排放系数见表 4-2。

表 4-8　煤炭价格不同上涨率对江苏工业各行业出口的影响

上涨率	5%	10%	15%	20%
煤炭开采和洗选业	−0.05%	−0.08%	−0.10%	−0.13%
石油和天然气开采业	0.03%	0.05%	0.08%	0.10%
其他能源产业	−0.02%	−0.03%	−0.02%	−0.03%
非能源产业	−0.01%	−0.01%	−0.02%	−0.03%

4.5.4　模型结果的讨论

可以看出，征收碳关税造成的煤炭价格 5%～20%的不同上涨率对江苏工业各行业出口影响的总体态势基本保持一致，除了石油和天然气开采业外，对煤炭开采和洗选业、其他能源产业和非能源产业的影响都是造成各部门的出口下降，并随着税率提高出口下滑程度增大。其中对煤炭开采和洗选业影响最大，而对石油工业出口贸易的影响则呈逐渐增加趋势，这也是由石油和天然气对煤炭消费的替代效应决定的，对其他能源产业的出口影响则大于非能源产业。尽管非能源产业主要使用电力，而电力的生产主要还是消费煤炭，但是煤炭价格上涨程度即使达到 20%，出口下降程度都没有超过 0.03%。因此，短期看来，不同的碳关税对江苏工业出口贸易的影响程度并不大。

但是碳关税对能源价格的影响更会波及出口、产出和就业的长期发展。借鉴沈可挺和李刚(2010)利用 CGE 模型分析的碳关税对中国工业品影响的结论，非金属矿物制品业出口受到的影响仅次于石油加工业，还高于对化学工业出口贸易的负面影响，而机械设备制造业出口下滑度也介于纺织业和服装业之间。出口隐含碳排放较高部门基本就是总产出和就业受到征收碳关税冲击下降幅度比较明显的部门[27]。因此，对整体经济的一般均衡分析研究表明，比起仅考虑对出口的影响，征收碳关税对江苏工业各部门总产出和就业的负面影响可能更高。发达国家征收碳关税关系到江苏工业化石能源消费量、消费结构及产业结构，而这些都表明江苏工业必须选择提高能源利用效率等低碳化发展路径。

4.6 江苏工业出口贸易对环境污染的影响

1987—2009 年江苏工业出口贸易一直占据出口规模的 90%以上，2003 年以后该比例甚至超过 98%，成为推动江苏经济发展的重要动力。但在高速增长的同时，工业出口品的生产对江苏工业整个“三废”排放的贡献不断提升。本书利用《江苏统计年鉴》中的 2000—2009 年江苏工业“三废”排放、工业出口规模等相关数据，以环境库兹涅茨曲线（EKC）为基础，建立工业出口生产与工业“三废”排放相关性的研究框架，深入分析江苏工业出口生产对环境造成的影响及具体程度[28]。

4.6.1 江苏工业出口贸易概况

如图 4-2 所示，江苏工业出口贸易规模从 2000 年的 249.3 亿美元一度增至 2008 年的 2 347.99 亿美元。2000—2008 年江苏工业出口的贸易依存度从 7.4%逐步攀升至 19.2%。虽然受金融危机的影响，2009 年江苏工业出口贸易规模出现了一定程度下降，但仍然达到 1 962.79 亿美元，贸易依存度也达到 14.6%左右。可见，工业出口贸易对江苏经济增长的贡献不容小觑。

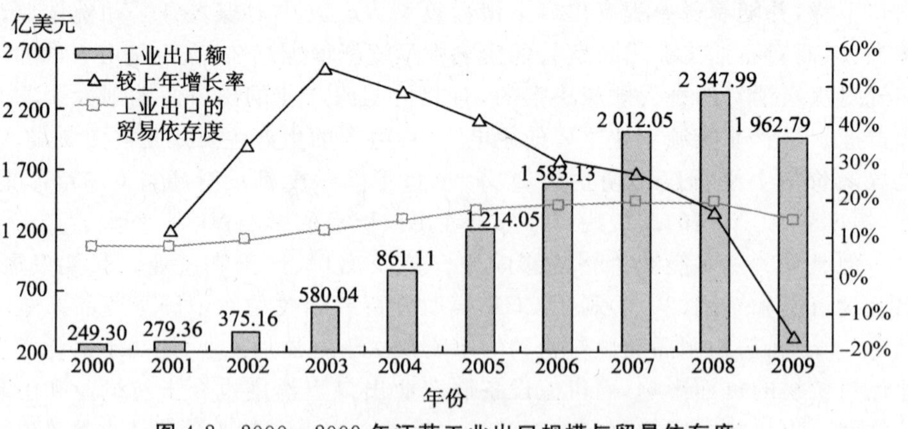

图 4-2 2000—2009 年江苏工业出口规模与贸易依存度

4.6.2　江苏工业出口生产与环境污染的描述性分析

图 4-3 中，虽然 2000—2003 年江苏工业出口规模较上年的增长速率与江苏整个工业“三废”排放趋向并不一致，但在其后的 2003—2009 年，江苏工业出口规模与其工业“三废”排放增长率的总体发展态势大致吻合。

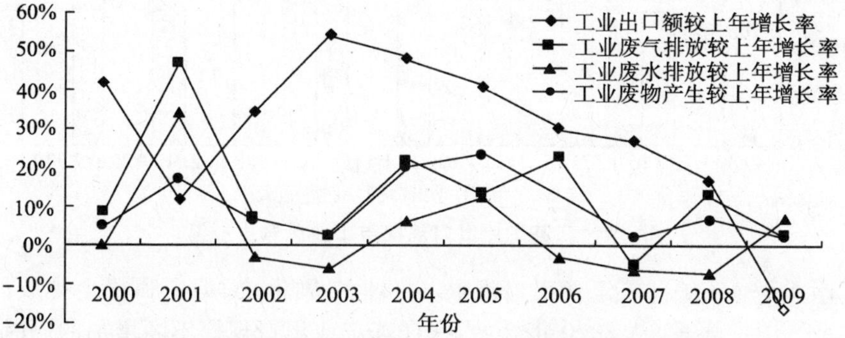

图 4-3　江苏工业出口规模与工业“三废”污染较上年增长率

为进一步分析江苏工业出口生产与“三废”污染排放的关系，本书通过图 4-4、图 4-5、图 4-6、图 4-7 来初步描述江苏工业出口规模分别与工业废水、工业废气(其中包括二氧化硫、烟尘与粉尘)和工业固体废弃物排放之间的关系。

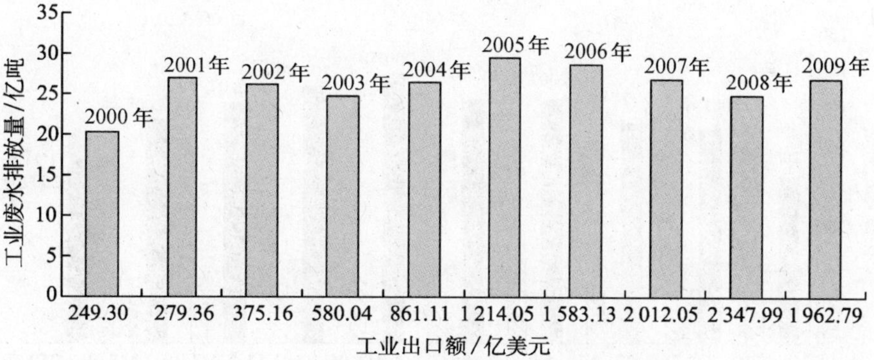

图 4-4　江苏工业出口规模与工业废水排放量

图 4-4 显示，2000—2009 年江苏工业废水排放量在 20～30 亿吨，总体上呈“W”型波动，并没有出现随工业出口规模扩大而单纯地上升的情形。

图 4-5 中，2000—2009 年江苏工业出口规模与工业废气排放呈正向的增长关系，表示随着江苏工业出口规模的不断扩大，整个工业废气排放也在不断

增加。

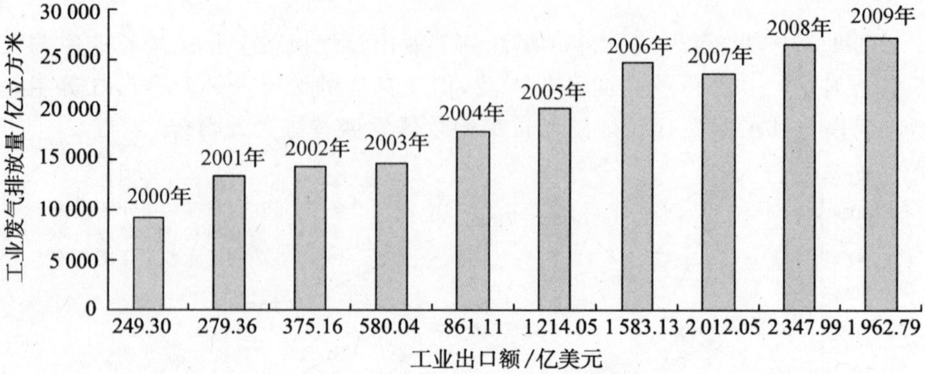

图 4-5　江苏工业出口规模与工业废气排放量

图 4-6 描述了江苏工业出口规模与工业二氧化硫、烟尘和粉尘排放的具体关系。图中显示，从 2000 年开始，在江苏工业出口规模不断增加的同时，工业二氧化硫排放逐步上升，而在 2005 和 2006 年达到最高点后开始下降，呈现出倒 U 型曲线。工业出口规模与工业烟尘、粉尘排放之间的关系则表现得较为多变。2003 年前，工业粉尘排放随工业出口规模增大持续波动且呈小幅下降态势，2003 年陡增到最高值后出现下降；烟尘排放则在 2000—2005 年波动上升到最高值后也呈现出一定程度的下降态势。

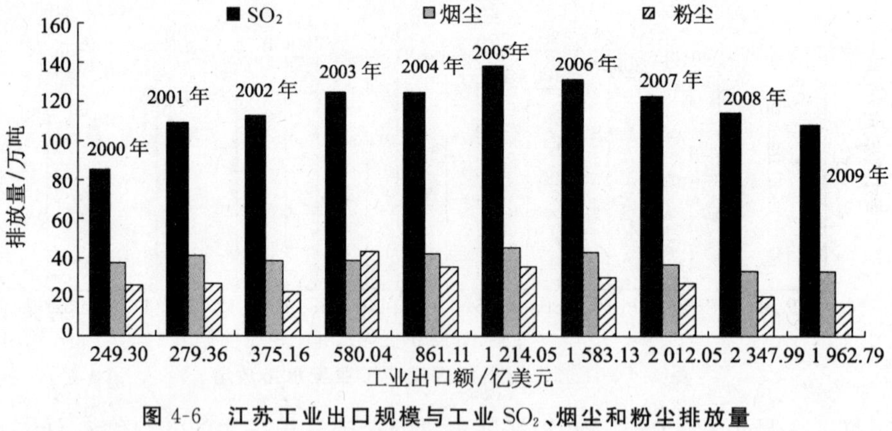

图 4-6　江苏工业出口规模与工业 SO_2、烟尘和粉尘排放量

与图 4-5 相似，图 4-7 显示随着江苏工业出口规模的持续增加，工业固体废弃物产生量呈现一路上升的格局。2009 年江苏工业出口规模虽然有所降低，但工业固体废弃物产生量却仍在增加。

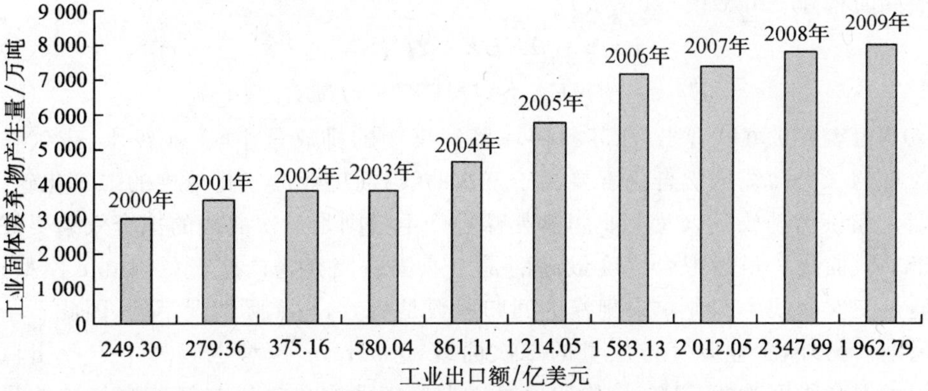

图 4-7　江苏工业出口规模与工业固体废弃物产生量

结合图 4-4 到图 4-7 可以看出，工业出口规模的增长与工业“三废”排放间实际上普遍存在着 EKC 曲线关系，这与赵银德和李晓蕾（2008）的研究结论一致[29]。当然这种曲线既可能呈现典型的 EKC 的倒 U 型，也可能是 N 型、倒 N 型，甚至是 W 型或其他类似形状。虽然 EKC 曲线描述的仅是出口增长与环境污染在某些发展阶段的特定关系，但两者关系同时也是动态变化的。跨越所谓 EKC 曲线的拐点后，随着工业出口规模的持续增长，工业“三废”的环境污染状况还可能再次恶化。同时，图 4-6 也显示，江苏工业出口规模的扩大也可能一定程度地改善环境（当然，政府干预促使企业积极开展技术创新，优化低碳环保的生产能力，也是减少污染排放的不可忽视的重要因素）。这也辅助说明，尽管江苏工业出口规模的扩大加剧了环境污染（主要指“三废”排放量的绝对增长），但出口增长初期的环境恶化状态并不一定会随着工业出口规模的扩大而持续，环境质量也可能在工业出口生产与贸易规模增长到一定阶段时反而有所改善。

4.6.3　江苏工业出口生产与环境污染的实证分析

考虑到计算单位的统一，利用江苏 2000—2009 年工业废水、二氧化硫、烟尘、粉尘排放量以及废气排放总量、固体废弃物产生量与工业出口规模等数据，借助 SPSS16.0 软件进行回归分析。基于图 4-4 到图 4-7 的柱状图演变趋势所呈现的工业出口规模与环境质量的库兹涅茨曲线形状，分别构建环境污染物（废水、二氧化硫、烟尘、粉尘排放量以及废气排放总量、固体废弃物产生量）（E）与工业出口规模（INEX）的 Quadratic 模型（二次）。由于工业出口生产对环境污染的影响也可能呈现波浪式的 N 形状（马涛和陈家宽，2005）[30]，故同时构建 Cubic 模型(三次)。

$$E=\alpha+\beta INEX+\gamma INEX^2+\varepsilon \tag{1}$$

$$E=\alpha+\beta INEX+\gamma INEX^2+\eta INEX^3+\varepsilon \tag{2}$$

由表 4-9 可以看出,江苏各种环境污染物的排放量中,工业废水、废气排放量的二次曲线的拟合优度要高于三次曲线;而工业废气排放中的二氧化硫、烟尘和粉尘排放量以及工业固体废弃物产生量则是三次曲线的拟合效果要好于二次曲线。虽然拟合优度最高的是工业固体废弃物产生量的 Cubic 模型,但是三次曲线中工业出口规模的回归系数是负数,与实际情况不同,因此不予采纳。另外,工业废气排放量的二次曲线 Quadratic 模型也解释了工业出口规模拟合优度为 94.3%,F 检验值可以拒绝工业出口规模与江苏废气排放量没有关系的假设。

表 4-9 江苏环境污染物排放量与工业出口规模回归结果

因变量(E)	模型	出口规模(INEX)	出口规模平方($INEX^2$)	出口规模立方($INEX^3$)	常数项(Constant)	拟合优度(R^2&A-R^2)	F 检验值
废水排放量	Quadratic	0.011	−3.939E−6		21.143	0.502&0.360	3.531
	Cubic	0.009	−2.265E−6	−4.368E−10	21.578	0.504&0.256	2.030
SO_2排放量	Quadratic	0.073	−2.713E−5		83.698	0.653&0.554	6.582
	Cubic	0.158	0.000	2.093E−8	62.831	0.760&0.641	6.346
烟尘排放量	Quadratic	0.015	−6.752E−6		34.804	0.666&0.571	6.980
	Cubic	0.017	−8.802E−6	5.350E−10	34.270	0.667&0.501	4.007
粉尘排放量	Quadratic	0.025	−1.161E−5		21.653	0.500&0.357	3.501
	Cubic	0.082	−6.565E−5	1.410E−8	7.593	0.671&0.507	4.081
废气排放量	Quadratic	13.937	−0.003		7 981.414	0.943&0.926	57.691
	Cubic	11.642	0.000	−5.657E−7	8 545.426	0.943&0.915	33.231
固体废弃物产生量	Quadratic	3.572	0.000		2 290.031	0.971&0.963	118.729
	Cubic	−0.283	0.003	−9.503E−7	3 237.481	0.984&0.976	124.232

注:自变量是工业出口规模。

如图 4-8 所示,工业废气排放中的二氧化硫和粉尘排放与工业出口规模的三次曲线都为 N 型;烟尘排放的二、三次曲线则均为倒 U 型,恰似 EKC 曲线的形状,这也和工业废水排放量与工业出口规模的情形相同。但是这四个方程的估计效果都不佳,拟合优度比较低,很可能还受到模型未考虑的其他变量的影响。就两个模型结果比较而言,N 型曲线(三次曲线)结果可能更符合工业二氧化硫、粉尘和烟尘排放量先上升后下降再上升的实际情况;而工业废水排放量与工业出口规模更符合倒 U 型的二次曲线结果。

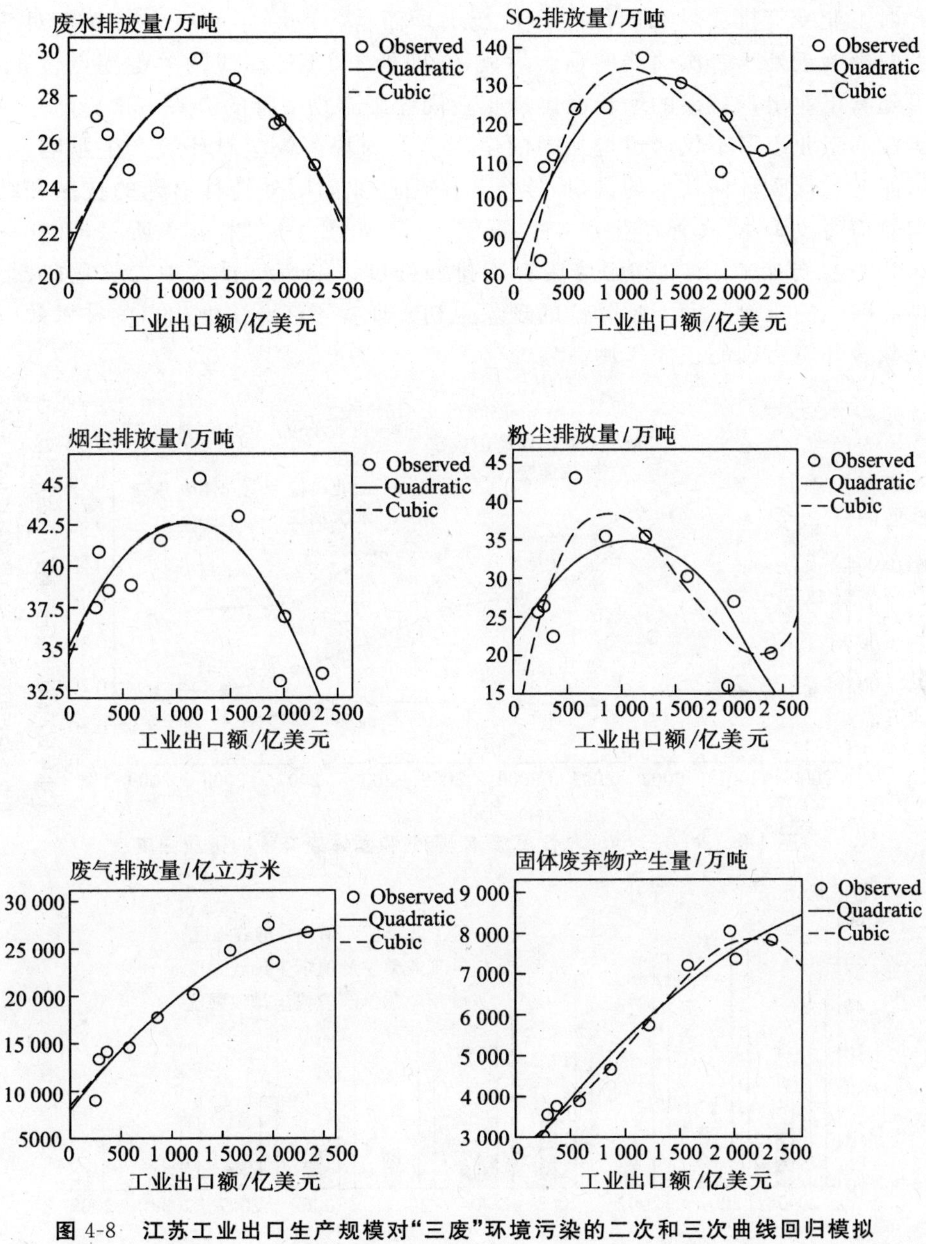

图 4-8　江苏工业出口生产规模对“三废”环境污染的二次和三次曲线回归模拟

根据回归结果，江苏工业出口的生产对工业废气、废水和固体废弃物的影响总体遵循倒 U 型曲线关系。具体而言，2009 年江苏工业出口的生产与工业废水排放量的二次曲线已经处于倒 U 型右半边的下降位置；而工业出口的生产对工业废气排放量和固体废弃物产生量而言，2009 年前后出口规模对两者的影响正处于二次曲线的顶点附近，亦即处于 EKC 曲线的关键拐点位置，且随着工业出口规模的增长已出现工业固体废弃物下降的势头。这可能是由于江苏工业出口不仅通过增加国内生产总值的规模效应对环境产生影响，也可能通过低碳环保技术的进口、传统污染型产业向国外转移引起的技术和结构效应等对环境改善产生影响。事实上，正如图 4-9、图 4-10 所示，2000—2009 年江苏废水、废气和固体废弃物排放强度以及废气排放中二氧化硫、烟尘和粉尘的排放强度不断降低的现象也初步证实了江苏工业出口的技术效应对减缓环境污染的正面作用。

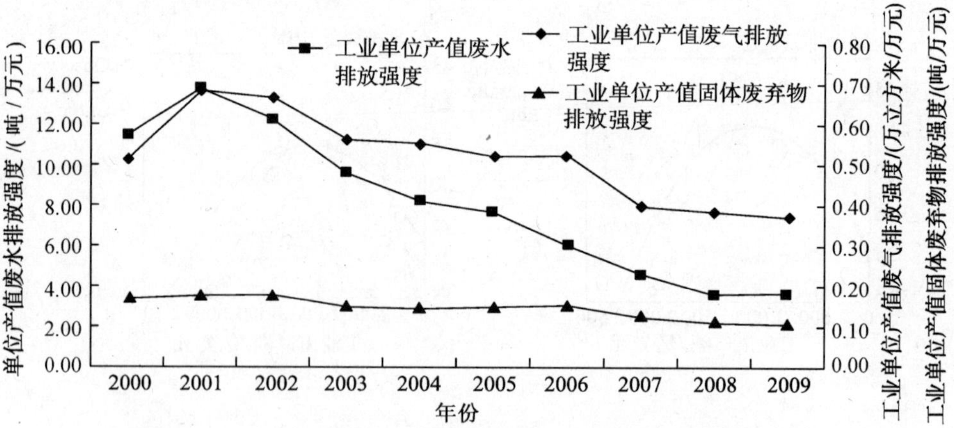

图 4-9　2000—2009 年江苏废水、废气和固体废弃物的排放强度

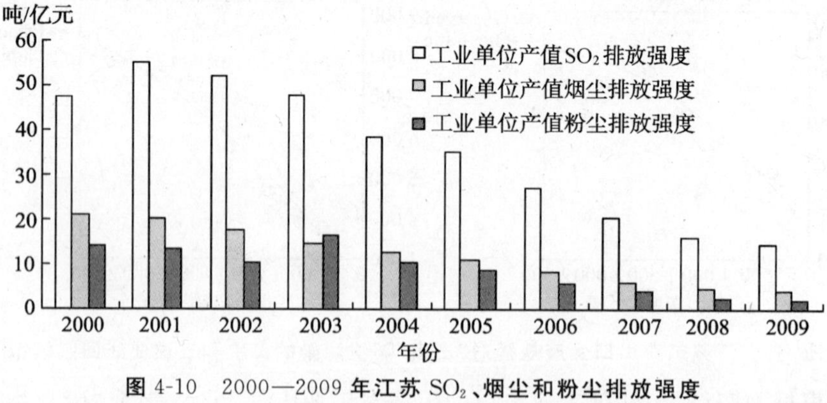

图 4-10　2000—2009 年江苏 SO_2、烟尘和粉尘排放强度

与此同时，江苏工业出口结构在 2000—2009 年也不断优化调整。在工业二

氧化硫、废水及固体废弃物排放等污染密集度较高的化学成品及有关产品出口规模减小的同时，在"三废"排放方面污染密集度较低的机械及运输设备的出口则不断增加(图 4-11)，工业出口对环境污染的正向结构效应已初步显现。

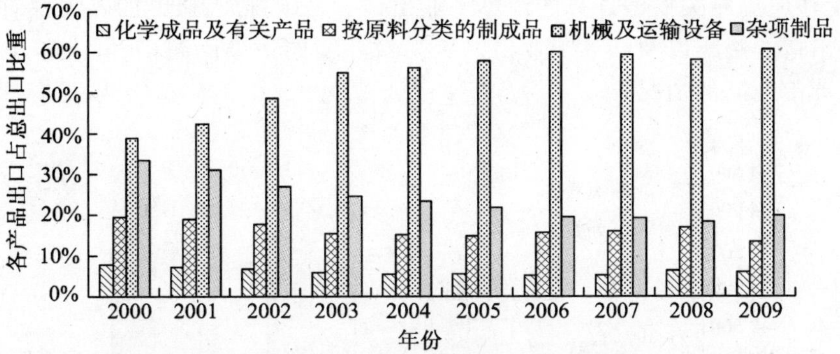

图 4-11　2000—2009 年江苏省工业出口结构

4.6.4　江苏工业出口生产与环境污染的相关结论

实证结果显示，江苏工业因出口的国内生产对整个江苏工业的环境污染(废水、废气和固体废弃物的排放)确实存在影响，并总体呈现环境库兹涅茨曲线形状，目前也分别处于该曲线的不同阶段。研究也表明，江苏工业出口的生产对环境既具有负面影响的规模效应，同时又存在对环境产生正面影响的技术效应，且对环境产生正向引导的结构效应也逐步显现。目前江苏工业出口增长对工业废水排放的影响已进入下降阶段，而对工业废气和固体废弃物排放的影响则进入关键的拐点阶段，且对工业二氧化硫、粉尘和烟尘排放影响的下降态势已表明其对工业废气的影响也转向倒 U 型曲线右边的下降阶段。当然，演变的过程还取决于江苏工业传统出口污染型产业的转移力度，这也是江苏工业出口的生产对环境质量尚存在不确定影响，需要作进一步分析的重要原因。

4.7　苏南地区工业出口贸易碳排放与环境污染的基本判断

由于投入产出表仅在国家和省级层面上编制，因此难以通过上述方法来对苏南地区工业出口贸易的碳排放与环境污染进行较为深入的分析研究，但可以通过以下的分析，初步判断这一问题。

2005—2008 年苏南五市进出口总额、出口依存度与江苏全省的比较分别见图 4-12 和表 4-10。受金融危机的影响，虽然 2008 年苏南地区进出口总额占江苏全省的比重高达89.27%，但在2005—2007年始终高于91%。苏南地区进出口总额占江苏全省高比重的格局在未来相当长的时间内难以改变。苏南地区进出口总额占江苏全省的比重基本稳定在90%的水平上，这本身就表明，上述应用相关模型计算的江苏工业出口贸易碳排放、研究的碳关税对江苏工业出口的影响以及江苏工业出口贸易对环境的污染问题，实际上基本描述的是苏南地区的情况。

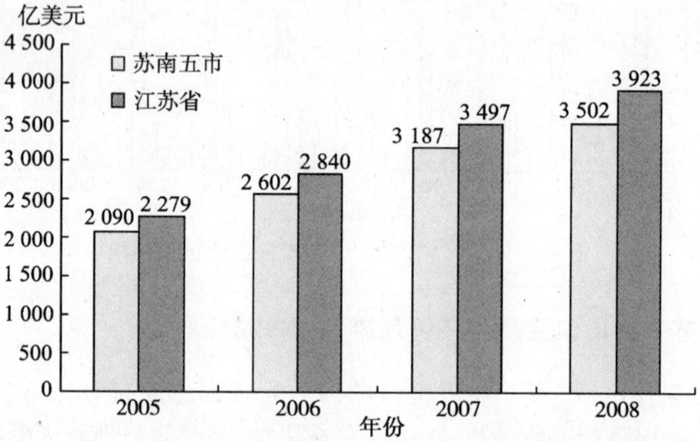

图4-12　2005—2008年苏南五市与江苏全省进出口总额的对比

表4-10　2005—2008年苏南五市有关经济指标与江苏全省的比较

年份	城市	苏州	无锡	南京	常州	镇江	江苏	五市占全省比重/%
2005	国民生产总值/亿元	4 027	2 804	2 411	1 303	872	18 305	62.37
	规模以上工业增加值/亿元	2 466	1 353	903	601	360	8 119	70.00
	规模以工业增加值占GDP比重/%	61.24	48.25	37.45	46.12	41.28	44.35	—
	进出口总额/亿美元	1 407	292	271	83	37	2 279	91.71
	出口总额/亿美元	728	155	142	61	20	1 225	90.29
	出口依存度/%	148.15	45.30	48.27	38.36	18.80	54.84	—
2006	国民生产总值/亿元	4 820	3 301	2 774	1 569	1 022	21 645	62.31
	规模以上工业增加值/亿元	3 075	1 662	974	768	461	10 309	67.32
	规模以工业增加值占GDP比重/%	63.80	50.35	35.11	48.95	45.11	47.63	—
	进出口总额/亿美元	1 743	392	315	104	48	2 840	91.62
	出口总额/亿美元	947	214	174	79	27	1 604	89.84
	出口依存度/%	153.52	50.65	49.01	39.34	20.64	57.90	—

续表

年份	城市	苏州	无锡	南京	常州	镇江	江苏	五市占全省比重/%
2007	国民生产总值/亿元	5 701	3 859	3 284	1 881	1 207	25 741	61.89
	规模以上工业增加值/亿元	3 680	1 984	1 150	1 034	585	12 927	65.24
	规模以工业增加值占 GDP 比重/%	64.55	51.41	35.02	54.97	48.47	50.22	—
	进出口总额/亿美元	2 118	512	362	132.	63	3 497	91.14
	出口总额/亿美元	1 189	293	206	98	37	2 037	89.49
	出口依存度/%	158.65	57.76	47.72	39.63	23.32	60.20	—
2008	国民生产总值/亿元	6 701	4 419	3 775	2 202	1 408	30 313	61.05
	规模以上工业增加值/亿元	4 037	2 246	1 322	1 223	683	14 759	64.44
	规模以工业增加值占 GDP 比重/%	60.24	50.83	35.02	55.54	48.51	48.69	—
	进出口总额/亿美元	2 285	560	406	176	75	3 923	89.27
	出口总额/亿美元	1 317	357	236	132	43	2 380	87.61
	出口依存度/%	134.92	55.46	42.92	41.15	20.96	53.90	—

注：出口依存度是指出口总额占 GDP 的比重。资料来源：根据 2009 年苏南五市和江苏省的统计年鉴整理而得。2005 年美元汇率：8.194 9；2006 年美元汇率：7.813 6；2007 年美元汇率：7.607 1；2008 年美元汇率：6.864 6。资料来源：中国人民银行网站。

4.8　本章小结

本章对江苏工业出口贸易隐含碳排放与未来受可能实施的碳关税的影响、江苏工业出口生产与环境污染等问题展开了初步的研究，主要的相关结论是：

(1) 2002 年江苏工业出口贸易中隐含碳的出口量明显大于隐含碳的进口量，存在隐含碳的净出口，是碳污染的转出方。虽然工业各个分行业隐含碳净出口或净进口的结果不尽相同，但机电、纺织等分行业的高能耗产品在工业出口产品中占有较高的比重，使江苏工业出口结构呈现一定的高碳化态势。因此，调整高碳工业品的出口应是江苏工业出口贸易实现低碳化发展的主要途径。

(2) 工业进出口规模的扩大是江苏工业隐含碳进出口扩大的主要因素。进口产品虽然会节省江苏的隐含碳排放，但总体看来，江苏工业产品为满足出口需求产生的碳排放大于通过产品进口满足国内消费的碳排放，即为满足国外消费者需求的江苏加工贸易间接促进了出口隐含碳排放的增长。

(3) 江苏工业出口隐含碳排放的净出口行为显然会遭遇来自主要出口贸易国(地区)如美国、欧盟等即将实施的碳关税。本章利用CGE模型从征收碳关税到煤炭价格上升的角度分析,实际上仅是碳关税对江苏工业出口的短期影响。从长期来分析,受碳关税影响最大的生产技术落后的某些行业,更会造成这些非能源产业的出口、生产和就业等方面的连锁波动。

(4) 目前,江苏工业出口增长对工业废气和固体废弃物排放的影响进入了关键的拐点,出口对环境影响的正面技术效应和结构效应已经显现。但由于出口规模效应仍呈现负面影响,所以在拐点上具体以何种程度演变、以何种方式演变还取决于江苏工业传统出口污染型产业在出口规模、结构和技术水平方面的调整力度。

(5) 江苏工业出口对环境影响总体呈现出环境库兹涅茨曲线(EKC)的客观事实仅是一种可能性,并非具有必然性。包括碳污染在内,环境污染存在着生态不可逆阈值,一旦污染水平超过该值,遭受破坏的生态环境就无法恢复。因此,“先污染、后治理”模式在江苏并不具有普适性。

实际上,结合隐含碳排放、“三废”污染与江苏工业出口贸易的研究发现,以比较优势为基础的进出口贸易虽然对江苏的GDP增长作出了重要贡献,但江苏的出口导向型贸易政策实质上却是降低了工业的能源使用效率,一定程度上造成江苏、全国乃至全球碳排放和“三废”排放的额外增长。另一方面,由于环境成本内在化,贸易带来的技术转移虽然有助于全球能源利用效率的提高,但无法改变发展中国家与发达国家的生态不对等贸易。发展中国家要想摆脱生态不对等贸易,必须依靠自主创新,将产业链低端的比较优势发展为产业链高端的竞争优势。李艳梅和付加锋(2010)曾明确指出,出口规模的增长就是推动出口隐含碳排放居高不下的主要因素,其他诸如结构和技术因素反在其次[31]。因此,彻底改变江苏的加工基地角色,应是减少工业出口贸易对环境污染的最有效途径。但是,目前受经济发展阶段和产业结构的制约,江苏以加工贸易为主导的贸易方式在一段时期内不可能彻底扭转,因此更为现实的选择是全面推进技术进步和改善出口结构,对高能耗高排放产品取消出口退税并征收一定的出口关税,强制并引导其逐步调整贸易结构,进一步强化其减排效应,以部分抵消巨大出口总量所产生的碳污染和“三废”污染的增排效应,逐步实现江苏工业出口贸易的低污染排放的常态化与平衡化。

上述这些结论完全与苏南地区的实际情况吻合,为深化研究苏南地区工业出口增长方式的转型提供了理论支撑。

参考文献

[1] MNP, Netherlands Environmental Assessment Agency. http://www.mnp.nl/en/service/pressreleases/2007/20070622ChineseCO2emissionsinperspective. html, 2007.

[2] Brown, M. T., Herendeen, R. A. Embodied Energy Analysis and Emergy Analysis: a Comparative View[J]. Ecological Economics, 1996, 19(3): 219—235.

[3] Bringezu, Schut, H., Moll. S. Rationale for and interpretation of economy—wide material flow analysis and derived indicators[J]. Journal of Industrial Ecology, 2003, 24(2): 43—64.

[4] Peters, G. P., Hertwisch, E. G. CO_2 embodied in international trade with imp lications for global climate policy[J]. Environmental Science & Technology, 2008, 42(2): 1 401—1 407.

[5] Ipek, G. S., Turu, E., Akbostanci, E. CO_2 emissions vs. CO_2 responsibility: An input-output approach for the Turkish economy[J]. Energy Policy, 2007, 35(2): 885—868.

[6] U. S. Energy Information Administration. International energy Statistics[DB/CD]. http://www.eia.doe.gov/, 2009—10—23.

[7] 张宏，马强，刘冰. 我国出口工业品载能分析[J]. 对外经贸实务，2007(9):17—19.

[8] 付加锋，高庆先. 中国国际贸易中的内涵 CO_2 排放及其空间特征[J]. 资源开发与市场，2009,25(7):602—605.

[9] 刘强，庄幸，姜克隽，等. 中国出口贸易中的载能量及碳排放量分析[J]. 中国工业经济，2008(8):46—55.

[10] 徐国泉，刘则渊，姜照华. 中国碳排放的因素分解模型及实证分析:1995—2004[J]. 中国人口·资源与环境，2006,16(6):158—161.

[11] 王中英，王礼茂. 中国经济增长对碳排放的影响分析[J]. 安全与环境学报，2006,6(5):88—91.

[12] 沈利生，唐志. 对外贸易对我国污染排放的影响——以二氧化硫排放为例[J]. 管理世界，2008(6):21—29.

[13] 匡新瑞，武戈. 基于投入产出表的我国进出口贸易中 CO_2 排放分析[J]. 生态经济，2009(1):70—73.

[14] 黄敏，蒋琴儿. 外贸中隐含碳的计算及其变化的因素分解[J]. 上海经济研究，2010(3):68—76.

[15] 张晓平. 中国对外贸易产生的 CO_2 排放区位转移分析[J]. 地理学报，2009,64(2):234—242.

[16] 齐晔，李惠民，徐明. 中国进出口贸易中的隐含碳估算[J]. 中国人口·资源与环境，2008,18(3):8—13.

[17] 魏本勇，方修琦，王媛，等. 基于投入产出分析的中国国际贸易碳排放研究[J]. 北京师范大学学报(自然科学版)，2009，45(4)：413－419.

[18] IPCC. 2006 年 IPCC 国家温室气体清单指南——第二卷能源[R]. 日本：日本全球环境战略研究所，2006.

[19] 林而达，李玉娥. 全球气候变化和温室气体排放清单编制方法[M]. 北京：气象出版社，1998.

[20] 闫云凤，杨来科. 中美贸易与气候变化——基于投入产出法的分析[J]. 国际贸易，2009(7)：40－44.

[21] IEA. World Energy Outlook 2007：China and India Insights[M]. Paris：IEA，2007. http：// www. worldenergyoutlook. org，2009－02－17.

[22] Wang，T.，Watson，J. Who Owns China's Carbon Emissions？[J]. Norwich：yndall Centre，2007，http：// www. tyndall. ac. uk/ %20publications/ %20briefing_notes/ %20bn23. pdf，2009－02－21.

[23] Nordhaus，W. After Kyoto：Alternative Mechanisms to Control Global Warming[J]. American Economic Review，2006，96(2)：31－34.

[24] Stiglitz，J. A New Agenda for Global Warming[J]. The Economists' Voice，2006(3).

[25] 曹静，陈粹粹. "碳关税"：当前热点争议与研究综述[J]. 经济学动态，2010(1)：79－83.

[26] 赵玉敏. 低碳经济的约束、挑战和机遇[J]. 国际贸易，2009(11)：31－36.

[27] 沈可挺，李刚. 碳关税对中国工业品出口的影响——基于可计算一般均衡模型的评估[J]. 财贸经济，2010(1)：75－83.

[28] 江苏省统计局. 江苏统计年鉴，2001－2010.

[29] 赵银德，李晓蕾. 江苏省环境污染与人均 GDP・出口贸易关系的实证研究[J]. 安徽农业科学，2008，36(5)：2 079－2 081.

[30] 马涛，陈家宽. 中国工业产品国际贸易的污染足迹分析[J]. 中国环境科学，2005(4)：508－512.

[31] 李艳梅，付加锋. 中国出口贸易中隐含碳排放增长的结构分解分析[J]. 中国人口・资源与环境，2010，20(8)：53－57.

第 5 章

模拟情景下江苏和苏南地区能源消费和碳排放的预测分析

2009 年 11 月 25 日，国务院常务会议决定到 2020 年我国单位国内生产总值二氧化碳排放比 2005 年下降 40％－45％，将此作为约束性指标纳入国民经济和社会发展中长期规划，并制定相应的国内统计、监测、考核办法。这是我国政府从国情和实际出发，坚定不移地走可持续发展道路，高度重视和积极应对气候变化所作出的庄严承诺。前已所述，江苏是我国的经济大省，2001—2009 年江苏二氧化碳排放量迅速增加，年均增长率为 11.60％，2008 年二氧化碳排放量达到 64 116.03 万吨，排放量在中国各省、市、自治区中占据第四位。而苏南地区是江苏经济社会发展最重要的板块之一，2009 年二氧化碳排放量占全省排放总量的比重约为 51.81％。因此，在不同的模拟情景下预测能源消费和碳排放量，是研究未来江苏和苏南地区低碳发展转型路径的基础性的重要工作。

5.1　模拟情景分析的相关理论与方法

模拟情景下能源消费和碳排放的预测在国内已有统一的规范。一般按照中国科学院可持续发展战略研究组的《2009 年中国可持续发展战略报告》的相关理论和方法来进行①。本书对模拟情景下江苏和苏南地区能源消费和碳

① 本章如果没有特殊说明，运用的文献与资料均来源于中国科学院可持续发展战略研究组. 2009 年中国可持续发展战略报告[M]. 科学出版社，2009.

排放的预测也主要参照这一理论与相关方法来进行。

5.1.1 不同模拟情景分析的情景与参数设置

目前，模拟情景下能源消费和碳排放的预测通常以2005年为基期，2020年、2030年、2040年、2050年为目标期。模拟情景的分析预测需要设定情景与设置相关参数，以便准确评估。为了保证研究的科学性和严谨性，分低碳情景、优化情景、基准情景三套方案进行情景分析，每套方案对应不同的节能率与减排率，对应的节能减排措施有所不同（表5-1）。

在低碳情景、优化情景、基准情景三套方案中，基准情景是最为保守的情景，即单位GDP能耗降低速率保持历史上的绩效；优化情景是指政府承诺一系列减排措施，并出台相应的配套政策；低碳情景则是最理想状态。优化情景和低碳情景下，全国2005－2020年的减排率在基准情景的基础上分别上浮0.5和1个百分点。在低碳情景、优化情景、基准情景下进行情景分析，侧重考察不同减排率对不同时期二氧化碳排放及其拐点达到时间的影响，因此假设不同情景下经济增速保持不变。

表5-1 CO_2 排放的情景分析

情 景	假 设
低碳情景	严格执行计划生育政策；注重城乡的协调、等值发展；城市交通以公交(TOD)和自行车为导向；经济结构得到极大优化，低能耗的现代服务业占据主导；能源结构中煤炭比例持续下降，可再生能源比例持续上升；清洁能源发电技术得到较多应用，水电发展顺利，核电和天然气联合循环发电得到较大发展；制定严厉的节能降耗政策措施，保证主要城市的节能率在6%以上
优化情景	继续执行计划生育政策；重点发展小城镇、兼顾不同类型城市协调发展；鼓励发展公共交通；工业结构得到改善，重化工在工业中的比重持续降低；制定一些节能降耗的政策措施，节能率在5%左右；交通、建筑等的节能标准更加严格；社会形成了低碳的生产、生活和消费模式
基准情景	计划生育政策稍有放开；城镇化进展受到户籍、资源和经济发展水平的限制；基本不采取或采取较小力度的节能减排措施，节能率较低；仍然大力发展高能耗重化工产业；节能技术有所进步，但仍不能满足节能需求

5.1.2 不同模拟情景下能源消费预测的参数设置

1. 全国能源消费预测的参数设置

能源消费主要取决于经济社会发展的速度、能源消费结构与能源的使用效率。根据我国权威研究机构的预测，21 世纪的前 20 年我国经济仍将保持较快增长，年平均增长率将达到 8%左右。可以设定 2010—2020 年年均增速为 8%，之后依次递减，2021—2030 年为 6%，2031—2040 年为 5%，2041—2050 年为 4%。

1990 年我国单位 GDP 能耗为 5.58 吨/万元，2007 年则为 1.16 吨/万元，比 1990 年下降了近 80%，年均下降 4.7 个百分点。我国一次能源消费结构的情况是，2006 年消耗的一次能源中有约 7.2%来自于水电、风电和核电等清洁的可再生能源；而《中国可再生能源中长期规划》提出，到 2020 年我国可再生能源消费在一次能源消费总量中所占比例要达到 15%，即在 2006—2020 年平均每年提高 0.56 个百分点。综上所述，2005—2020 年全国单位 GDP 能耗节能率在基准情景下定为 4%，优化情景下定为 4.5%，低碳情景下定为 5.5%。到 2050 年阶段，考虑到节能潜力的枯竭，设定的节能率开始降低（分别见表 5-2、表 5-3 和表 5-4）。

表 5-2　全国低碳情景下的参数设定

年　份	2020	2030	2040	2050
GDP 增速	8%	6%	5%	4%
节能率	5.5%	5%	4.8%	4.5%

表 5-3　全国优化情景下的参数设定

年　份	2020	2030	2040	2050
GDP 增速	8%	6%	5%	4%
节能率	4.5%	5%	4.5%	4%

表 5-4　全国基准情景下的参数设定

年　份	2020	2030	2040	2050
GDP 增速	8%	6%	5%	4%
节能率	4%	4.5%	4%	3%

2. 江苏省能源消费预测的参数设置

《2009 年中国可持续发展战略报告》设定 2005—2020 年全国地级以上城市的 GDP 年均增长速率为 9%，之后各个阶段经济增长速率逐渐趋缓，但基本等同于同一时期全国的平均水平。这对江苏和苏南五市的借鉴作用不大。

因为江苏省是我国经济最发达的省份之一，其GDP增长速率一般高于10%。同时江苏省也是我国科技水平最发达的省份之一，其能源利用效率、可再生能源在一次能源消费中所占的比重、二氧化碳捕获与封存技术的应用范围均走在全国的前列。因此，本书的研究设定2005—2020年江苏省单位GDP能耗节能率在基准情景下为5%，优化情景下为5.5%，低碳情景下为6%。2020年之后的三个阶段，考虑到能源效率与能源结构调整潜力的枯竭，设定的节能率依次降低。参考《2009年中国可持续发展战略报告》的方法，对江苏省在低碳情景、优化情景、基准情景下的能源消费预测的参数设置分别见表5-5、表5-6和表5-7。

表5-5 江苏省低碳情景下的参数设定

年 份	2020	2030	2040	2050
GDP增速	9%	6%	5%	4%
节能率	6%	5.5%	5%	5%

表5-6 江苏省优化情景下的参数设定

年 份	2020	2030	2040	2050
GDP增速	9%	6%	5%	4%
节能率	5.5%	5%	4.5%	4.5%

表5-7 江苏省基准情景下的参数设定

年 份	2020	2030	2040	2050
GDP增速	9%	6%	5%	4%
节能率	5%	4.5%	4%	4%

3. 苏南五市能源消费预测的参数设置

苏南五市是全国地级城市中的典型代表，其能源利用效率、可再生能源在一次能源消费中所占的比重、二氧化碳捕获与封存技术的应用范围总体上高于地级以上城市的平均水平，也高于江苏全省的平均水平。由于经济发展的强大惯性作用，苏南五市在2015年之前GDP还将保持较快的增速，在某些年份甚至可能会超过10%，但这种高增长将会随着经济总量的增加以及增长方式的转型而逐渐走低并趋于发达国家的水平。在江苏省不同情景能源消费预测参数设置的基础上，本书对江苏苏南五市在低碳情景、优化情景、基准情景下的能源消费预测的参数设置分别见表 5-8、表 5-9 和表 5-10。

表 5-8　苏南五市低碳情景下的参数设定

年　份	2020	2030	2040	2050
GDP 增速	9%	6%	4%	3%
节能率	7%	6%	5.5%	5.5%

表 5-9　苏南五市优化情景下的参数设定

年　份	2020	2030	2040	2050
GDP 增速	9%	6%	4%	3%
节能率	6.5%	5.5%	5%	5%

表 5-10　苏南五市基准情景下的参数设定

年　份	2020	2030	2040	2050
GDP 增速	9%	6%	4%	3%
节能率	6%	5.5%	5%	5%

需要指出的是，对苏南五市低碳情景、优化情景、基准情景下的能源消费预测的参数设置并没有考虑城市之间的差异，而本章后续苏南五市二氧化碳排放的预测等研究是结合实际来展开的。

在能源消费参数设定的同时，全国、江苏和苏南五市具体的能源需求的计算方法是，假设在低碳情景、优化情景、基准情景下的 GDP 增长率，以 2005 年为基期，依据模型(1)和(2)分别测算 2020 年、2030 年、2040 年和 2050 年全国、江苏和苏南五市的能源需求：

$$\frac{E_0}{G_0}(1-m)^t=\frac{E_t}{G_t}=\frac{E_t}{G_0(1+n)^t} \tag{1}$$

$$E_t=E_0[(1-m)^t(1+n)^t] \tag{2}$$

其中，E_0 为基年能源消费量，G_0 为基期 GDP 总量，E_0/G_0 为基期单位 GDP 能耗，取 2005 年数据为基期数据，E_t 为当期能源需求量，G_t 为当期的 GDP 总量，且 $G_t=(1+n)^t$，E_t/G_t 为当期单位 GDP 能耗，m 为年度单位 GDP 节能率(主要由于技术进步、结构优化、政策促进、工艺改进等导致的单位 GDP 耗能量减少)，n 为 GDP 增长速度。

需要指出的是，由于统计数据缺乏等原因，本书并未对未来全国、江苏省和苏南五市社会经济、能源发展、技术进步、消费方式、排放需求等作出情景发展框架下的精确预测及分析，所得出的数据仅为估算值。例如，本章后续对全国模拟情景下能源消费的分析预测就比《2009 年中国可持续发展战略报告》的计算结果小。

5.1.3　不同模拟情景下二氧化碳排放的参数设置

我国政府向国际社会承诺，到 2020 年实现单位 GDP 碳排放率在 2005 年的基础上下降 40%～45%。由此在低碳情景下将 2005—2020 年碳减排率设定为 45%，即 2020 年单位 GDP 碳排放数值为 2005 年数值的 55%，年碳排放增长率为 3.907%。而在 2020 年后，由于经济增长方式转型相对较为稳定，碳排放下降空间已逐渐变小，故本书的研究将 2020—2050 年低碳情景下的碳减排率设为 45%，年碳排放增长率为 1.973%；在优化情景下，碳减排率设定为 40%，即 2050 年单位 GDP 碳排放数值为 2020 年数值的 60%，年碳排放增长率为 3.348%；基准情景是最为保守的情景，单位 GDP 能耗降低速率保持历史上的绩效，本书采用 2001—2008 年的年均排放增长率计算。本书的研究侧重考察不同减排率对不同时期二氧化碳排放及其达到碳排放下降拐点时间的影响，因此假设不同情景下经济增速保持不变。

在计算人均二氧化碳排放量时，从全国的情景来分析，根据国家人口和计划生育委员会的预测，2030—2040 年中国人口达到高峰，2040 年为 14.7 亿左右，2050 年下降到 14.6 亿。而江苏及苏南五市人口的自然增长几经停止或为负增长，并且人口的机械增长高峰已过，所以本书的研究以江苏及苏南五市 2005—2008 年的人口平均自然增长率计算 2005—2020 年的人口数，并且设定 2020 年之后江苏及苏南五市常住人口保持不变，具体见表 5-11。需要指出的是，人口估算并没有考虑城市化的发展进程，也没有考虑人口的转移，人口数是按照统计年鉴的口径来计算和预测的。

表 5-11　人口的情景设置　　单位：万人

年　份	2005	2010	2020	2030	2040	2050
全国	130 700	136 000	144 000	147 000	147 000	146 000
江苏省	7 474.5	7 814.2	8 540.6	8 540.6	8 540.6	8 540.6
苏州市	615.6	639.4	689.9	689.9	689.9	689.9
无锡市	457.8	468.5	490.7	490.7	490.7	490.7
南京市	607.2	636.2	698.4	698.4	698.4	698.4
常州市	354.7	361.5	375.4	375.4	375.4	375.4
镇江市	268.8	270.6	274.4	274.4	274.4	274.4

5.2 模拟情景下能源消费的分析预测

需要说明的是,模拟情景下能源消费和二氧化碳排放的分析预测是在第3章研究的基础上进行的,其中对江苏和苏南五市的分析预测中的能源消费和碳排放的历史数据是基于第3章的计算结果。这一部分主要依据上述不同模拟情景参数的设置,在介绍全国情况的同时重点分析预测江苏和苏南五市模拟情景下的能源消费。

5.2.1 全国模拟情景下的能源消费

依据三种模拟情景的参数设置,对全国2005—2050年能源需求的分析预测见表5-12和图5-1。数据显示,低碳情景下全国能源需求在2035年出现拐点,拐点值为331 634.6万吨标准煤,其后开始下降,到2050年下降为305 908.4万吨标准煤;优化情景下在2045年出现拐点,拐点值为424 555.6万吨标准煤;基准情景下全国能源需求在2050年之前未出现拐点,原因在于现有的经济增长模式、城市化进程的加速、城市格局与城市生活方式、居民消费方式导致能源需求的持续增加。

表 5-12 全国 2005—2050 年能源需求 单位:万吨标准煤

情 景	2005年	2010年	2020年	2030年	2040年	2050年	拐点	拐点值
低碳情景	224 682.0	248 797.6	305 071.6	327 112.0	327 509.8	305 908.4	2035年	331 634.6
优化情景	224 682.0	262 243.0	357 252.4	383 062.7	416 995.4	421 170.0	2045年	424 555.6
基准情景	224 682.0	269 180.3	386 360.8	436 601.8	472 814.5	516 109.1	无拐点	

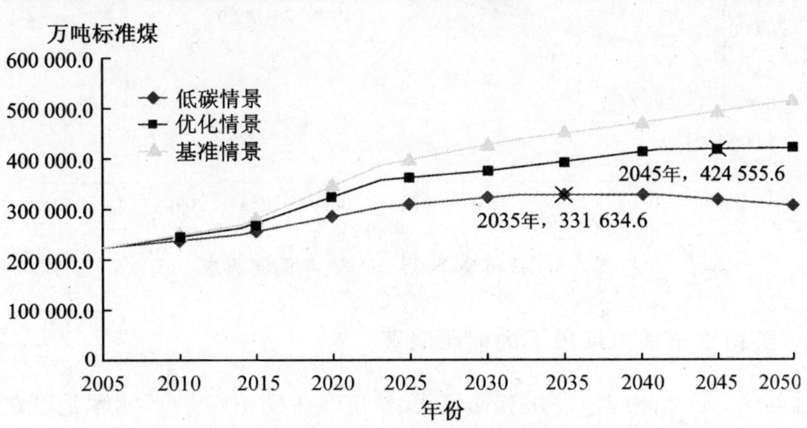

图 5-1 全国 2005—2050 年能源需求

5.2.2 江苏省模拟情景下的能源消费

根据同样的方法，对江苏省2005—2050年的能源需求进行分析预测的结果如表5-13和图5-2所示。数据显示，低碳情景下江苏省能源需求在2030年出现拐点，拐点的出现比全国提前5年，能源需求的最大值为24 742.9万吨标准煤，其后开始下降，到2050年下降到21 386.9万吨标准煤；优化情景下江苏省能源需求在2035年出现拐点，拐点的出现比全国提前10年，拐点值为28 485.0万吨标准煤，其后开始下降，到2050年下降到26 275.3万吨标准煤；基准情景下江苏省能源需求在2040年出现拐点，拐点值为34 890.5万吨标准煤，其后开始下降，到2050年下降到34 336.3万吨标准煤。基准情景下江苏省能源需求在2040年出现拐点，而全国在2050年之前未出现拐点，说明江苏省现阶段的能源消费好于全国总体情况。

表5-13 江苏省2005—2050年能源需求 单位：万吨标准煤

情景	2005年	2010年	2020年	2030年	2040年	2050年	拐点	拐点值
低碳情景	16 895.0	19 077.9	24 326.2	24 742.9	24 131.2	21 386.9	2030年	24 742.9
优化情景	16 895.0	19 590.7	26 341.0	28 244.1	28 130.7	26 275.3	2035年	28 485.0
基准情景	16 895.0	20 114.5	28 510.8	32 218.3	34 890.5	34 336.3	2040年	34 890.5

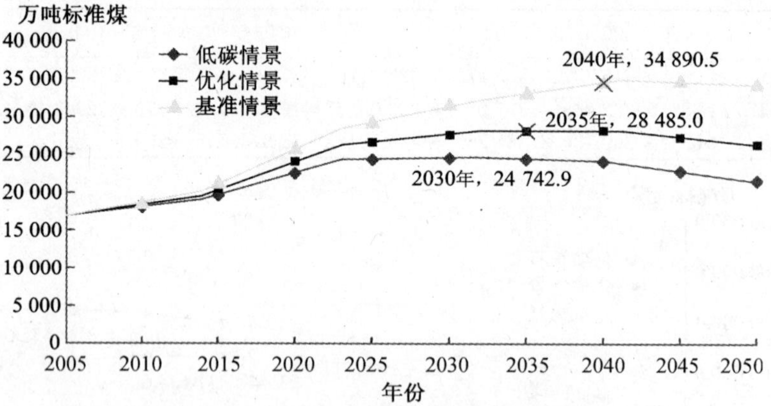

图5-2 江苏省2005—2050年能源需求

5.2.3 苏南五市模拟情景下的能源消费

对苏州、无锡、南京、常州和镇江苏南五市在模拟情景下能源消费的分析预测，同样按照上述参数设置的方法来展开研究。

——苏州市。苏州市 2005—2050 年的能源需求分析结果如表 5-14 和图 5-3所示。数据显示，低碳情景下苏州市能源需求在 2025 年出现拐点，能源需求的最大值为 3 690.3 万吨标准煤，其后开始下降，到 2050 年下降到 2 264.6万吨标准煤；优化情景下苏州市能源需求在 2030 年出现拐点，拐点值为 4 033.5 万吨标准煤，其后开始下降，到 2050 年下降到 2 876.4 万吨标准煤；基准情景下苏州市能源需求在 2035 年出现拐点，拐点值为 4 448.6 万吨标准煤，其后开始下降，到 2050 年下降到 3 282.1 万吨标准煤。

表 5-14　苏州市 2005—2050 年能源需求　　单位：万吨标准煤

情景	2005 年	2010 年	2020 年	2030 年	2040 年	2050 年	拐点	拐点值
低碳情景	2 983.5	3 193.6	3 659.1	3 529.0	2 966.9	2 264.6	2025 年	3 690.3
优化情景	2 983.5	3 280.3	3 965.5	4 033.5	3 574.8	2 876.4	2030 年	4 033.5
基准情景	2 983.5	3 369.0	4 295.8	4 369.4	4 079.0	3 282.1	2035 年	4 448.6

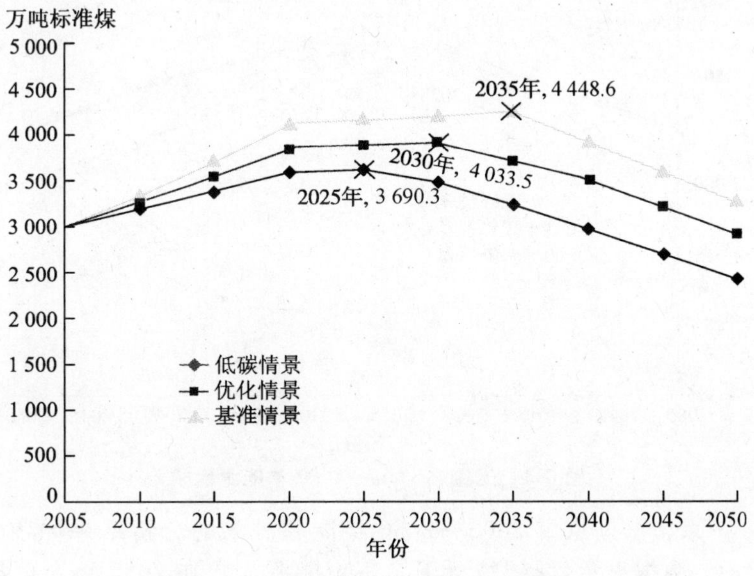

图 5-3　苏州市 2005—2050 年能源需求

——无锡市。无锡市 2005－2050 年能源需求的分析结果如表 5-15 和图 5-4所示。数据显示，低碳情景下无锡市能源需求在 2025 年出现拐点，能源需求的最大值为 1 581.1 万吨标准煤，其后开始下降，到 2050 年下降到 970.3 万吨标准煤；优化情景下无锡市能源需求在 2030 年出现拐点，拐点值为1 728.2万吨标准煤，其后开始下降，到 2050 年下降到 1 232.4 万吨标准煤；基准情景下无锡市能源需求在 2035 年出现拐点，拐点值为 1 906.1 万吨标准煤，其后开始下降，到 2050 年下降到 1 406.3 万吨标准煤。

表 5-15　无锡市 2005—2050 年能源需求　　单位：万吨标准煤

情景	2005 年	2010 年	2020 年	2030 年	2040 年	2050 年	拐点	拐点值
低碳情景	1 278.3	1 368.3	1 567.8	1 512.0	1 271.2	970.3	2025 年	1 581.1
优化情景	1 278.3	1 405.5	1 699.1	1 728.2	1 531.6	1 232.4	2030 年	1 728.2
基准情景	1 278.3	1 443.5	1 840.6	1 872.1	1 747.7	1 406.3	2035 年	1 906.1

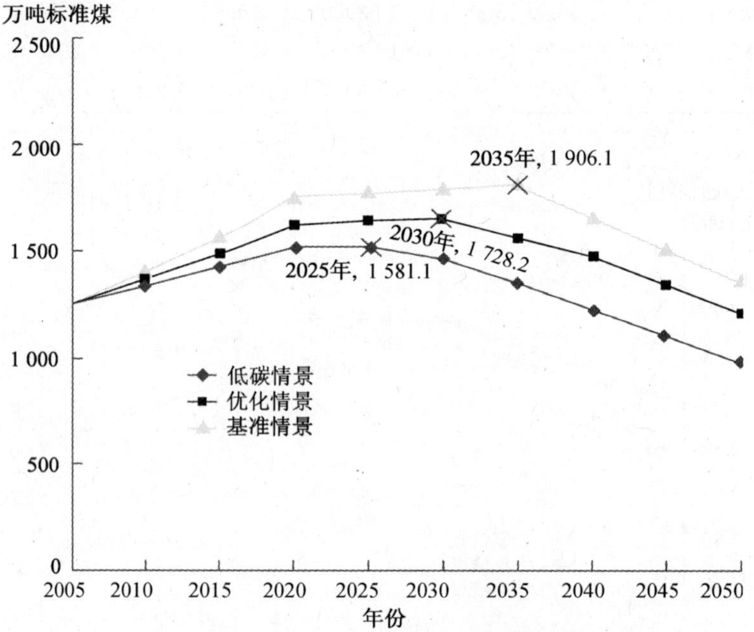

图 5-4　无锡市 2005—2050 年能源需求

——南京市。南京市 2005－2050 年能源需求的分析结果如表 5-16 和图 5-5所示。数据显示，低碳情景下南京市能源需求在 2025 年出现拐点，能源需求的最大值为 1 755.0 万吨标准煤，其后开始下降，到 2050 年下降到 1 077.0万吨标准煤；优化情景下南京市能源需求在 2030 年出现拐点，拐点值为 1 918.2 万吨标准煤，其后开始下降，到 2050 年下降到 1 368.0 万吨标准煤；基准情景下南京市能源需求在 2035 年出现拐点，拐点值为 2 115.7 万吨标准煤，其后开始下降，到 2050 年下降到 1 560.9 万吨标准煤。

表 5-16　南京市 2005—2050 年能源需求　　单位：万吨标准煤

情景	2005 年	2010 年	2020 年	2030 年	2040 年	2050 年	拐点	拐点值
低碳情景	1 418.9	1 518.8	1 740.2	1 678.3	1 411.0	1 077.0	2025 年	1 755.0
优化情景	1 418.9	1 560.1	1 885.9	1 918.2	1 700.1	1 368.0	2030 年	1 918.2
基准情景	1 418.9	1 602.2	2 043.0	2 078.0	1 939.9	1 560.9	2035 年	2 115.7

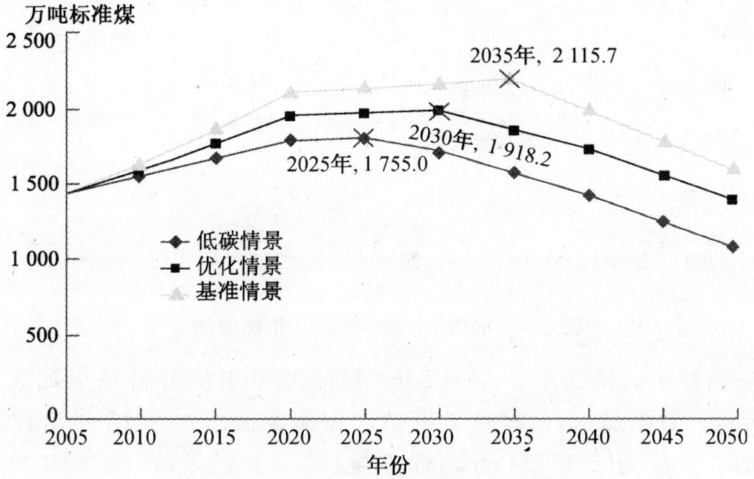

图 5-5　南京市 2005—2050 年能源需求

——常州市。常州市 2005－2050 年能源需求的分析结果如表 5-17 和图 5-6 所示。数据显示，低碳情景下常州市能源需求在 2025 年出现拐点，能源需求的最大值为 628.6 万吨标准煤，其后开始下降，到 2050 年下降到385.8 万吨标准煤；优化情景下常州市能源需求在 2030 年出现拐点，拐点值为687.1 万吨标准煤，其后开始下降，到 2050 年下降到 490.0 万吨标准煤；基准情景下常州市能源需求在 2035 年出现拐点，拐点值为 757.8 万吨标准煤，其后开始下降，到 2050 年下降到 559.1 万吨标准煤。

表 5-17　常州市 2005—2050 年能源需求　　单位：万吨标准煤

情景	2005 年	2010 年	2020 年	2030 年	2040 年	2050 年	拐点	拐点值
低碳情景	508.2	544.0	623.3	601.1	505.4	385.8	2025 年	628.6
优化情景	508.2	558.8	675.5	687.1	608.9	490.0	2030 年	687.1
基准情景	508.2	573.9	731.8	744.3	694.8	559.1	2035 年	757.8

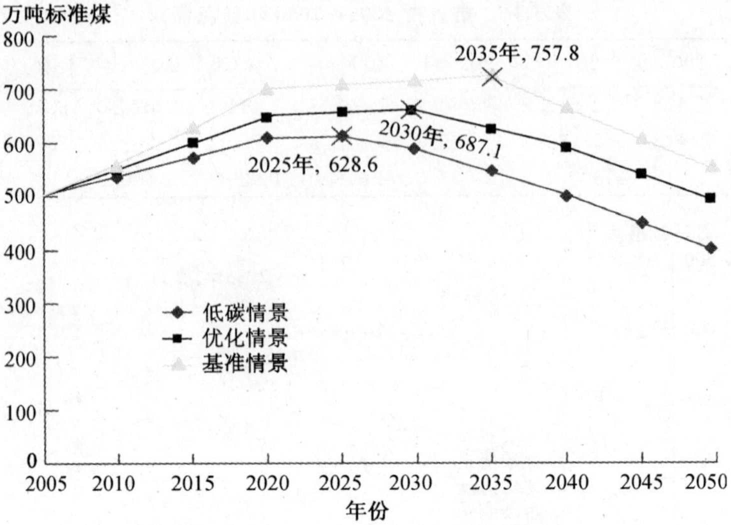

图 5-6 **常州市** 2005—2050 **年能源需求**

——镇江市。镇江市 2005－2050 年能源需求的分析结果如表 5-18 和图 5-7所示。数据显示,低碳情景下镇江市能源需求在 2025 年出现拐点,能源需求的最大值为 2 059.4 万吨标准煤,其后开始下降,到 2050 年下降到1 263.8万吨标准煤;优化情景下镇江市能源需求在 2030 年出现拐点,拐点值为 2 250.9 万吨标准煤,其后开始下降,到 2050 年下降到 1 605.2 万吨标准煤;基准情景下镇江市能源需求在 2035 年出现拐点,拐点值为 2 482.6 万吨标准煤,其后开始下降,到 2050 年下降到 1 831.6 万吨标准煤。

表 5-18 镇江市 2005—2050 年能源需求 单位：万吨标准煤

情景	2005 年	2010 年	2020 年	2030 年	2040 年	2050 年	拐点	拐点值
低碳情景	1 665.0	1 782.2	2 042.0	1 969.4	1 655.7	1 263.8	2025 年	2 059.4
优化情景	1 665.0	1 830.6	2 213.0	2 250.9	1 994.9	1 605.2	2030 年	2 250.9
基准情景	1 665.0	1 880.1	2 397.3	2 438.4	2 276.3	1 831.6	2035 年	2 482.6

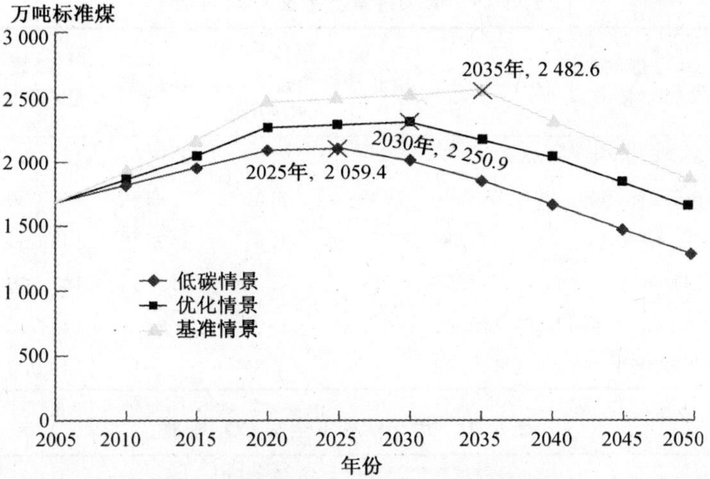

图 5-7　镇江市 2005—2050 年能源需求

5.3　模拟情景下二氧化碳排放量的分析预测

依据不同模拟情景参数的设置，对二氧化碳排放量进行分析预测。

5.3.1　全国模拟情景下的二氧化碳排放量

低碳情景、优化情景和基准情景下的全国二氧化碳排放如表 5-19、表 5-20、表 5-21 和图 5-8 所示。

低碳情景下 2020 年全国二氧化碳排放总量为 938 084.93 万吨，单位 GDP 排放量为 1.61 吨/万元，人均碳排放量为 6.51 吨/人；2050 年二氧化碳排放总量为 2 227 870.21 万吨，单位 GDP 排放量为 0.89 吨/万元，人均碳排放量为 15.26 吨/人。

优化情景下全国 2020 年二氧化碳排放总量为 1 023 365.38 万吨，单位 GDP 排放量为 1.76 吨/万元，人均碳排放量为 7.11 吨/人；2050 年二氧化碳排放总量为2 651 349.67万吨，单位 GDP 排放量为 1.06 吨/万元，人均碳排放量为 18.16 吨/人。

基准情景下 2020 年全国二氧化碳排放总量为 1 609 030.98 万吨，单位 GDP 排放量为 2.77 吨/万元，人均碳排放量为 11.17 吨/人；2050 年二氧化碳排放总量为 6 183 285.71 万吨，单位 GDP 排放量为 2.46 吨/万元，人均碳排放量为 42.35 吨/人。

表 5-19　低碳情景下全国 CO_2 排放

年份	CO_2 排放/万吨	GDP/亿元	增长率	单位 GDP 排放/（吨/万元）	减排率	人口数量/万人	人均碳排放/（吨/人）
2005	537 679.08	183 217.40	8%	2.93	3.91%	130 700	4.11
2010	647 285.90	269 206.47	8%	2.40	3.91%	136 000	4.76
2020	938 084.93	581 196.58	6%	1.61	1.97%	144 000	6.51
2030	1 376 432.90	1 040 834.55	5%	1.32	1.97%	147 000	9.36
2040	1 836 970.85	1 695 409.81	4%	1.08	1.97%	147 000	12.50
2050	2 227 870.21	2 509 620.68	—	0.89	—	146 000	15.26

表 5-20　优化情景下全国 CO_2 排放

年份	CO_2 排放/万吨	GDP/亿元	增长率	单位 GDP 排放/（吨/万元）	减排率	人口数量/万人	人均碳排放/（吨/人）
2005	537 679.08	183 217.40	8%	2.93	3.35%	130 700	4.11
2010	666 334.55	269 206.47	8%	2.48	3.35%	136 000	4.90
2020	1 023 365.38	581 196.58	6%	1.76	1.69%	144 000	7.11
2030	1 545 751.91	1 040 834.55	5%	1.49	1.69%	147 000	10.52
2040	2 123 651.26	1 695 409.81	4%	1.25	1.69%	147 000	14.45
2050	2 651 349.67	2 509 620.68	—	1.06	—	146 000	18.16

表 5-21　基准情景下全国 CO_2 排放

年份	CO_2 排放/万吨	GDP/亿元	增长率	单位 GDP 排放/（吨/万元）	减排率	人口数量/万人	人均碳排放/（吨/人）
2005	537 679.08	183 217.40	8%	2.93	0.39%	130 700	4.11
2010	774 824.89	269 206.47	8%	2.88	0.39%	136 000	5.70
2020	1 609 030.98	581 196.58	6%	2.77	0.39%	144 000	11.17
2030	2 771 700.82	1 040 834.55	5%	2.66	0.39%	147 000	18.86
2040	4 342 728.02	1 695 409.81	4%	2.56	0.39%	147 000	29.54
2050	6 183 285.71	2 509 620.68	—	2.46	—	146 000	42.35

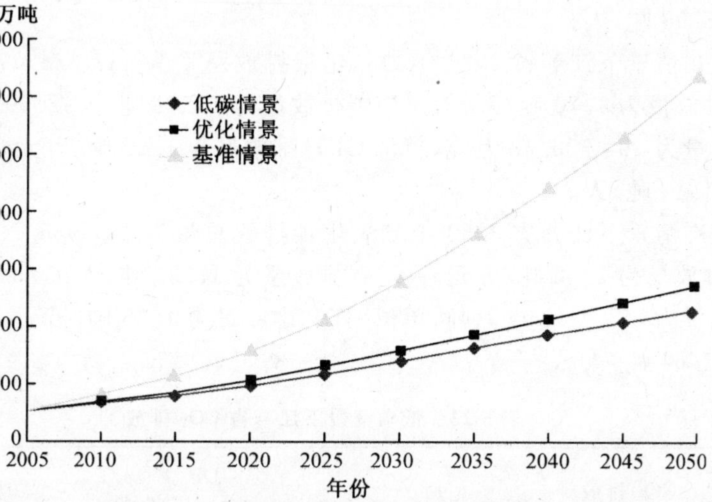

图 5-8 全国 2005—2050 年 CO_2 排放

根据上文能源消费总量和能源结构的计算方法，在低碳情景下，预计到 2020 年全国煤炭、石油、天然气与可再生能源在能源消费结构中所占比例分别为 55%、15%、15%和 15%；在优化情景下，预计到 2020 年全国煤炭、石油、天然气与可再生能源在能源消费结构中所占比例分别为 60%、18%、12%和 10%；在基准情景下，预计到 2020 年全国煤炭、石油、天然气与可再生能源在全国能源消费结构中所占比例分别为 68%、18%、5%和 7%。

表 5-22 2020 年全国能源消费结构预测

情景	煤炭	石油	天然气	可再生能源
低碳情景	55%	15%	15%	15%
优化情景	60%	18%	12%	10%
基准情景	68%	18%	5%	7%

5.3.2 江苏省模拟情景下的二氧化碳排放量

江苏省在低碳情景、优化情景和基准情景下的二氧化碳排放如表 5-23、表 5-24、表 5-25 和图 5-9 所示。

低碳情景下江苏省 2020 年二氧化碳排放总量为 104 211.04 万吨，单位 GDP 排放量为 1.56 吨/万元，人均碳排放量为 12.20 吨/人；2050 年二氧化碳排放总量为 247 492.16 万吨，单位 GDP 排放量为 0.86 吨/万元，人均碳排放量为 28.98 吨/人。

优化情景下江苏省 2020 年二氧化碳排放总量为 113 684.77 万吨，单位 GDP 排放量为 1.70 吨/万元，人均碳排放量为 13.31 吨/人；2050 年二氧化碳排放总量为 294 536.13 万吨，单位 GDP 排放量为 1.02 吨/万元，人均碳排放量为 34.49 吨/人。

基准情景下江苏省 2020 年二氧化碳排放总量为 147 985.39 万吨，单位 GDP 排放量为 2.22 吨/万元，人均碳排放量为 17.33 吨/人；2050 年二氧化碳排放总量为 389 797.92 万吨，单位 GDP 排放量为 1.35 吨/万元，人均碳排放量为 45.64 吨/人。

表 5-23　低碳情景下江苏省 CO_2 排放

年份	CO_2 排放/万吨	GDP/亿元	增长率	单位 GDP 排放/（吨/万元）	减排率	人口数量/万人	人均碳排放/（吨/人）
2005	52 017.99	18 305.66	9%	2.84	3.91%	7 474.5	6.96
2010	65 575.30	28 165.53	9%	2.33	3.91%	7 814.2	8.39
2020	104 211.04	66 678.05	6%	1.56	1.97%	8 540.6	12.20
2030	152 906.73	119 410.22	5%	1.28	1.97%	8 540.6	17.90
2040	204 067.49	194 506.67	4%	1.05	1.97%	8 540.6	23.89
2050	247 492.16	287 917.39	—	0.86	—	8 540.6	28.98

表 5-24　优化情景下江苏省 CO_2 排放

年份	CO_2 排放/万吨	GDP/亿元	增长率	单位 GDP 排放/（吨/万元）	减排率	人口数量/万人	人均碳排放/（吨/人）
2005	52 017.99	18 305.66	9%	2.84	3.35%	7 474.5	6.96
2010	67 505.08	28 165.53	9%	2.40	3.35%	7 814.2	8.64
2020	113 684.77	66 678.05	6%	1.70	1.69%	8 540.6	13.31
2030	171 716.23	119 410.22	5%	1.44	1.69%	8 540.6	20.11
2040	235 914.57	194 506.67	4%	1.21	1.69%	8 540.6	27.62
2050	294 536.13	287 917.39	—	1.02	—	8 540.6	34.49

表 5-25　基准情景下江苏省 CO_2 排放

年份	CO_2 排放/万吨	GDP/亿元	增长率	单位 GDP 排放/(吨/万元)	减排率	人口数量/万人	人均碳排放/(吨/人)
2005	52 017.99	18 305.66	9%	2.84	1.63%	7 474.5	6.96
2010	73 706.99	28 165.53	9%	2.62	1.63%	7 814.2	9.43
2020	147 985.39	66 678.05	6%	2.22	1.63%	8 540.6	17.33
2030	224 761.91	119 410.22	5%	1.88	1.63%	8 540.6	26.32
2040	310 499.50	194 506.67	4%	1.60	1.63%	8 540.6	36.36
2050	389 797.92	287 917.39	—	1.35	—	8 540.6	45.64

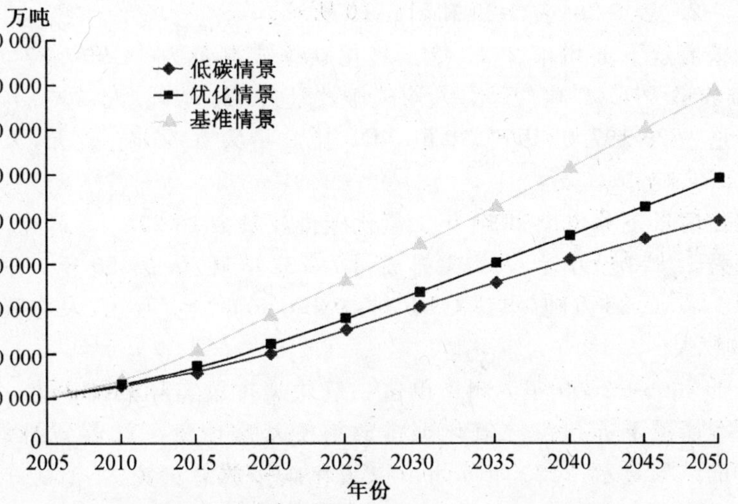

图 5-9　江苏省 2005—2050 年 CO_2 排放

根据上文能源消费总量和能源结构的计算方法，在低碳情景下，预计到 2020 年江苏省煤炭、石油、天然气与可再生能源在全省能源消费结构中所占比例分别为 60%、10%、15%和 15%；在优化情景下，预计到 2020 年江苏省煤炭、石油、天然气与可再生能源在全省能源消费结构中所占比例分别为 63%、15%、12%和 10%；在基准情景下，预计到 2020 年江苏省煤炭、石油、天然气与可再生能源在全省能源消费结构中所占比例分别为 70%、18%、10%和 6%。

表 5-26　2020 年江苏省能源消费结构预测

情景	煤炭	石油	天然气	可再生能源
低碳情景	60%	10%	15%	15%
优化情景	63%	15%	12%	10%
基准情景	70%	18%	10%	6%

5.3.3　苏南五市模拟情景下的二氧化碳排放量

由于苏州、无锡、南京、常州和镇江苏南五市在过去的发展中二氧化碳排放实际减排率的情景各不相同，对模拟情景下二氧化碳排放的分析预测，在按照上述参数设置方法的同时，主要依据各自的实际来展开预测分析。

——苏州市。苏州市在低碳情景、优化情景和基准情景下的二氧化碳排放如表 5-27、表 5-28、表 5-29 和图 5-10 所示。

低碳情景下苏州市 2020 年二氧化碳排放总量为 14 900.87 万吨，单位 GDP 排放量为 1.02 吨/万元，人均碳排放量为 21.60 吨/人；2050 年二氧化碳排放总量为 29 197.03 万吨，单位 GDP 排放量为 0.56 吨/万元，人均碳排放量为 42.32 吨/人。

优化情景下苏州市 2020 年二氧化碳排放量为 16 225.50 万吨，单位 GDP 排放量为 1.11 吨/万元，人均碳排放量为 23.56 吨/人；2050 年二氧化碳排放总量为 34 746.88 万吨，单位 GDP 排放量为 0.67 吨/万元，人均碳排放量为 50.36 吨/人。

由于 2005—2009 年苏州市单位二氧化碳排放实际减排率为－10.10%，因此基准情景下苏州市二氧化碳排放率按基准情景下江苏省排放率计算。表 5-29的结果显示，2020 年苏州市二氧化碳排放总量为 21 160.05 万吨，单位 GDP 排放量为 1.44 吨/万元，人均碳排放量为 30.67 吨/人；2050 年二氧化碳排放总量为 45 985.05 万吨，单位 GDP 排放量为 0.88 吨/万元，人均碳排放量为 66.65 吨/人。

表 5-27　低碳情景下苏州市 CO_2 排放

年份	CO_2 排放/万吨	GDP/亿元	增长率	单位 GDP 排放/(吨/万元)	减排率	人口数量/万人	人均碳排放/(吨/人)
2005	7 437.92	4 026.52	9%	1.85	3.91%	615.6	12.08
2010	9 376.45	6 195.30	9%	1.51	3.91%	639.4	14.66
2020	14 900.87	14 666.53	6%	1.02	1.97%	689.9	21.60
2030	21 863.74	26 265.52	4%	0.83	1.97%	689.9	31.69
2040	26 516.25	38 879.38	3%	0.68	1.97%	689.9	38.43
2050	29 197.03	52 250.64	—	0.56	—	689.9	42.32

表 5-28　优化情景下苏州市 CO_2 排放

年份	CO_2 排放/万吨	GDP/亿元	增长率	单位 GDP 排放/(吨/万元)	减排率	人口数量/万人	人均碳排放/(吨/人)
2005	7 437.92	4 026.52	9%	1.85	3.35%	615.6	12.08
2010	9 652.38	6 195.30	9%	1.56	3.35%	639.4	15.10
2020	16 255.50	14 666.53	6%	1.11	1.69%	689.9	23.56
2030	24 553.27	26 265.52	4%	0.93	1.69%	689.9	35.59
2040	30 654.42	38 879.38	3%	0.79	1.69%	689.9	44.43
2050	34 746.88	52 250.64	—	0.67	—	689.9	50.36

表 5-29　基准情景下苏州市 CO_2 排放

年份	CO_2 排放/万吨	GDP/亿元	增长率	单位 GDP 排放/(吨/万元)	减排率	人口数量/万人	人均碳排放/(吨/人)
2005	7 437.92	4 026.52	9%	1.85	1.63%	615.6	12.08
2010	10 539.17	6 195.30	9%	1.70	1.63%	639.4	16.48
2020	21 160.05	14 666.53	6%	1.44	1.63%	689.9	30.67
2030	32 138.13	26 265.52	4%	1.22	1.63%	689.9	46.58
2040	40 345.89	38 879.38	3%	1.04	1.63%	689.9	58.48
2050	45 985.05	52 250.64	—	0.88	—	689.9	66.65

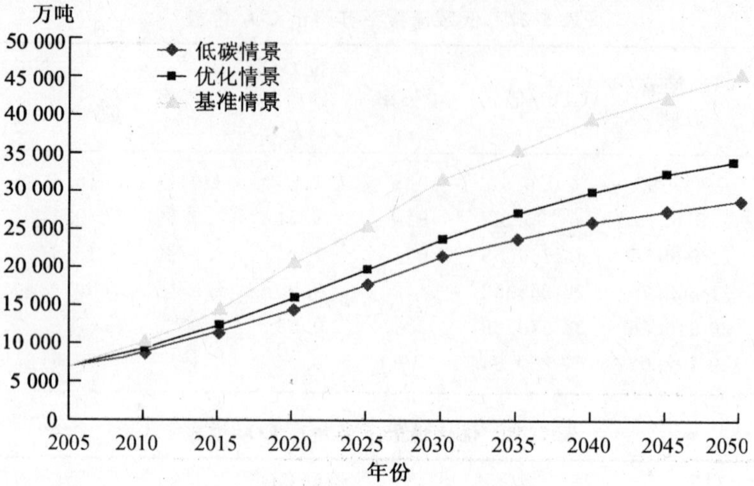

图 5-10　苏州市 2005—2050 年 CO_2 排放

——无锡市。由于无锡市 2005－2010 年实际单位 GDP 年均减排率为 4.18％，已经超过低碳情景下二氧化碳排放设置的减排率，故将无锡市在低碳情景和优化情景下到 2020 年二氧化碳的减排量分别设定为 60％和 55％，基准情景下 2005－2020 年的年均减排率设定为 4.18％。由于 2020 年后经济增长方式转型已相对成熟稳定，碳排放下降空间已逐渐减小，故将 2020－2050 年无锡市低碳情景下的碳排放减排率设为 50％。按照参数的调整，计算后的无锡市在低碳情景、优化情景和基准情景下的二氧化碳排放如表 5-30、表 5-31、表 5-32 和图 5-11 所示。

按照调整后设定的参数，低碳情景下无锡市 2020 年二氧化碳排放总量为 4 646.03 万吨，单位 GDP 排放量为 0.45 吨/万元，人均碳排放量为 9.47 吨/人；2030 年无锡市二氧化碳排放总量达到拐点，排放总量为 5 546.16 吨，单位 GDP 排放量为 0.30 吨/万元，人均碳排放量为 11.30 吨/人；2050 年二氧化碳排放总量为 4 902.31 万吨，单位 GDP 排放量为 0.13 吨/万元，人均碳排放量为 9.99 吨/人。

优化情景下无锡市 2020 年二氧化碳排放总量为 5 223.62 万吨，单位 GDP 排放量为 0.51 吨/万元，人均碳排放量为 10.65 吨/人；2050 年二氧化碳排放总量为 8 374.30 万吨，单位 GDP 排放量为 0.23 吨/万元，人均碳排放量为 17.07 吨/人。

基准情景下无锡市 2020 年二氧化碳排放总量为 6 113.39 万吨，单位 GDP 排放量为 0.60 吨/万元，人均碳排放量为 12.46 吨/人；2050 年二氧化碳排放总量为 10 889.70 万吨，单位 GDP 排放量为 0.30 吨/万元，人均碳排放量为 22.19 吨/人。

表 5-30 低碳情景下无锡市 CO_2 排放

年份	CO_2 排放/万吨	GDP/亿元	增长率	单位 GDP 排放/（吨/万元）	减排率	人口数量/万人	人均碳排放/（吨/人）
2005	3 186.85	2 804.68	9%	1.14	5.92%	457.8	6.96
2010	3 613.56	4 315.35	9%	0.84	5.92%	468.5	7.71
2020	4 646.03	10 216.00	6%	0.45	3.97%	490.7	9.47
2030	5 546.16	18 295.30	4%	0.30	3.97%	490.7	11.30
2040	5 472.39	27 081.51	3%	0.20	3.97%	490.7	11.15
2050	4 902.31	36 395.28	—	0.13	—	490.7	9.99

表 5-31 优化情景下无锡市 CO_2 排放

年份	CO_2 排放/万吨	GDP/亿元	增长率	单位 GDP 排放/（吨/万元）	减排率	人口数量/万人	人均碳排放/（吨/人）
2005	3 186.85	2 804.68	9%	1.14	5.18%	457.8	6.96
2010	3 757.49	4 315.35	9%	0.87	5.18%	468.5	8.02
2020	5 223.62	10 216.00	6%	0.51	2.63%	490.7	10.65
2030	7 168.60	18 295.30	4%	0.39	2.63%	490.7	14.61
2040	8 131.52	27 081.51	3%	0.30	2.63%	490.7	16.57
2050	8 374.30	36 395.28	—	0.23	—	490.7	17.07

表 5-32 基准情景下无锡市 CO_2 排放

年份	CO_2 排放/万吨	GDP/亿元	增长率	单位 GDP 排放/（吨/万元）	减排率	人口数量/万人	人均碳排放/（吨/人）
2005	3 186.85	2 804.68	9%	1.14	4.18%	457.8	6.96
2010	3 959.76	4 315.35	9%	0.92	4.18%	468.5	8.45
2020	6 113.39	10 216.00	6%	0.60	2.28%	490.7	12.46
2030	8 689.55	18 295.30	4%	0.47	2.28%	490.7	17.71
2040	10 209.09	27 081.51	3%	0.38	2.28%	490.7	20.80
2050	10 889.70	36 395.28	—	0.30	—	490.7	22.19

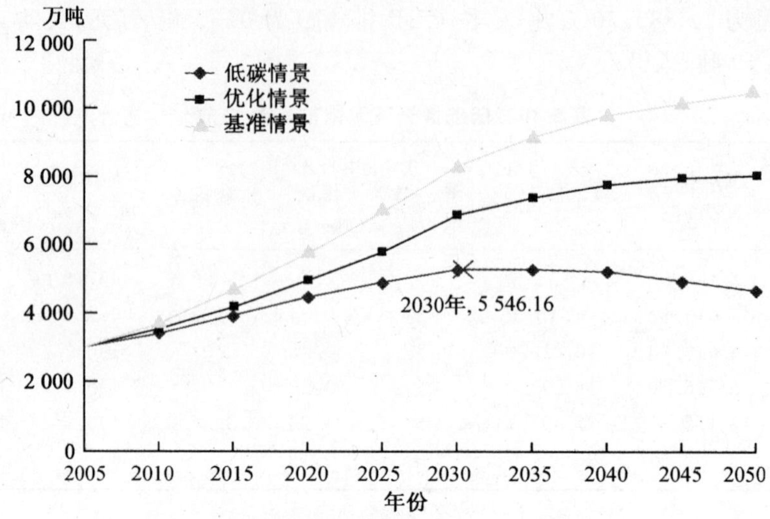

图 5-11　无锡市 2005—2050 年 CO_2 排放

——南京市。2005—2009 年南京市 GDP 保持了 15.09%的增长率，但能源消耗总量及二氧化碳排放量基本保持稳定，并开始逐步小幅下降，经济增长与二氧化碳排放脱钩的迹象开始有所显现，实际单位 GDP 年均减排率已经超过了 60%，但在未来的发展中要继续保持这样的减排速度显然是不现实的。故本书仍然将南京市低碳情景、优化情景和基准情景下的减排率分别设定为到 2020 年二氧化碳减排量达到 60%、55%和 50%。按照调整后设定的参数，南京市在低碳情景、优化情景和基准情景下的二氧化碳排放如表 5-33、表 5-34、表 5-35 和图 5-12 所示。

按照调整后设定的参数，低碳情景下南京市 2020 年二氧化碳排放总量为 5 153.82 万吨，单位 GDP 排放量为 0.59 吨/万元，人均碳排放量为 7.38 吨/人；2040 年南京市二氧化碳排放总量达到拐点，排放总量为 7 417.00 万吨，单位 GDP 排放量为 0.32 吨/万元，人均排放量为 10.62 吨/人；2050 年二氧化碳排放总量为 7 344.35 万吨，单位 GDP 排放量为 0.23 吨/万元，人均碳排放量为 10.52 吨/人。

优化情景下南京市 2020 年二氧化碳排放总量为 5 798.05 万吨，单位 GDP 排放量为 0.66 吨/万元，人均碳排放量为 8.30 吨/人；2050 年二氧化碳排放总量为 9 295.20 万吨，单位 GDP 排放量为 0.30 吨/万元，人均碳排放量为 13.31 吨/人。基准情景下南京市 2020 年二氧化碳排放总量为 6 442.28 万吨，单位 GDP 排放量为 0.73 吨/万元，人均碳排放量为 9.22 吨/人；2050

年二氧化碳排放总量为 11 475.55 万吨，单位 GDP 排放量为 0.37 吨/万元，人均碳排放量为 16.43 吨/人。

表 5-33　低碳情景下南京市 CO_2 排放

年份	CO_2 排放/万吨	GDP/亿元	增长率	单位 GDP 排放/（吨/万元）	减排率	人口数量/万人	人均碳排放/（吨/人）
2005	3 537.30	2 411.11	9%	1.47	5.93%	607.2	5.83
2010	4 010.12	3 709.79	9%	1.08	5.93%	636.2	6.30
2020	5 153.82	8 782.43	6%	0.59	3.01%	698.4	7.38
2030	6 800.51	15 727.99	4%	0.43	3.01%	698.4	9.74
2040	7 417.00	23 281.26	3%	0.32	3.01%	698.4	10.62
2050	7 344.35	31 288.07	—	0.23	—	698.4	10.52

表 5-34　优化情景下南京市 CO_2 排放

年份	CO_2 排放/万吨	GDP/亿元	增长率	单位 GDP 排放/（吨/万元）	减排率	人口数量/万人	人均碳排放/（吨/人）
2005	3 537.30	2 411.11	9%	1.47	5.18%	607.2	5.83
2010	4 170.70	3 709.79	9%	1.12	5.18%	636.2	6.56
2020	5 798.05	8 782.43	6%	0.66	2.63%	698.4	8.30
2030	7 956.91	15 727.99	4%	0.51	2.63%	698.4	11.39
2040	9 025.73	23 281.26	3%	0.39	2.63%	698.4	12.92
2050	9 295.20	31 288.07	—	0.30	—	698.4	13.31

表 5-35　基准情景下南京市 CO_2 排放

年份	CO_2 排放/万吨	GDP/亿元	增长率	单位 GDP 排放/（吨/万元）	减排率	人口数量/万人	人均碳排放/（吨/人）
2005	3 537.30	2 411.11	9%	1.47	4.52%	607.2	5.83
2010	4 319.77	3 709.79	9%	1.16	4.52%	636.2	6.79
2020	6 442.28	8 782.43	6%	0.73	2.28%	698.4	9.22
2030	9 157.03	15 727.99	4%	0.58	2.28%	698.4	13.11
2040	10 758.33	23 281.26	3%	0.46	2.28%	698.4	15.40
2050	11 475.55	31 288.07	—	0.37	—	698.4	16.43

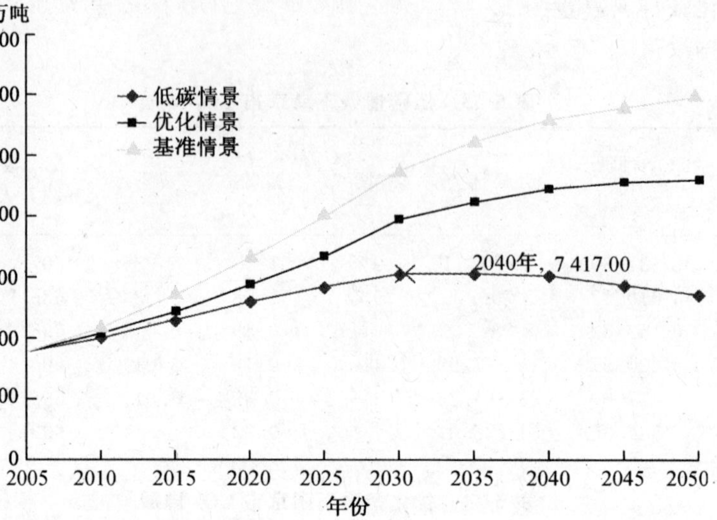

图 5-12 南京市 2005—2050 年 CO_2 排放

——常州市。常州市在低碳情景、优化情景和基准情景下的二氧化碳排放如表 5-36、表 5-37、表 5-38 和图 5-13 所示。

低碳情景下常州市 2020 年二氧化碳排放总量为 2 538.26 万吨，单位 GDP 排放量为 0.53 吨/万元，人均碳排放量为 6.76 吨/人；2050 年二氧化碳排放总量为 4 973.52 万吨，单位 GDP 排放量为 0.29 吨/万元，人均碳排放量为13.25吨/人。

优化情景下常州市 2020 年二氧化碳排放总量为 2 769.02 万吨，单位 GDP 排放量为 0.58 吨/万元，人均碳排放量为 7.38 吨/人；2050 年二氧化碳排放总量为 5 918.90 万吨，单位 GDP 排放量为 0.35 吨/万元，人均碳排放量为 15.77 吨/人。

由于 2005—2009 年常州市单位二氧化碳排放实际减排率为 0.61%，因此基准情景下常州市二氧化碳排放率按基准情景下江苏省排放率计算。表 5-38 的结果显示，基准情景下常州市 2020 年二氧化碳排放总量为 3 604.47 万吨，单位 GDP 排放量为 0.76 吨/万元，人均碳排放量为 9.60 吨/人；2050 年二氧化碳排放总量为 7 833.25 万吨，单位 GDP 排放量为 0.46 吨/万元，人均碳排放量为 20.87 吨/人。

表 5-36　低碳情景下常州市 CO_2 排放

年份	CO_2 排放/万吨	GDP/亿元	增长率	单位 GDP 排放/(吨/万元)	减排率	人口数量/万人	人均碳排放/(吨/人)
2005	1 267.00	1 303.36	9%	0.97	3.91%	354.7	3.57
2010	1 597.21	2 005.38	9%	0.80	3.91%	361.5	4.42
2020	2 538.26	4 747.47	6%	0.53	1.97%	375.4	6.76
2030	3 724.34	8 501.99	4%	0.44	1.97%	375.4	9.92
2040	4 516.87	12 585.02	3%	0.36	1.97%	375.4	12.03
2050	4 973.52	16 913.21	—	0.29	—	375.4	13.25

表 5-37　优化情景下常州市 CO_2 排放

年份	CO_2 排放/万吨	GDP/亿元	增长率	单位 GDP 排放/(吨/万元)	减排率	人口数量/万人	人均碳排放/(吨/人)
2005	1 267.00	1 303.36	9%	0.97	3.35%	354.7	3.57
2010	1 644.22	2 005.38	9%	0.82	3.35%	361.5	4.55
2020	2 769.02	4 747.47	6%	0.58	1.69%	375.4	7.38
2030	4 182.49	8 501.99	4%	0.49	1.69%	375.4	11.14
2040	5 221.78	12 585.02	3%	0.41	1.69%	375.4	13.91
2050	5 918.90	16 913.21	—	0.35	—	375.4	15.77

表 5-38　基准情景下常州市 CO_2 排放

年份	CO_2 排放/万吨	GDP/亿元	增长率	单位 GDP 排放/(吨/万元)	减排率	人口数量/万人	人均碳排放/(吨/人)
2005	1 267.00	1 303.36	9%	0.97	1.63%	354.7	3.57
2010	1 795.28	2 005.38	9%	0.90	1.63%	361.5	4.97
2020	3 604.47	4 747.47	6%	0.76	1.63%	375.4	9.60
2030	5 474.52	8 501.99	4%	0.64	1.63%	375.4	14.58
2040	6 872.65	12 585.02	3%	0.55	1.63%	375.4	18.31
2050	7 833.25	16 913.21	—	0.46	—	375.4	20.87

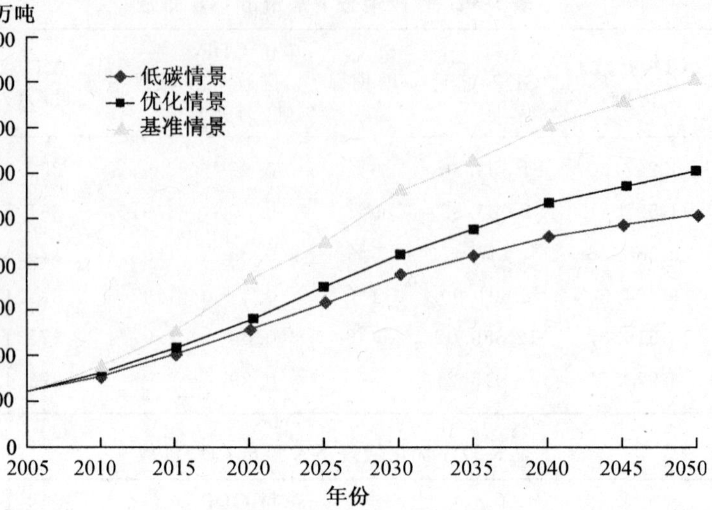

图 5-13　常州市 2005—2050 年 CO_2 排放

——镇江市。与南京市的情况相类似，2005—2009 年镇江市 GDP 保持了 17.69%的增长率，但能源消耗总量及二氧化碳排放量基本保持稳定，实际单位 GDP 年均减排率已经超过了 55%。故将镇江市低碳情景下的减排率设为到 2020 年二氧化碳减排量达到 60%，优化情景下的减排率设定为到 2020 年二氧化碳减排量达到 55%，基准情景下的减排率设定为到 2020 年二氧化碳减排量达到 50%。按照调整后设定的参数，镇江市在低碳情景、优化情景和基准情景下的二氧化碳排放如表 5-39、表 5-40、表 5-41 和图 5-14 所示。

低碳情景下镇江市 2020 年二氧化碳排放总量为 6 047.67 万吨，单位 GDP 排放量为 1.90 吨/万元，人均碳排放量为 22.04 吨/人；2040 年镇江市二氧化碳排放总量达到拐点，排放总量为 8 703.36 万吨，单位 GDP 排放量为1.03吨/万元，人均排放量为 31.72 吨/人；2050 年二氧化碳排放总量为8 618.12万吨，单位 GDP 排放量为 0.76 吨/万元，人均碳排放量为 31.41 吨/人。

优化情景下镇江市 2020 年二氧化碳排放总量为 6 803.63 万吨，单位 GDP 排放量为 2.14 吨/万元，人均碳排放量为 24.80 吨/人；2050 年二氧化碳排放总量为 10 907.31 万吨，单位 GDP 排放量为 0.96 吨/万元，人均碳排放量为 39.75 吨/人。

基准情景下镇江市 2020 年二氧化碳排放总量为 7 559.59 万吨，单位 GDP 排放量为 2.38 吨/万元，人均碳排放量为 27.55 吨/人；2050 年二氧化碳排放总量为 13 465.81 万吨，单位 GDP 排放量为 1.19 吨/万元，人均碳排放量为49.08吨/人。

表5-39 低碳情景下镇江市 CO_2 排放

年份	CO_2 排放/万吨	GDP/亿元	增长率	单位GDP排放/(吨/万元)	减排率	人口数量/万人	人均碳排放/(吨/人)
2005	4 150.79	871.67	9%	4.76	5.93%	268.8	15.44
2010	4 705.62	1 341.17	9%	3.51	5.93%	270.6	17.39
2020	6 047.67	3 175.04	6%	1.90	3.01%	274.4	22.04
2030	7 979.95	5 686.02	4%	1.40	3.01%	274.4	29.08
2040	8 703.36	8 416.70	3%	1.03	3.01%	274.4	31.72
2050	8 618.12	11 311.33	—	0.76	—	274.4	31.41

表5-40 优化情景下镇江市 CO_2 排放

年份	CO_2 排放/万吨	GDP/亿元	增长率	单位GDP排放/(吨/万元)	减排率	人口数量/万人	人均碳排放/(吨/人)
2005	4 150.79	871.67	9%	4.76	5.18%	268.8	15.44
2010	4 894.04	1 341.17	9%	3.65	5.18%	270.6	18.08
2020	6 803.63	3 175.04	6%	2.14	2.63%	274.4	24.80
2030	9 336.92	5 686.02	4%	1.64	2.63%	274.4	34.03
2040	10 591.10	8 416.70	3%	1.26	2.63%	274.4	38.60
2050	10 907.31	11 311.33	—	0.96	—	274.4	39.75

表5-41 基准情景下镇江市 CO_2 排放

年份	CO_2 排放/万吨	GDP/亿元	增长率	单位GDP排放/(吨/万元)	减排率	人口数量/万人	人均碳排放/(吨/人)
2005	4 150.79	871.67	9%	4.76	4.52%	268.8	15.44
2010	5 068.97	1 341.17	9%	3.78	4.52%	270.6	18.73
2020	7 559.59	3 175.04	6%	2.38	2.28%	274.4	27.55
2030	10 745.18	5 686.02	4%	1.89	2.28%	274.4	39.16
2040	12 624.19	8 416.70	3%	1.50	2.28%	274.4	46.01
2050	13 465.81	11 311.33	—	1.19	—	274.4	49.08

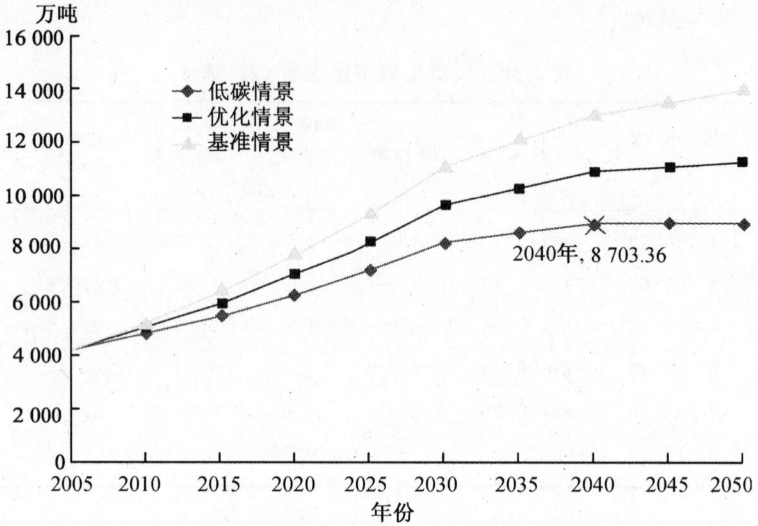

图 5-14 镇江市 2005—2050 年 CO_2 排放

5.4 本章小结

本章主要按照中国科学院可持续发展战略研究组的《2009 年中国可持续发展战略报告》的相关理论和方法，在低碳情景、优化情景、基准情景三种模拟情景下对全国、江苏和苏南地区 2005－2050 年的能源消费和碳排放进行了初步的分析预测。研究结果显示，低碳情景下江苏省能源需求在 2030 年出现拐点，拐点的出现比全国提前 5 年。苏南五市在低碳情景下的能源需求虽然最大值各不相同，但均在 2025 年出现下降的拐点，比江苏省低碳情景下拐点的出现提前了 5 年，而苏南五市在优化情景、基准情景下的能源需求均分别在 2030 年和 2035 年出现拐点。

低碳情景下苏州市 2020 年二氧化碳排放总量为 14 900.87 万吨，单位 GDP 排放量为 1.02 吨/万元，人均碳排放量为 21.60 吨/人。相对应的是，低碳情景下无锡市、南京市、常州市、镇江市的数据分别为 4 646.03 万吨、0.45 吨/万元、9.47 吨/人；5 153.82 万吨、0.59 吨/万元、7.38 吨/人；2 538.26 万吨、0.53 吨/万元、6.76 吨/人；6 047.67 万吨、1.90 吨/万元、22.04 吨/人。低碳模拟情景下，苏南五市中的苏州市在 2020 年二氧化碳排放量最大，达到 14 900.87 万吨，而常州市最小，约为 2 538.26 万吨；常州市单位 GDP 排放量和人均碳排放量最小，分别为 0.59 吨/万元和 7.38 吨/人。低碳情景下江苏省 2020 年二氧化碳排放总量为 104 211.04 万吨，单位 GDP 排放量为 1.56 吨/万元，人均碳排放量为 12.20 吨/人。

需要指出的是，本书并未在情景发展框架下，基于社会经济、能源发展、技术进步、消费方式、排放需求等对未来江苏省和苏南五市的能源和碳排放作出精确的预测及分析，所得出的数据仅为估算值，但并非否定本章研究结论的相对准确性。

本书第 3、4、5 章内容主要是研究了江苏苏南五市目前和未来发展中推进低碳经济发展所面临的主要问题。到 2020 年工业化仍然是苏南地区发展经济的主战略，虽然降低碳排放需要全社会各行业的共同努力，但工业企业的低碳生产在未来十年中更具基础性。因此，研究影响工业企业低碳生产意愿与行为的主要因素就显得更为重要。

第6章 工业企业低碳生产意愿与行为的理论分析框架

在转型发展中推进工业化仍然是苏南地区实现现代化的主要战略之一，工业生产的碳排放仍然是这一地区碳排放的主体。因此，作为工业生产微观主体的工业企业对这一地区的碳排放量起着重要的支配性作用，降低碳排放强度是工业生产企业责无旁贷的责任。然而，工业企业是否具有低碳生产意愿，是否具有将低碳生产的意愿转化为低碳生产行为的动力，既内在地取决于企业的基本特征，又与企业的外部环境密切相关。本章的主要任务是构建工业企业低碳生产意愿与行为的理论分析框架，为科学地研究影响工业企业低碳生产意愿与行为的主要因素奠定理论基础。

6.1 研究综述:分析框架构建的文献支撑

20 世纪 80 年代末开始，发达国家逐步开始推行清洁生产，以改善环境生态[1]。然而经济学家们二十多年来在研究清洁生产行为轨迹时发现，企业低碳生产意愿与行为总体上尚不充分，低碳生产仍面临着许多限制[2-3]。虽然不同的企业的动机各不相同[4]，然而无论是发达国家还是发展中国家，在保持经济收益增长和减少碳排放间寻求最优平衡是其基本出发点[5]。企业节能生产意愿与行为的提高和行为改变的主要原因是逐渐从清洁生产中获得了经济利益[6]。驱动企业采用节能生产行为的首要因素是预期收益的结论已被广泛接受。

6.1.1　国外的研究

国外围绕企业低碳生产意愿与行为的研究主要集中在以下四个方面：

1. 低碳生产意愿与行为、低碳生产行为与创新行为

早在20世纪90年代初，学者们就指出企业的节能生产是非常复杂的，既涉及技术层面，又涉及组织结构[7-8]。后续的研究反复证实了上述观点。低碳经济的发展离不开低碳技术[9]，企业具备了技术能力才有可能真正实施环保生产[10]。而企业的技术能力取决于研发投入与研发机构等要素[11-12]。在发达国家，具有先进清洁生产技术的企业节能减排的意愿与行为显著提高[13]。Zwetsloot和Ashford(2003)[14]考察了42个国家的61个生产企业，发现技术创新能力对企业的节能生产方式具有支撑效应。在美国的钢铁生产企业和韩国的炼油企业中也观察到了这一事实[15-16]。Lefebvre等(2003)[17]对加拿大4个行业的368个中小型企业的研究证实，生产工艺等对企业的低碳排放确有促进作用。但Baldwin和Lin(2001)[18]认为，当R&D强度达到一定水平后，企业对清洁生产的技术投入水平才会高于其他末端治理等低端技术的投入，也有助于企业实现环境和经济收益的双赢[19]。

2. 低碳生产意愿与行为，低碳生产行为与市场、规模及能源价格

企业低碳生产倾向和行为更多的是满足市场需要，而产品出口则是企业了解最新的国际市场的环境需求的途径。Lefebvre等(2003)的研究证实，发达国家的企业通过产品出口能够了解国际市场的环境要求，并相应改进相关的环保技术。Luken等(2008)[20]研究了8个发展中国家的造纸、纺织和皮毛3个行业的98家企业，认为市场特征对发展中国家企业的清洁与节能生产行为的影响更大。但Sarumpaet(2005)[21]对印度尼西亚企业的研究发现，即使产品出口到发达国家，产品出口与其是否采用环保生产手段并不显著相关。

虽然对企业规模是否影响其环保生产的意愿与行为并未达成共识[22]，但较多的研究仍指出企业规模对其环保意愿与行为有正面作用[23]。企业规模越大就越有充分资源执行环境管理等低碳环保的生产行为[24]。De Groot等(2001)[25]对荷兰135家不同规模企业的研究发现，大型跨国企业节能生产的意愿与行为相对较高，这与Darnall等(2010)[26]的研究一致。Baldwin和Lin(2002)认为加拿大中等规模的生产企业较大型企业更易遭遇低碳先进技术的障碍。企业规模大，则易于协调利益相关体间的关系[27]，有助于发挥规模经济效应，加大低碳环保的技术投入[28-29]。与大型工业企业相比，员工数少于500人的企业的低碳生产意愿与行为表现得相对欠缺[30]。能源价格的上涨

在瑞典成为促进造纸业采用环保生产的重要驱动力[31]。高成本的化石能源消耗迫使企业对低碳生产技术进行额外的投入。在较高能源价格的状态下，企业愿意进行低成本、高回报的低碳环保生产的投资[32]。

3. 低碳生产意愿与行为、低碳生产行为与企业管理者特征

管理者的素质等对企业节能生产意愿与行为具有重要作用[33-34]。Egri和Herman(2000)、Fryxell和Lo(2003)对中国企业进行了研究，认为管理者年龄和学历影响了管理层的环境价值观[35-36]。管理者并不一定是企业资产的所有者，与股东的环保意识也不尽相同[37]。Baldwin和Lin(2002)对加拿大企业研究后发现，本土企业的环保生产相关技术信息的收集能力明显强于外企，由此影响企业的低碳生产意愿与行为。Rohdin等(2006)对瑞典铸造业的研究显示，与所有权相对集中的私营企业相比，集团化运营的企业低碳生产的主要障碍因素是组织结构[38]。

4. 低碳生产意愿与行为、低碳生产行为与外部环境

政府管制等对企业的节能减排意愿与行为产生影响[39]。政府政策与资金、技术的支持，以及与企业间良好的合作是企业实施低碳生产行为的重要支撑[40]。由于政府的资助，在日本1998年就有超过500家的企业通过ISO14000认证，而在没有政府资助的美国同年只有90家通过认证[41]。2002年发达国家只有不足0.5%的企业参与了ISO14000认证[42]。Babakri等(2004)研究发现，通过ISO14000认证的美国企业往往愿意采纳和实施循环生产的意愿与行为[43]。Nee(2010)对马来西亚的调查表明，ISO14000认证与企业环保生产的行为呈显著正相关[44]；Sarumpaet(2005)、Sambasivan和Ng(2008)认为，参加ISO14000认证有助于企业获得经济和环境收益[45]。

政府合理的技术和资金供给可使企业有动机预先购买未来政府实施强制性环境政策后可能更严格的技术[46-47]。强制性的制度安排则是企业采用低碳相关生产行为的重要驱动力[48-49]。但过于严格的环境管制会增加企业成本，难以有效保证企业从源头上提高低碳生产的意愿与行为[50-51]。因此，政府的介入重要的是引导企业制定长期的环保与能源策略。瑞典铸造业和纸浆造纸业的实践已证实，实施长期有效的环保与能源策略已成为企业低碳生产的重要驱动力。Triebswetter和Wackerbauer(2008)[52]的研究支持上述结论。Vanassche等(2009)对14个欧洲国家工业企业的研究也证实，在政府指导下制定环境策略是企业进行环保生产投资的驱动力。

6.1.2 国内的研究

与国外的研究相比，国内的研究就相对逊色。在现有的对工业企业低碳

生产意愿和行为研究不足 10 篇的文献中，具有代表性的研究结论有：管理层的环境导向、员工的学习能力等对企业低碳节能生产行为有显著影响[53]；与一般的企业相比较，跨国公司更可能采用低碳环保的安全生产[54]；虽然低碳清洁技术具有吸引力，但大多数企业仍偏好采用成本低、风险小、可能无法提高生产效率的末端治理（End-of-pipe）技术解决环境问题[55]；工业企业的节能生产行为现阶段更多地依靠外部驱动力，尤其是环境管制等，而内部驱动作用并不明显[56]；等等。

6.1.3　简要的文献评论

综上所述，目前已有的研究尤其国外的研究基本一致的结论是：企业的技术创新能力，管理者、市场与规模等特征，政府管理等外部环境与企业的低碳生产意愿有着密切的关系。这为本书的研究奠定了良好的基础。但是，应该看到，虽然近年来国内学者围绕低碳生产、节能减排等问题展开了大量富有成效的研究，但不难发现，相关的研究尚主要停留在描述性的层次上，或在宏观层面上展开碳排放的计量，尚未针对作为碳排放主体的工业企业展开实证研究，正如 Montalvo 等（2007）所评论的，鲜见对影响企业低碳生产意愿与行为现实和潜在的主要因素进行系统而动态定量研究[57]。科学地研究影响企业低碳生产意愿与行为的主要因素依赖于理论上的突破。根据作者对国内外大量文献的剖析，尚未发现完整地研究这一问题的分析理论框架。因此，构建一个具有普遍意义的且符合中国国情的工业企业低碳生产意愿与低碳生产行为的理论分析框架，为科学地研究影响工业企业低碳生产意愿与行为的主要因素奠定理论基础，就具有重要的价值。

6.2　计划行为理论与研究假设：分析框架构建的理论基础

综合上述的文献，基本的结论是：工业企业的低碳生产意愿与行为受多方面复杂因素的制约。计划行为理论基本假定行为发生是从信念到信念评估，然后产生行为意向并最终实施行为的理性过程。因此，从理论上分析，企业的低碳生产意愿与行为符合计划行为理论的一般规律。

计划行为理论（Theory of Planned Behavior，TPB）的源头可以追溯到多属性态度理论（Theory of Multiattribute Attitude，TMA）（Fishbein，1963）[58]。Fishbein 和 Ajzen 发展了多属性态度理论，共同提出了理性行为理论（Theory of Reasoned Action，TRA）[59]。在理性行为理论的基础上，

Ajzen(1985)增加了知觉行为控制变量,初步提出计划行为理论[60]。1991 年 Ajzen 发表了《计划行为理论》一文,标志着计划行为理论的成熟[61]。计划行为理论的结构模型图如图 6-1 所示。行为态度(Attitude toward the Behavior, AB)、主观规范(Subject Norm, SN)和知觉行为控制(Perceived Behavior Control, PBC)是计划行为理论的三个主要变量。行为态度是个体对执行某特定行为喜爱或不喜爱程度的评估;主观规范是个体在决策是否采取特定行为时感知到的其他重要关系者的压力;知觉行为控制是个体感知到的执行某特定行为容易或困难的程度,亦即个人所感受到的他对于行为所需能力、资源和机会的控制能力。

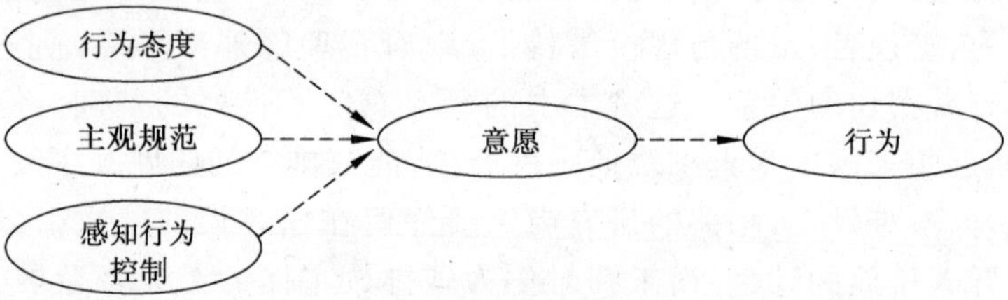

图 6-1　计划行为理论框架

基于文献综述和计划行为理论,结合本研究获得的样本的统计性描述分析,以及作者对低碳生产意愿与低碳生产行为的理解,本书从企业的管理者特征、市场特征、类型特征、创新特征和外部特征五个方面提出如图6-2所示的低碳生产意愿与行为的理论研究模型,并根据理论模型提出有待相关模型进一步验证的如下的研究假设。

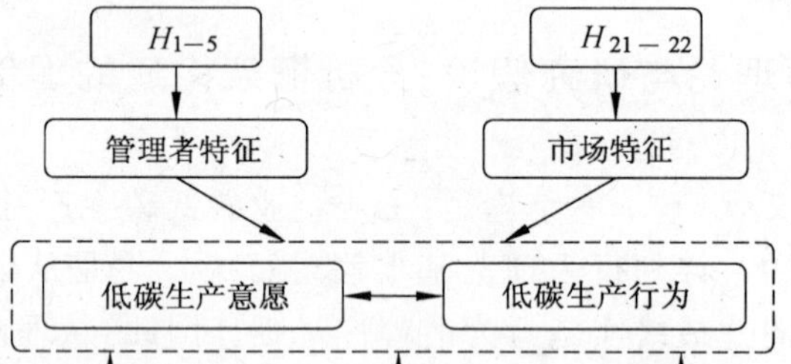

图 6-2　低碳生产意愿与行为的理论研究模型

6.2.1　企业的管理者特征

一般而言,企业管理者学历层次越高、年龄越小,其管理的企业所具有的低碳生产意愿越强,低碳生产的行为越好。Egri 和 Herman(2000)、Fryxell 和 Lo(2003)等人的研究支持这一假设。这也完全符合计划行为理论中关于个人以及社会文化等因素(如人格、智力、经验、年龄、性别、文化背景等)通过影响行为信念间接影响行为态度、主观规范和知觉行为控制,并最终影响行为意愿和行为的基本理论。由此假设:

H_{1-2}:工业企业管理者的学历越高,低碳生产意愿与行为越强。H_1、H_2 分别对应企业管理者的不同学历。

H_{3-5}:工业企业管理者年龄越小,低碳生产意愿与行为越强。H_3、H_4、H_5 分别对应工业企业管理者的不同年龄段。

6.2.2　企业的类型特征

企业的行为态度、主观规范和知觉行为控制等与企业类型高度相关,且企业的低碳生产意愿与行为与其能源使用结构相关。企业的销售规模越大,能源占生产成本越低,企业的低碳生产意愿与行为越强。同时,由于规模经济对于产业竞争力具有显著的正向影响,企业的销售收入越大则生产率越高。因此,企业注册资本、主营业务收入等规模特征和企业的低碳生产意愿与行为具有较强的正相关性。Baldwin 和 Lin(2002)、Rohdin 等(2006)和王仁曾(2002)等学者的研究支持这一假设[62]。由此假设:

H_{6-7}:企业注册类型和低碳生产意愿与行为有关,股份合作或民营企业和港澳台及外商投资企业的低碳生产意愿与行为相对较高。H_6、H_7 分别对应工业企业不同的注册类型。

H_{8-11}:企业注册资本的大小和低碳生产意愿与行为有关,企业注册资本越大,销售一般也越大,其低碳生产意愿与行为相对较强。H_8、H_9、H_{10}、H_{11} 分别对应工业企业注册资本的不同区间。

H_{12-14}:企业能源消耗占生产总成本的比重越高的企业低碳生产意愿与行为相对越弱。H_{12}、H_{13}、H_{14} 分别对应工业企业能源消耗占生产总成本比重的不同区间。

H_{15}:企业消耗能源的类型影响其低碳生产意愿与行为,使用清洁能源或使用清洁能源占全部能源比重高的企业其低碳生产意愿与行为较强。

6.2.3 企业的创新特征

低碳经济发展的关键是技术创新，实现节能减排的目标必不可少的一个环节是发展高新技术，需要技术政策的支持等（靳志勇，2003；Stern，2007；陈文婕和曾德明，2010）[63−65]。因此，企业研发经费投入占主营业务收入比重、研发人员占职工总数比重、是否具有研发机构等因素将影响企业的低碳生产意愿与行为。就企业低碳生产的意愿与行为的感知行为控制而言，主要是指企业对自身进行低碳技术创新容易度的认知。当企业认知到已具备了低碳技术创新的各种条件时，则低碳技术创新的行为可能发生。而这又受到企业自身创新能力、资源丰度、机会多寡以及优惠政策等因素的影响。故从理论上判断，企业创新特征越明显，企业依靠技术进步实现低碳生产的意愿与行为将越明显。新兴产业的企业属性使之更具有低碳生产的意愿与行为。上述文献综述中诸多的国外学者尤其是 Zwetsloot 和 Ashford（2003）、Lefebvre 等（2003）、Baldwin 和 Lin（2002）支持这一假设。由此假设：

H_{16}：企业技术特征的实现表现在企业研发经费投入占主营业务收入比重。企业研发经费投入占主营业务收入比重越高，其低碳生产意愿与行为越强。

H_{17-19}：企业研发人员占职工总人数比重是衡量技术特征的重要指标。企业研发人员占职工总人数比重越高，其低碳生产意愿与行为越强。H_{17}、H_{18}、H_{19}分别对应工业企业研发人员占职工总人数比重的不同区间。

H_{20}：研发机构是企业为了实现创新而设置的以研发人员为主体的实施技术创新的专门机构。拥有研发机构的企业低碳生产意愿与行为较强。

6.2.4 企业的市场特征

计划行为理论认为，行为态度指行为主体对某种行为所存在的一般而稳定的倾向或立场。行为倾向态度受到行为所产生的结果或预期的结果好坏的影响。预期到行为可能带来正向影响或较好的收益，行为主体的行为态度将是主动积极的，反之则是被动消极的。市场特征尤其是产品是否出口影响工业企业的低碳生产意愿与行为。在保持经济收益增长和减少碳排放间寻求最优平衡是企业的基本出发点，工业企业的一切低碳生产意愿与行为，内在地取决于其实现利益的最大化。因此，企业的低碳生产倾向和行为更多的是满足市场需要。Lefebvre 等（2003）、Sarumpaet（2005）、Luken 等（2008）众多学者的研究支持这一假设。由此假设：

H_{21}：通过 ISO14000 认证的企业，具有较强的低碳生产意愿与行为。

H_{22}：企业工业产品出口的企业，具有较强的低碳生产意愿与行为。

6.2.5　企业的外部特征

主观规范是计划行为理论中的重要概念，是指个体、团体在决策是否执行某特定行为时感知到的社会压力，它反映的是重要他人或团体对个体行为决策的影响。企业的低碳生产意愿与行为必然受外部环境的影响，而且已有的研究再三认为，气候变化问题是迄今为止规模最大、范围最广的市场失灵现象，需要采取国际集体行动，进行更有深度的国际合作，才能得到有效率和公平的回应。而且最重要的努力是政府调节，如建立碳价格信号和市场，刺激企业新技术的开发研究与应用（Stern，2007）。作为经济人的企业，为了利润的最大化，对环境污染的外部性不会自发地进行内部化，因此政策的创新和制度的安排就成为促进低碳生产、解决环境污染等问题的重要推动因素（Montalvo，2008；Battisti，2008；Luken 和 van Rompaey，2008）。强制性的制度安排通常被视为企业采用低碳生产行为的主要驱动力之一，在低碳经济的转型过程中必须加强政府对经济的宏观调控，创立一种具有积极价值且适宜的制度安排（李胜和陈晓春，2009；孙晓伟，2010）[66－67]。因此，节能减排目标制定类型、政府是否有激励政策、企业对区域发展环境的总体评价等也有可能影响企业的低碳生产意愿与行为。由此假设：

H_{23}：政府实施了节能减排的激励政策，对企业低碳生产意愿与行为具有引导效应。

H_{24}：企业节能减排目标制定类型能够反映其低碳生产意愿与行为。执行政府制定目标或政府指导下企业制定目标的企业，具有较强的低碳生产意愿与行为。

H_{25}：企业对区域发展环境总体评价影响其低碳生产意愿与行为。企业对区域发展环境总体评价与低碳生产意愿呈正相关的关系。

6.3　带罚函数的二元 Logistic 模型的构建：低碳生产意愿的分析模型

6.3.1　二元 Logistic 模型的评述

在离散因变量模型中，当因变量为 0-1 型时，二元 Logistic 模型在社会科学研究领域应用非常普遍。而极大似然估计（Maximum Likelihood Estimation,MLE)则是二元 Logistic 等具有非线性性质模型的常用估计方法。对于大样本而言,Logistic 回归模型通过使用 MLE 获得观测数据的最大可能性参数的方法是渐近的、有效的。可能受制于样本获取成本过高或难以获取等诸多复杂因素,二元 Logistic 模型在社会科学领域中的应用通常出现样本容量偏小的问题。Bartlett(1953)首次证实单变量 MLE 存在 $1/n$ 阶偏误,而 Shenton 和 Wallington(1962)则把 $1/n$ 阶偏误由单变量扩展至多变量,Cordeiro 和 McCullagh(1991)进一步给出了广义线性模型的 $1/n$ 阶偏误[68-70]。然而遗憾的是,对于上述偏误,国内还没有文献完整且明确地指出,一个合理的解释是偏误问题被忽略了。不仅如此,当样本容量较小时,在二元 Logistic 模型 MLE 估计过程中还会遇到分离问题,导致 MLE 迭代失败。在早期的相关文献中,解决迭代失败唯一可能的方法是减少变量数①。但假如被排除的变量是关键因素,那么得出的结论就难以令人信服,模型设定的科学性就值得怀疑。

为研究江苏苏南地区工业企业低碳生产意愿与行为,本书在苏州、无锡、南京、常州、镇江共采集了 353 家工业企业的数据,与后续分析的文献案例相比,样本量相对比较大,但总体上仍然偏小。为了对影响工业企业低碳生产意愿的主要因素作出客观分析,如果以二元 Logistic 模型作为分析工具,就必须在理论上解决二元 Logistic 模型可能存在的偏差与因小样本而无法迭代的问题。为此,本书的研究试图借鉴 Firth(1993)的建议,在对数似然函数中添加罚函数,构建带罚函数的二元 Logistic 回归模型,并与 Interval Censored 回归模型有机结合,科学地形成组合性分析工具,在深入研究工业企业低碳生产意愿与行为主要影响因素的同时,努力在方法上填补目前国内对带罚函数的二元 Logistic 回归模型研究的空白,为小样本容量的二元 Logistic 模型在社会科学领域中的广泛应用提供新的思路[71]。

6.3.2 带罚函数的二元 Logistic 回归模型的构建

二元 Logistic 回归模型在社会科学领域已广泛应用,如翟淑萍和王岩(2007)通过二元 Logistic 回归模型对样本国家的汇率制度转换进行实证研究,该研究设置自变量 12 个,数据来源于 Levy Database,从中选取了 1991—2005 年期间汇率制度由固定盯住汇率制度向更为浮动的方向发生转换的国家样本,并删除指标数据缺失的国家或年份的数据,最终获得 86 个样本数据;

---

① 由于现有文献只给出迭代成功的结果,没有迭代失败的尝试过程,故在此无法给出例证。

周百隆和卢俊安(2007)设置 10 个自变量,利用 104 个正常运转的公司样本与 43 个已经发生财务危机的公司样本,通过二元 Logistic 模型研究建立了公司财务危机的预警模型;Duc(2008)对越南南部三省的 120 个农户小样本进行调研,利用二元 Logistic 模型,设置 15 个自变量,对农户渔业生产的满意度作了实证分析;Yeh 和 Yan(2010)则利用二元 Logistic 模型分析了在商务网站构建过程中,影响消费者在线购买的 6 个决定因素,但此研究仅有 128 个受访的消费者样本[72-75]。事实上,国内外在小样本的基础上应用二元 Logistic 回归模型来研究社会科学中的各种问题的案例数不胜数。

可见,二元 Logistic 模型应用的文献虽涉及社会科学的诸多领域,但样本容量总体上偏小①。二元 Logistic 模型应用的一般思路如下:

$$\mathrm{Pr}ob(Y_i=1)=\pi_i=[1+\exp(-B'X_i)]^{-1} \tag{1}$$

其中 Y_i 为 0-1 型因变量,X_i 为自变量向量,$X_i{}'=(X_{i0},X_{i1},\cdots,X_{ik})$,其中 $X_{i0}=1$,B 为估计参数向量,$B'=(B_0,B_1,\cdots B_k)$,样本容量为 n。

由于二元 Logistic 模型具有非线性性质,所以 OLS 与 WLS 都不适用,尽管可以使用这些方法的非线性形式,但 MLE 具有一致、渐近正态以及渐近有效等特点(格林·威,1998),故在(1)式参数估计中 MLE 极为盛行[76]。与(1)式相应的对数似然函数与得分方程分别为:

$$\ln L=\sum_{i=1}^{n}[Y_i\ln\pi_i-(1-Y_i)\ln(1-\pi_i)] \tag{2}$$

$$U(B_r)=\partial\ln L/\partial B_r=\sum_{i=1}^{n}[(Y_i-\pi_i)X_{ir}](r=0,1,\cdots,k) \tag{3}$$

(3) 式可以通过 Newton-Raphson(N-R)迭代法给出参数解。如果在小样本容量的情形下,直接由(3)式估算参数将存在偏误②,这是 MLE 的共有问题。Heinze 和 Schemper(2002)就曾在 Firth(1993)的基础上,引入罚函数修正了该偏差,同时估计参数也不受限制[77]。基于 Firth 的研究,学者们开始将添加了罚函数的模型运用于自然科学领域(Zhu,2004;Shen 和 Tan,2005;Park 和 Hastie,2008)[78-80]。其后 Souza Monteiro 和 Caswell(2009)又运用添加了罚函数的 Logistic 回归模型对农户与农产品可追溯体系展开分析,将其引入了社会科学研究领域[81]。然而在国内的相关文献中,小样本容量的情

---

① Spicer (2005)认为,二元 Logistic 回归模型所需的基本样本量为 100 个,每增加一个变量需要增加样本数 50 个,即样本数一般是变量数的 50 倍。

② Corpas(1988)对一个假设的真实值为零的单变量二元 Logistic 模型的偏误作出了估算,如果样本容量为 10 个,则估计值的偏误为 3%~4%。

形下直接由(3)式估算参数存在的偏误通常被忽略了。在国外早期文献中,解决上述偏误的方法有两种:第一种是不计算偏误,直接利用水手刀法(Jack-knife)给出真实值(Quenouille,1956);第二种是计算出偏误,对估计值作出修正(Cox 和 Hikley,1974)[82-83]。Firth(1993)认为上述两种方法都是修正性质(Corrective),而非预防性质(Preventive)。换言之,两种修正方法都不能改变模型本身设定有误的事实。

即使根据需要忽略相关偏误,但可能无法避免因分离问题而导致的迭代失败,这也是二元 Logistic 模型的特有问题①。Albert 和 Anderson(1984)以及 Santner 和 Duffy(1986)提出,当二元 Logistic 模型满足完全分离(Complete Separation)条件时②,似然值为零;当二元 Logistic 模型满足准分离(Quasicomplete Separation)条件时③,尽管似然值不为零,但协方差矩阵将无界(至少有一个参数是无界的),即趋向于无穷;只有当二元 Logistic 模型满足重叠(overlap)条件时④,似然值存在且唯一[84-85]。如果存在分离问题,则将导致二元 Logistic 模型迭代失败。目前,尚未有标准的检验方法检测分离状态,只有在迭代过程中才能验证。

基于上述分析,为了在满足仅有的较小容量样本的前提下,避免单独运用二元 Logistic 回归模型而导致无法迭代的分离问题,同时保证模型分析结果的客观有效性,本书采纳 Firth(1993)的建议,在对数似然函数中添加罚函数,令:

$$\ln L^{*}=\ln L+1/2\ln|I(B)| \tag{4}$$

(4) 式中 $I(B)$⑤为信息矩阵,$|I(B)|$为信息矩阵的行列式。相应的得分方程为:

$$U(B_r)^{*}=U(B_r)+1/2\mathrm{trace}[I(B)^{-1}(\partial I(B)/\partial B_r)](r=1,2,\cdots,k) \tag{5}$$

由于 MLE 存在向下偏误,Firth(1993)证明加上罚函数的似然函数可以修正 $1/n$ 阶偏误。Heinze 和 Schemper(2002)认为添加罚函数的作用并不局限于此,它还可以消除分离问题[86]。这是因为添加罚函数后相当于对 Y_i 与 $1-Y_i$ 赋予了权重。具体而言,根据(3)式与(5)式,可将得分方程改写为:

---

① Probit 与其他类似的二元及多元回归亦会出现同样的问题。

② 完全分离条件是指存在非平凡向量 b 使得:$Y_i=1$,$b'X>0$;当 $Y_i=0$ 时,$b'X<0$。

③ 准分离条件是指在非平凡向量 b 使得:$Y_i=1$ 时,$b'X\geqslant 0$;当 $Y_i=0$ 时,$b'X\leqslant 0$。

④ 不满足完全分离条件与准分离条件。

⑤ $I(B)$一阶近似于$-\partial^2\ln L^{*}/\partial B^2$。

$$U(B_r)^* = \sum_{i=1}^{n}[Y_i - \pi_i + h_i(1/2 - \pi_i)]X_{ir}$$
$$= \sum_{i=1}^{n}[(Y_i - \pi_i)(1 + h_i/2) + (1 - Y_i - \pi_i)h_i/2]X_{ir} \quad (r = 1, 2, \cdots, k) \tag{6}$$

(6) 式中的 h_i 为 $H=W^{1/2}X(X'WX)X'W^{1/2}$ 的第 i 个主对角元素，其中 X 为自变量矩阵，$W=\mathrm{diag}[\pi_i(1-\pi_i)]$。

从(6)式可以看出，由于在每一次迭代的过程中都对 Y_i 与 $1-Y_i$ 分别施加了 $1+h_i/2$ 与 $h_i/2$ 的权重，从而消除了分离状态①。正如下文进一步分析所显示的，带罚函数的二元 Logistic 模型对原本迭代失败的模型进行修正且给出了估算结果。

6.4　Interval Censored 回归模型的运用：低碳生产行为的分析模型

企业低碳生产意愿与低碳生产行为既相互联系，又存在内在区别。企业的低碳生产行为是建立在其低碳生产意愿的基础之上的一种实实在在的具体行动，是低碳生产意愿的外在表现。但是企业的低碳生产意愿并非完全能够转化为低碳生产行为，能否转化为行为、转化多少、转化的程度有多大可能取决于更为复杂的因素。倘若本书试图构建的带罚函数的二元 Logistic 回归模型能够准确分析影响工业企业低碳生产意愿的主要因素，则需要在此基础上选择有效的分析工具，研究分析影响工业企业低碳生产行为的主要因素。对此，本书的研究主要引入国外先进的多元回归删失模型(Interval Censored 回归模型)。实际上，Interval Censored 回归模型已经在我国有了初步的运用(吴林海等，2010)[87]。

可以用多个变量来衡量企业的低碳生产行为的程度。为了促进低碳经济的发展，我国正在研究实施碳税的可能性，而且是否实施碳税也是工业企业所普遍关心的问题。本书将愿意缴纳碳税的水平作为近似衡量企业低碳生产行为程度的标准。模型的因变量为企业愿意缴纳的碳税水平(WTP_i)，设定的若干个范围是企业选择的愿意缴纳碳税的区间(自变量的设置见后续的相关分析)。企业愿意缴纳意味着 $WTP_i>0$，故选取了 e 指数函数，并假设：

$$WTP_i^* = \mathrm{e}^{X_i\beta+\varepsilon_i} \tag{7}$$

① Heinze 和 Schemper(2002)指出，添加罚函数后依然存在多重共线性等风险。

$$WTP_i=j,\text{如果 } A_{j-1}\leqslant WTP_i^*<A_j,j=1,\cdots,J,A_0=1\%,A_J=+\infty \quad (8)$$

(7) 式中的 X_i 是解释变量，β 是回归系数，ε_i 是具有零均值和常数方差(σ^2)的随机误差项，且在个体间独立一致分布。对每个愿意支付碳税的企业样本，可以得到碳税缴纳的上限(A_j)和下限(A_{j-1})。由方程(8)，可得[A_{j-1}，A_j]的概率为：

$$P(A_{j-1}\leqslant WTP_i<A_j)=P(A_{j-1}\leqslant e^{X_i\beta+\varepsilon_i}<A_j)$$
$$=P[\ln(A_{j-1})-X_i\beta\leqslant\varepsilon_i<\ln(A_j)-X_i\beta]$$

假设随机误差项服从零均值和常数方差(σ^2)的正态分布，则所选择的纳税水平在[A_{j-1}，A_j]范围的概率为：

$$P(A_{j-1}\leqslant WTP_i<A_j)=\phi\left(\frac{\ln(A_j)-X_i\beta}{\sigma}\right)-\phi\left(\frac{\ln(A_{j-1})-X_i\beta}{\sigma}\right) \quad (9)$$

$\phi(\cdot)$为标准正态分布函数，通过极大似然估计获得回归系数 β 的估计值以及误差项的标准差 σ。函数(9)表示企业个体 i 的 Interval Censored 模型的似然函数的分布。

6.5 本章小结

本章在大量文献研究的基础上，主要以计划行为理论为指导，基于对本书研究主题的深刻把握，提出了研究工业企业低碳生产意愿与低碳生产行为主要影响因素的理论模型；基于二元 Logistic 模型本身固有的缺失，在对数似然函数中添加罚函数，构建了带罚函数的二元 Logistic 回归模型，作为分析影响工业企业低碳生产意愿主要因素的分析模型；率先在国内引入了 Interval Censored 回归模型，在此基础上将愿意缴纳碳税的水平作为近似衡量企业低碳生产行为程度的标准，作为分析影响工业企业低碳生产行为主要因素的分析模型。科学地形成组合性分析工具，较为完整地构建了分析工业企业低碳生产意愿与低碳生产行为主要影响因素的理论框架。从理论上来判断，这一理论分析框架不仅是准确的，能够为深入研究工业企业低碳生产意愿与行为主要影响因素提供科学工具，而且具有创新性，主要表现在方法上可能填补国内对带罚函数的 Logistic 回归模型研究的空白，为小样本容量的 Logistic 模型研究提供新的思路，初步解决了 Logistic 模型可能存在的偏差以及因小样本而无法迭代的问题，并提供了分离问题存在的检验方法，以区别不同的分离状态。当然，本书所构建的工业企业低碳生产意愿与低碳生产行为的理论分析框架的科学性有待于进一步的验证。第 7 章和第 9 章将重点对这一问题展开研究。

参考文献

[1] UNEP(United Nations Environment Programme). Cleaner Production Global Status Report 2002[R], 2002.

[2] Geiser, K. Integrating CP into sustainability strategies[J]. Industry and Environment, 2001, 24(1－2): 33, (Paris: UNEP).

[3] Mebratu, D., 2002. Cleaner production and Africa's industrialization challenge. Report of the Seventh Cleaner Production High-level Seminar. UNEP.

[4] Shin, D., Curtis, M., Huisingh, D., et al. Development of a sustainability policy model for promoting cleaner production: a knowledge integration approach[J]. Journal of Cleaner Production, 2008, 16(17): 1 823－1 837.

[5] Svensson, E., Berntsson, T. Economy and CO_2 emissions trade-off: a systematic approach for optimizing investments in process integration measures under uncertainty [J]. Applied Thermal Engineering, 2010, 30 (1): 23－29.

[6] Montalvo, C. General wisdom concerning the factors affecting the adoption of cleaner technologies: survey 1990－2007[J]. Journal of Cleaner Production, 2008, 16(S1): S7－S13.

[7] Baas, L., Hofman, H., Huisingh, D. Protection of the norrth sea: time for clean production[R]. Erasmus Centre for Environmental Studies 11, Rotterdam 1990.

[8] Ashford, N. A. An innovation-based strategy for the environment. Worst things first? The debate over Risk-based National Environmental Priorities. Finkel, A. M., Golding, D. (Eds.). Resources for the Future, Washington, D. C., 1994, 275－314.

[9] Barker, T., Pan, H., K hler, J., et al. Decarbonizing the global economy with induced technological change: scenarios to 2100 using E3MG[J]. Energy Journal, 2006, Special Issue: 241－258.

[10] Ashford, N. A., Zwetsloot, G. Encouraging inherently safer production in European firms: a report from the field[J]. Journal of Hazardous Materials, 2000, 78(1－3): 123－144.

[11] Janicke, M. Ecological modernisation: new perspectives[J]. Journal of Cleaner Production, 2008, 16(5): 557－565.

[12] Montalvo, C., Kemp, R. Cleaner technology diffusion: case studies, modeling and policy[J]. Journal of Cleaner Production, 2008, 16(1, Supplement 1): S1－S6.

[13] Staniskis, J. K., Stasiskiene, Z. Promotion of cleaner production investments: international experience[J]. Journal of Cleaner Production, 2003, 11(6): 619－628.

[14] Zwetsloot, G. I. J. M., Ashford, N. A. The feasibility of encouraging inherently

safer[J]. Safety Science, 2003, 41(2—3): 219—240.

[15] Worrell, E., Price, L., Martin, N. Energy efficiency and carbon dioxide emissions reduction opportunities in the US iron and steel sector[J]. Energy, 2001, 26: 513—536.

[16] Park, S. W., Lee, S. M., Jeong, S. J., et al. Assessment of CO_2 emissions and its reduction potential in the Korean petroleum refining industry using energy-environment models[J]. Energy, 2010, 35: 2 419—2 429.

[17] Lefebvre, E., Lefebvre, L. A., Talbot, S. Determinants and impacts of environmental performance in SMEs[J]. R&D Management, 2003, 263—283.

[18] Baldwin, J., Lin, Z. X. Impediments to advanced technology adoption for Canadian manufacturers[J]. Research Policy, 2001, 31(1): 1—18.

[19] Vanassche, S., Vranken, L., Vercaemst, P. The impact of environmental policy on industrial sectors: empirical evidence from 14 European Countries[R]. HUB research paper 2009/20, SEPTEMBER 2009.

[20] Luken, R., van Rompaey, F., Zigov K. The determinants of EST adoption by manufacturing plants in developing countries[J]. Ecological Economics, 2008, 66(1): 141—152.

[21] Sarumpaet, S. The relationship between environmental performance and financial performance amongst Indonesian companies[J]. SNA VIII Solo, September 2005: 15—16.

[22] Elsayed, K. Reexamining the expected effect on firm environmental Orientation: an empirical study of UK firms[J]. Journal of Business Ethics, 2006, 65: 297—308.

[23] Toms, S. Environmental management, environmental accounting and financial performance[M]. London: The Chartered Institute of Management Accountants, 2000.

[24] Sharma, S. Managerial interpretations and organizational context as predictors of corporate choice of environmental strategy[J]. Academy of Management Journal, 2000, 43(4): 681—697.

[25] De Groot, H. L. F., Verhoef, E. T., Nijkamp, P. Energy saving by firms: decision-making, barriers and policies[J]. Energy Economics, 2001, 23: 717—740.

[26] Darnall, N., Henriques, I., Sadorsky, P. Adopting proactive environmental practices: the influence of stakeholders and firm size[J]. Journal of Management Studies, 2010, 47(6): 1 072—1 094.

[27] Johnstone N. Public environmental policy and corporate behaviour: policy conclusions [M]. Environmental Policy and Corporate Behaviour, Cheltenham: Edward Elgar Publishing, 2007, 260—265.

[28] Chapple, W., Morrison, C., Harris, R. Manufacturing and corporate environmental responsibility: cost implication of voluntary waste minimisation [J]. Structural

Change and Economic Dynamics, 2005, 16(3): 347—373.

[29] OECD. Environmental Regulation and Competition. OECD: Directorate for Financial and Enterprise Affairs, 2006. http: // www. oecd. org/dataoecd/39/15/37981581. pdf. Accessed on 28 August 2009.

[30] Towers, N., Burnes, B. A composite model of supply chain management and enterprise planning for small and medium sized manufacturing enterprises[J]. Supply Chain Management: An International Journal, 2008, 13(5): 349—355.

[31] Thollander, P., Ottosson, M. An energy efficient Swedish pulp and paper industry-exploring barriers to and driving forces for cost-effective energy efficiency investments [J]. Energy Efficiency, 2007, 1(1): 21—34.

[32] Anderson, S. T., Newell, R. G. Information programs for technology adoption: the case of energy-efficiency audits[J]. Resource and Energy Economics, 2004, 26(1): 27—50.

[33] Brust, D. A. V., Liston-Heyes, C. Environmental management intentions: an empirical investigation of Argentina's polluting firms[J]. Journal of Environmental Management, 2010, 91: 1 111—1 122.

[34] Kuo, R. J., Wang, Y. C., Tien, F. C. Integration of artificial neural network and MADA methods for green supplier selection[J]. Journal of Cleaner Production, 2010, 18(12): 1 161—1 170.

[35] Egri, C. P., Herman, S. Leadership in the North American environmental sector: values, leadership styles, and context of environmental leaders and their organizations. Academy of Management Journal, 2000, 43(4): 571—604.

[36] Fryxell, G. E., Lo, C. W. H. The influence of environmental knowledge and values on managerial behaviours on behalf of the environment: an empirical examination of managers in China[J]. Journal of Business Ethics, 2003, 46(1): 45—69.

[37] DeCanio, S. J. Barriers within firms to energy efficient investments[J]. Energy Policy, 1993, 21(9): 906—914.

[38] Rohdin, P., Thollander, P., Solding, P. Barriers to and drivers for energy efficiency in the Swedish foundry industry[J]. Energy Policy, 2006, 1(35): 672—677.

[39] Montalvo, C. Environmental policy and technological innovation: why do firms adopt or reject new technologies? [M]. Cheltenham, U. K. and Northapton, MA: Edward Elgar, 2002.

[40] PCSD (The President's Council on Sustainable Development). Towards a sustainable America: advancing prosperity, opportunity and a healthy environment for the 21st century[M]. Washington, DC: The President's Council on Sustainable Development. US Government Printing Office, 1999.

[41] Grell-Lawe, H. Overview of ISO 14000 Activity in the United States. Presentation at JETRO and Georgia Institute for Technologies's ISO 14000. Environmental Management Systems Comparing USA and Japan, February 12, Atlanta, GA, 1998.

[42] ISO 14001. 2002 Statistics. Kornevall, 2002.

[43] Babakri, K. A., Bennett, R. A., Rao, S., et al. Recycling performance of firms before and after adoption of the ISO 14001 standard[J]. Journal of Cleaner Production, 2004, 12(6): 633—637.

[44] Nee, G. Y. The effect of ISO 14001 environmental management system implementation on SMEs performance: an empirical study in malaysia[J]. Journal of Sustainable Development, 2010, 3(2): 215—220.

[45] Sambasivan, M., Ng, Y. F. Evaluation of critical success factors of implementation of ISO 14001 using analytic hierarchy process (AHP): a case study from Malaysia [J]. Journal of Cleaner Production, 2008, 16(13): 1 424—1 433.

[46] Calleja, I., Lindblom, J., Wolf, O. Clean technologies in Europe: diffusion and frontiers[R]. The IPTS Report no. 69. Sevilla: JRCeIPTS, 2002.

[47] Huhtala, A. Promoting financing of cleaner production investments UNEP experience [J]. Journal of Cleaner Production, 2003, 11(6): 615—618.

[48] Battisti, G. Innovations and the economics of new technology spreading within and across users: gaps and way forward[J]. Journal of Cleaner Production, 2008, 16(1S1): 22—31.

[49] Luken, R., van Rompaey, F. Drivers and barriers to environmentally sound technology adoption by manufacturing plants in developing countries[J]. Journal of Cleaner Production, 2008, 16(1S1):67—77.

[50] Rousseau S., Proost S. Comparing environmental policy instruments in the presence of imperfect compliance-a case study[J]. Environmental and Resource Economics, 2005, 32(3): 337—365.

[51] Jones, C. Exploring new ways of assessing the effect of regulation on environmental management[J]. Journal of Cleaner Production, 2010, 18(13): 1 229—1 250.

[52] Triebswetter, U., Wackerbauer, J. Integrated environmental product innovation and impacts on company competitiveness: a case study of the automotive industry in the region of Munich[J]. European Environment, 2008, 18(1): 30—44.

[53] 杨东宁,周长辉.企业自愿采用标准化环境管理体系的驱动力:理论框架及实证分析[J].管理世界,2005(2):85—107.

[54] 吴克,洪丽花,陈映蓁.跨国企业环境管理及其绩效影响因素之探讨[J].全球商管研究,2007(5):91—104.

[55] 胡美琴,骆守俭.基于制度与技术情境的企业绿色管理战略研究[J].中国人口·资源

与环境,2009(6):75—79.

[56] 但智钢,段宁,于秀玲,等. 重点企业清洁生产推进的驱动因素分析[J]. 环境科学研究,2010(2):242—247.

[57] Montalvo, C., Sotoudeh, M., Sartorius, C, et al. Policy pathways to promote eco-innovation I: assessment of barriers and drivers[J]. Journal of Cleaner Production, 2007, Special Issue on Cleaner Technology Diffusion.

[58] Fishbein, M. An investigation of the relationships between beliefs about an object and the attitude toward that object[J]. Human Relations, 1963, 16: 233—240.

[59] Fishbein, M, Ajzen I. Belief, attitude, intention, and behavior: An introduction to theory and research reading[M]. Mass: Addison Wesley, 1975: 1—56.

[60] Ajzen I. From intentions to actions: A theory of planned behavior[M]. In: Kuhl J, Beckman J, (Eds.), Action control: From cognition to behavior. Heidelberg, Germany: Springer, 1985: 11—39.

[61] Ajzen I. The theory of planned behavior[J]. Organizational behavior and human decision processes, 1991, 50(2): 179—2 117.

[62] 王仁曾. 产业国际竞争力决定因素的实证研究:进展、困难、模型及对中国制造业截面数据的估计与检验[J]. 统计研究,2002(4):20—24.

[63] 靳志勇. 英国实行低碳经济能源政策[J]. 全球科技经济瞭望,2003(10):23—27.

[64] Stern, N. The Economics of Climate Change: The Stern Review[M]. Cambridge University Press, 2007.

[65] 陈文婕,曾德明. 我国低碳技术创新中的锁定效应与对策——基于创新系统的视角[N]. 光明日报理论周刊,2010—3—30.

[66] 李胜,陈晓春. 低碳经济:内涵体系与政策创新[J]. 科技管理研究,2009(10):41—44.

[67] 孙晓伟. 论我国发展低碳经济的制度安排[J]. 现代经济探讨,2010(3):10—14.

[68] Bartlett, M. Approximate confidence intervals: more than one unknown parameter [J]. Biometrika, 1953, 40(3—4): 306.

[69] Shenton, L., Wallington, P. The bias of moment estimators with an application to the negative binomial distribution[J]. Biometrika, 1962, 49(1—2): 193.

[70] Cordeiro, G., McCullagh, P. Bias correction in generalized linear models[J]. Journal of the Royal Statistical Society, Series B (Methodological), 1991, 53(3): 629—643.

[71] Firth, D. Bias reduction of maximum likelihood estimates[J]. Biometrika, 1993, 80(1): 27.

[72] 翟淑萍,王岩. 人民币汇率制度渐进性转换路径的 Logistic 回归分析[J]. 现代财经,2007,27(7):49—53.

[73] 周百隆,卢俊安. 以 Cascaded Logistic Model 建构我国企业财务危机预警模型之研究

[J]. 中华管理评论国际学报,2007,10(2):1—16.

[74] Duc, N. M. Farmers' satisfaction with aquaculture—A logistic model in Vietnam Nguyen Minh[J]. Ecological Economics, 2008, 68(1—2): 525—531.

[75] Yeh, R., Yan, R. An applied logistic model for online purchase decision via web-building experiments[J]. International Journal of Data Analysis Techniques and Strategies, 2010, 2(1): 73—84.

[76] 格林·威. 经济计量分析[M]. 北京:中国社会科学出版社,1998,122.

[77] Heinze, G., Schemper, M. A solution to the problem of separation in logistic regression[J]. Statistics in medicine, 2002, 21(16): 2 409—2 419.

[78] Zhu, J. Classification of gene microarrays by penalized logistic regression[J]. Biostat, 2004, 5(3): 427—443.

[79] Shen, L., Tan, E. C. Dimension Reduction-Based Penalized Logistic Regression for Cancer Classification Using Microarray Data[J]. IEEE/ACM transactions on computational biology and bioinformatics, 2005, 2(2): 166—175.

[80] Park, M. Y., Hastie, T. Penalized Logistic Regression for Detecting Gene Interactions[J]. Biostat, 2008, 9(1): 30—50.

[81] Souza Monteiro, D. M., Caswell, J. A. Traceability adoption at the farm level: An empirical analysis of the Portuguese pear industry[J]. Food Policy, 2009 (34): 94—101.

[82] Quenouille, M. H. Notes on bias in estimatuib[J]. Biometrika, 1956 (43): 353—360.

[83] Cox, D. R., Hikley, D. V. Theoretical Statistics[M]. London: Chapman and Hall, 1974.

[84] Albert, A., Anderson, J. On the existence of maximum likelihood estimates in logistic regression models[J]. Biometrika, 1984, 71(1): 1.

[85] Santner, T., Duffy, D. A note on A. Albert and J. A. Anderson's conditions for the existence of maximum likelihood estimates in logistic regression models[J]. Biometrika, 1986, 73(3): 755—758.

[86] Heinze, G., Schemper, M. A solution to the problem of separation in logistic regression[J]. Statistics in Medicine, 2002, 21(16): 2 409—2 419.

[87] 吴林海,徐玲玲,王晓莉. 影响消费者对可追溯食品额外价格支付意愿与支付水平的主要因素:基于Logistic、Interval Censored的回归分析[J]. 中国农村经济,2010(4):77—86.

第 7 章

工业企业调查分析的方案设计与描述性研究

本书的第 6 章构建了工业企业低碳生产意愿与行为的理论分析框架。运用理论分析框架，研究影响工业企业低碳生产意愿与行为的主要影响因素，需要展开实际的调查采样。为此，本书在研究过程中，从实际出发，对苏州、无锡、南京、常州和镇江五市的工业企业展开了调查。本章主要介绍工业企业调查分析的方案设计的相关情况，并遵循所构建的低碳生产意愿与行为的理论分析框架，对工业企业样本的管理者特征、低碳生产意愿与行为、低碳生产转型所面临的主要障碍等进行描述性研究与分析，努力为后续运用理论分析框架展开对影响工业企业低碳生产意愿主要因素的研究和政策的分析奠定基础。

7.1　研究的意义与调查方法

7.1.1　研究的意义

本书第 3 章的研究指出，2001—2009 年江苏碳排放总量的年均增长率达到 11.60%，虽然低于江苏全省同期 18.11%的 GDP 增长率，但高于我国 10.08%的碳排放年均增长率；2005—2009 年江苏规模以上工业碳排放量的年均增长率为 7.61%，高于同期碳排放总量 7.18%的年均增长率，2008 年占全省二氧化碳排放总量的比例上升到 84.14%。实际上，江苏二氧化碳排放量紧随山东、河北和广东之后，居全国第四位（魏一鸣等，2008）[1]。而江苏的碳排放主要集中在南京、苏州、无锡、常州和镇江的苏南地区。1997 年以来，这一地区碳排放量占全省的比例基本稳定在 63%～73%[2]。2005—2009 年苏南地区碳排放量年均增长率为 13.30%，超过江苏全省的平均水平，2009 年占全省排放总量的比例仍然接近 50%。

虽然苏南地区的节能减排工作已取得初步成效，但仅仅是实现了碳排减速，还远未实现碳排减少。而且苏南地区低碳经济发展未来面临的难点是：能源效率对碳排放的抑制作用在经历了轻微波动后开始初步显现，但能源需求依然严重倚靠煤炭，工业能源消耗占全部能源消耗的 80%以上的格局难以扭转。因此，对苏南地区而言，如何实现到 2020 年单位 GDP 碳排放量比 2005 年下降 40%～45%的目标已成为日益紧迫而重大的课题。苏南地区是我国经济发展中最具活力的城市带之一，在江苏经济体系中占据十分重要的地位，是未来江苏工业节能减排的重点区域。因此，以苏南地区为案例，以研究工业企业的低碳生产意愿为主要视角，对探索促进企业生产低碳化的路径具有重要的意义。

7.1.2 问卷设计

在展开相关文献综述和理论研究的基础上，结合本书研究的主题，作者设计了初步的调查问卷，并在苏州、无锡和常州选择了 5 家工业企业进行了预调研，与企业管理、技术、销售等相关人员进行面对面的沟通，在此基础上对问卷作了修正，最终确定的调查问卷包括答题者的有关信息、企业总经理特征、所在企业的基本情况、企业低碳生产意愿、工业企业的技术创新五个部分（问卷见本书的附录）。

7.1.3 调查方法

本书的研究面向工业企业发放问卷，在南京、苏州、无锡、常州和镇江五市平均发放问卷 120 份，共发放问卷 600 份，收到有效问卷 353 份，有效问卷的回收率为 58.83%。问卷由各市科技部门随机发放和负责回收。整个调查在 2010 年 3—4 月进行。

7.2 样本的统计性特征

7.2.1 管理者特征

在受调查的 353 个工业企业的样本中，91.7%的企业总经理年龄在 31～

59 岁，且年龄在 31～45 岁和 46～59 岁的企业总经理所占的比例大体接近，分别为 43.3%和 48.4%。从学历层次上来分析，具有本科学历的企业总经理样本达到 139 个，占样本总数的 39.4%。具有本科和本科以上学历的管理者成为主体，占样本总数的比例超过 50%(表 7-1)。

表 7-1　受调查企业的管理者特征

特征描述	频数	有效比例/%
文化程度		
硕士及以上	56	15.8
本科	139	39.4
大专	85	24.1
高中	61	17.3
初中及以下	12	3.4
年龄		
30 岁及以下	14	4.0
31～45 岁	153	43.3
46～59 岁	171	48.4
60 岁及以上	15	4.3

7.2.2　注册类型

在受调查的 353 个工业企业的样本中，私营企业样本数最多，占样本总数的比例为 65.7%，没有一家是国有企业或国有控股企业，这与苏南地区工业企业所有制特征高度吻合。

表 7-2　企业基本特征样本描述

特征描述	频数	有效比例/%
注册类型		
股份合作企业	35	9.9
私营企业	232	65.7
港澳台及外资企业	67	19.0
其他	19	5.4

7.2.3　企业规模

根据我国对工业企业规模的划分标准，对被调查的企业规模可以从三个层面上来进行考察：① 从企业员工数来分析，300 人以下的样本企业占样本总量的比例达到 68.8%，小型企业占多数；② 企业资产在 4 000 万元以下的企业比例达到47%，相对也占多数；③ 主营业务销售额在3亿元以下的企业比例高达84.1%，占样本的绝对多数。同时，注册资本的大小也能够反映企业规模。被调查样本企业的数据显示，注册资本在1 000万元以下的企业比例达到55.0%，同样占样本企业的多数(表7-3)。

表7-3　企业规模特征描述性统计

特征描述	频数	有效比例/%
员工数		
300人以下	243	68.8
300～2 000人	95	26.9
2 000人及以上	15	4.2
企业注册资本		
500万元以下	121	34.3
500万元～1 000万元	73	20.7
1 000万元～2 000万元	54	15.3
2 000万元～3 000万元	16	4.5
3 000万元以上	89	25.2
企业资产总额		
4 000万元以下	166	47
4 000万元～4亿元	162	45.9
4亿元以上	25	7.1
企业主营业务销售额		
3 000万元以下	126	35.7
3 000万元～3亿元	171	48.4
3亿元及以上	56	15.9

表7-4　大中小型企业划分标准

行业名称	指标名称	计算单位	大型	中型	小型
工业企业	从业人员数	人	2 000及以上	300～2 000以下	300以下
	销售额	万元	30 000及以上	3 000～30 000以下	3 000以下
	资产总额	万元	40 000及以上	4 000～40 000以下	4 000以下

资料来源：原国家经贸委、原国家计委、财政部、国家统计局发布的《关于印发中小企业标准暂行规定的通知》(国经贸中小企[2003]143号)。

因此，根据原国家经贸委、原国家计委、财政部、国家统计局发布的《关于印发中小企业标准暂行规定的通知》(国经贸中小企[2003]143号)的规定来判断(表7-4)，在被调查的353家的工业企业中，中小型工业企业相对占多数。这也与苏南地区工业企业规模的总体结构相吻合。这从一个侧面再次说明本研究对工业企业抽样既具有随机性，又与客观现实具有高度的拟合性。

7.2.4　创新特征

R&D投入占销售收入的比例是衡量企业创新特征最重要的指标，在我国大专及以上人员占职工总数的比例是衡量企业是否是高新技术企业的又一指标。受调查的353个工业企业的样本数据(表7-5)显示，R&D投入占销售收入的比例在3%以下的占样本总数的67.1%；大专及以上学历的员工占员工总数的比例在30%以上的占样本总数的75.3%。根据我国现行的高新技术企业标准来判断，被调查的工业企业最多不足25%的企业是高新技术企业。进一步分析，被调查的工业企业中，51.0%的工业企业R&D人员投入强度(R&D人员占企业从业总人数的比例)不足10%，与发达国家该比例普遍超过10%形成了鲜明的对比(陈海声，2006)[3]。因此，被调查的工业企业总体创新特征并非十分明显。

表 7-5　企业技术创新特征样本描述

特征描述	频数	有效比例/%
R&D投入占销售收入的比例		
1%及以下	100	28.3
1%～2%	73	20.7
2%～3%	64	18.1
3%～5%	79	22.4
5%以上	37	10.5
大专及以上学历员工占员工总数的比例		
20%及以下	161	45.6
20%～30%	105	29.8
30%～50%	76	21.5
50%以上	11	3.1
R&D人员占员工总数的比例		
10%及以下	180	51
10%～15%	112	31.7
15%～20%	40	11.3
20%～30%	12	3.4
30%以上	9	2.6

7.2.5 能源使用特征

在受调查的353个工业企业的样本中，81.3%的样本企业目前主要使用的能源为电力，不足10%的样本企业使用了生物能源、太阳能、天然气等(图7-1)。由此说明，能源结构调整的任务非常艰巨，成为发展低碳经济的重大障碍。

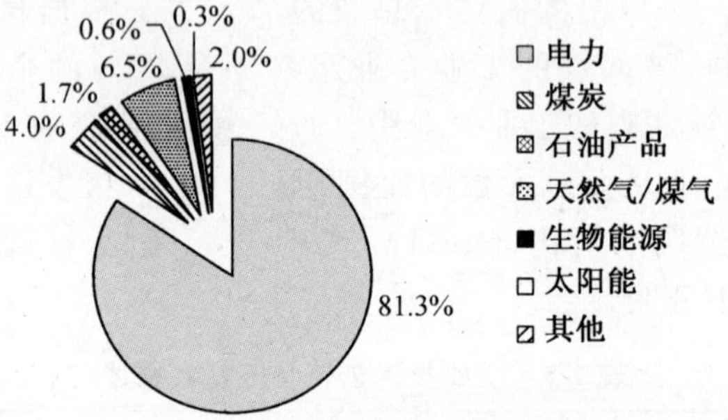

图7-1 企业主要使用的能源种类

图7-2显示，在受调查的353个工业企业的样本中，81%的样本企业的能源成本占企业总成本的比例在10%以下；在生产过程中约有16.1%的样本企业没有任何能源消耗的生产记录。

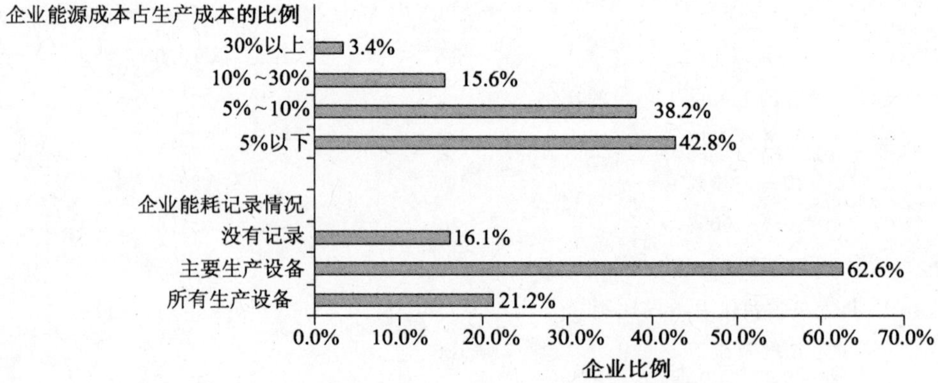

图7-2 企业能源成本占总成本比例与生产设备能耗记录情况

7.3　样本企业低碳生产意愿的统计性描述

7.3.1　低碳产品的认证意愿

我国初步建立了环境标志认证制度，目前已有 1 600 多家企业、3.5 万多种型号的产品通过了中国环境标志认证。2009 年初，国家环保部环境发展中心启动了中国环境标志低碳产品认证方面的研究工作，并于 2010 年 5 月完成了 6 类低碳产品认证标准的编制工作，即将在全国范围内展开中国环境标志低碳产品认证工作。在受调查的 353 个工业企业的样本中有 82% 的样本企业表示愿意参与中国环境标志低碳产品的认证，显示出较高的低碳产品的认证意愿。

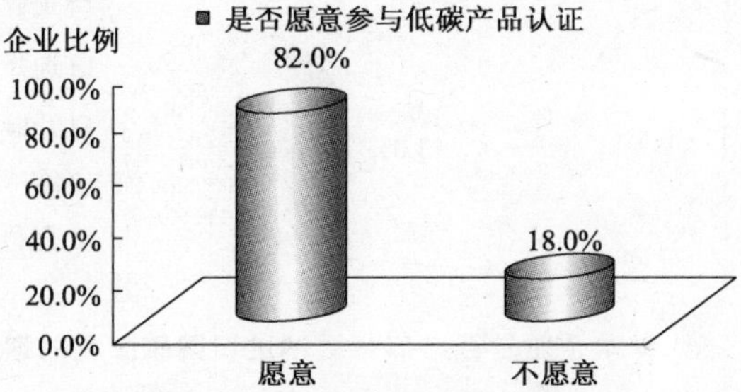

图 7-3　企业低碳产品认证意愿

7.3.2　碳排放的纳税意愿

碳税（Carbon Tax）是一种污染税，是政府以保护环境为目的，专门针对二氧化碳排放所开征的税种，由此遏制二氧化碳的排放量，减缓全球变暖趋势。它是根据化石燃料燃烧后排放碳量的多少，针对化石燃料的生产、分配或使用来征收的。我国尚未开征碳税。本调查设置了假如以 2009 年单位工业产值碳排放为基础标准，政府对超过这一标准所增加的碳排放征收碳排放税的问题。统计数据显示（图 7-4），69.4%的样本企业愿意承担碳排放税。然而，在愿意承担碳排放税的样本工业企业中，愿意承担碳排放税占纳税总额的比例则表现出很大的差异性，其中 47%的样本企业愿意承担的碳排放税占纳税总额的比例在 5%以下。

在受调查的 353 个工业企业的样本中，50.6%的样本企业产品出口。在问及假如产品进口国征收碳关税时，6.2%的出口样本企业选择不出口，13.0%的出口样本企业选择寻求不征收碳关税的新的海外市场，26.3%的出口样本企业则选择了只要有利润都可以考虑，显示了较低的碳关税缴纳意愿(图 7-5)。

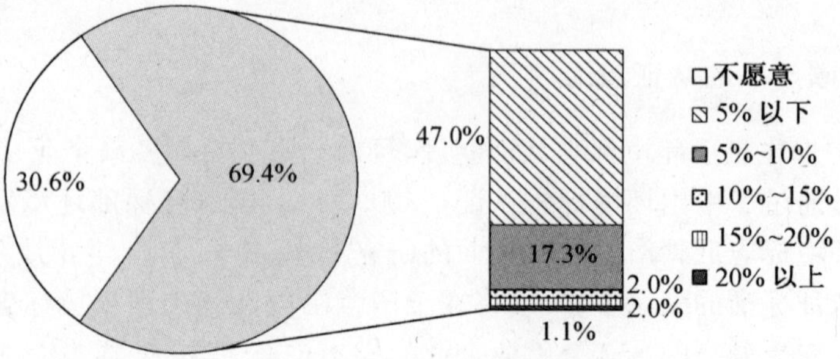

图 7-4　企业碳排放纳税意愿及愿意承担比例

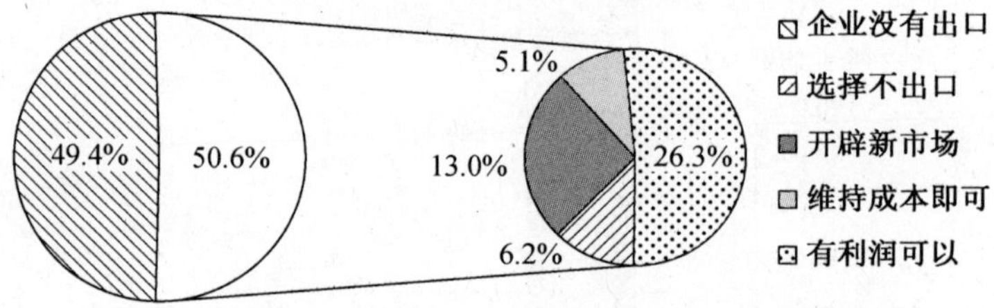

图 7-5　样本企业是否出口与缴纳进口国碳关税的意愿

7.3.3　加贴碳标签意愿

碳标签(Carbon Labelling)就是将产品生命周期(从原料、制造、储运、废弃到回收的全过程)中的温室气体排放量在产品标签上用量化的指数标示出来，以标签的形式告知消费者产品的碳信息。碳标签对制造商、供应商等产品供应链内所有的主体形成了巨大压力。数据显示，77％的样本企业表示愿意在生产的产品上加贴碳排放含量的标签。在问及企业所需要购买的原材料、半成品假如因加贴碳排放含量的标签而提高价格的问题时，65.7％的样本企业表示愿意支付增加的成本。

7.3.4　参与碳排放交易市场意愿

《京都议定书》为碳交易奠定了法律基础，它不仅从环境保护的角度，而且以法规的形式限制了相关国家温室气体的排放量，更是从经济的角度，催生出一个以二氧化碳排放权为主的碳交易市场。《京都议定书》正式生效后，全球碳交易市场出现了爆炸式增长。2008 年全球碳交易市场价值达 1 263 亿美元，比 2007 年的 630 亿美元上升了 100.6%(World Bank, 2008)[4]。我国也在积极探索碳排放交易市场化机制，首家综合性排放权交易机构也已经在天津成立。数据显示，在受调查的 353 个工业企业的样本中，83.1%的样本企业支持并具有参与碳排放交易市场的意愿(图 7-6)。

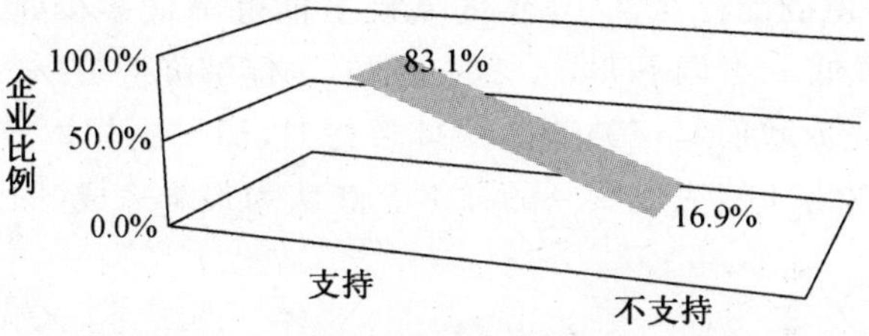

图 7-6　企业参与碳排放交易市场的意愿

7.4　样本企业低碳生产行为的统计性描述

7.4.1　低碳生产的目标设定

在受调查的 353 个工业企业的样本中，56.7%的样本企业设定了年度和中长期的能耗目标；而且在设定目标的样本企业中，有 87.1%的企业的能耗目标高于政府要求或与政府要求相同；同时在设定目标的样本企业中，61.7%的企业设定的目标是政府下达的或在政府指导下企业自主制定的(图 7-7)。

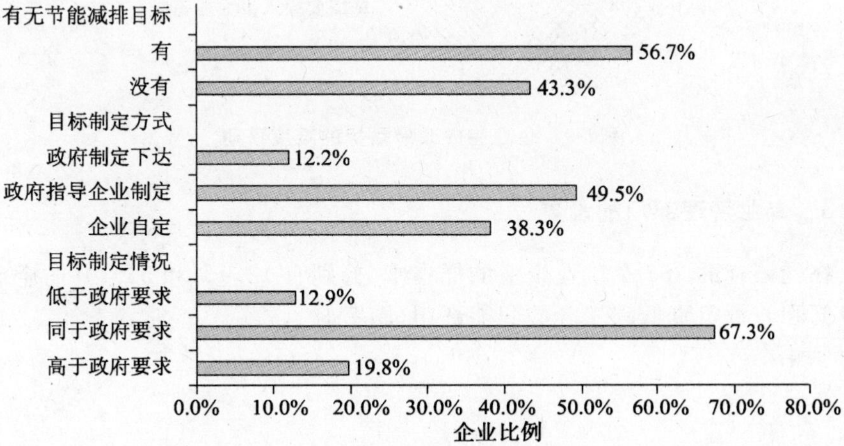

图 7-7　企业能耗目标与目标制定方式

7.4.2 低碳生产目标预期

在问及到 2020 年全国单位国内生产总值碳排放比 2005 年下降 40%～45%的目标能否实现时，65.2%的样本企业表示能够实现；问及企业到“十二五”期末单位产值的能耗在 2010 年的基础上能够降低多少时，46.9%的样本企业认为只能降低 10%以下，35.4%的企业认为能够降低 10%～20%(图 7-8)；问及企业能否完成政府制定的节能减排目标时，51%的样本企业表示需要投入很大的人力财力才能完成，7%的样本企业认为很难完成(图 7-9)。

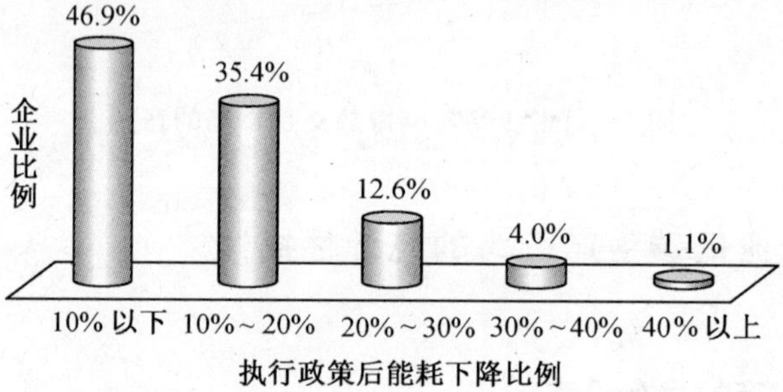

图 7-8 对企业自身能耗目标实现的预期

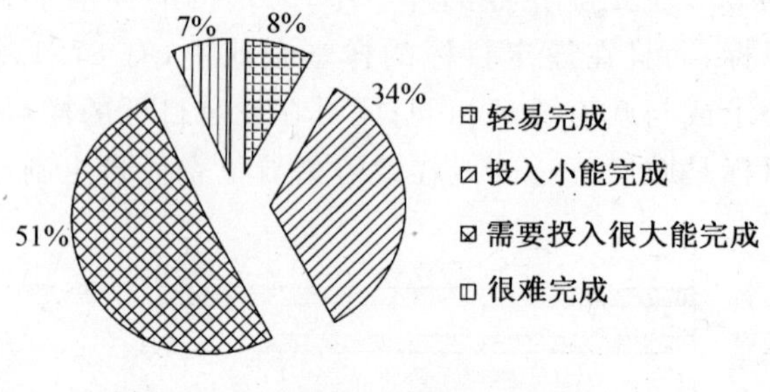

图 7-9 企业完成政府目标的难度预期

7.4.3 专业管理部门的设置

在受调查的 353 个工业企业的样本中，分别有 12.4%和 51.7%的企业设有专门和兼管负责低碳生产的职能部门(图 7-10)。

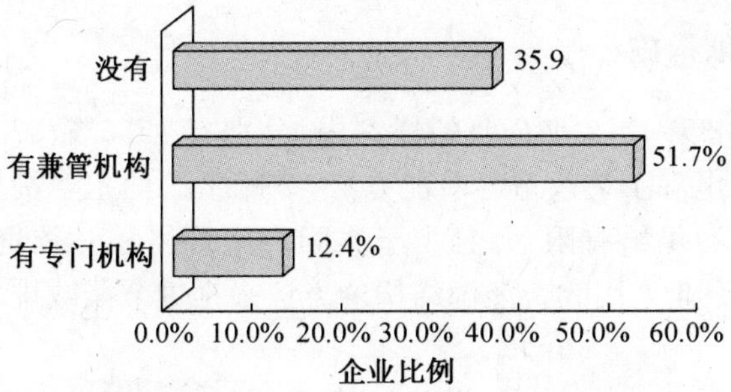

图 7-10　企业专业管理部门的设置

7.4.4　节能减排的资金投入

在受调查的 353 个工业企业的样本中，有 74.2％的样本企业安排了一定的资金进行节能减排，分别有 56.2％、12.4％和 5.6％的样本企业投入的节能减排资金占销售收入的比例达到 1％～3％、3％～5％和 5％以上（图 7-11）。在所投入的资金中，62.9％的企业主要是用于设备的技术改造或购买（图 7-12）。

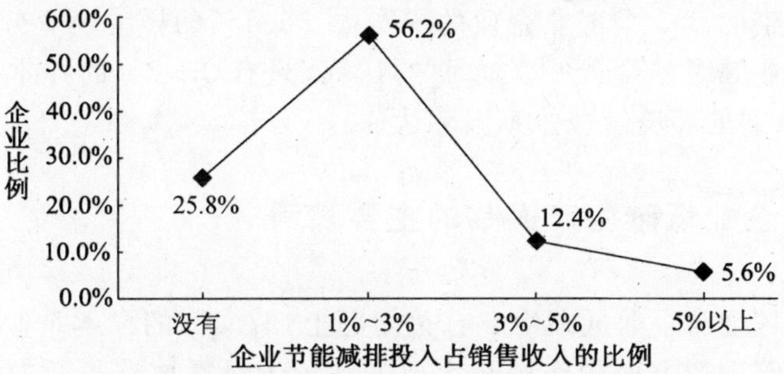

图 7-11　企业节能减排投入占销售收入的比例

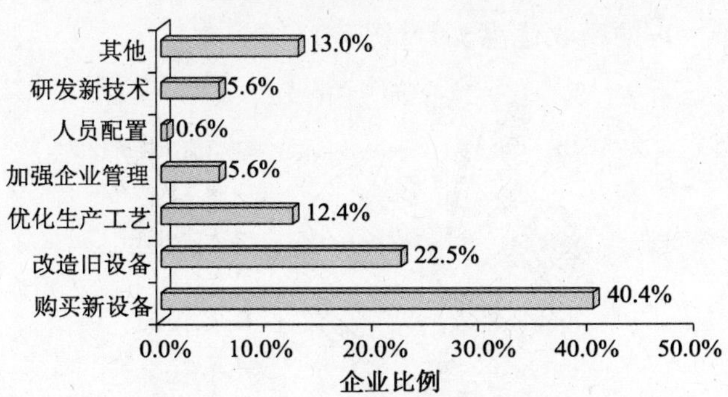

图 7-12　企业节能减排资金主要流向

7.4.5 主要节能措施

在受调查的353个工业企业的样本中，分别有45.5%、32.6%的样本企业主要采取合理用电和工艺改造等节能方法，节能生产的主要措施有限且属于传统型。由于新能源供给有限，并且由于实际商用价格相对较贵的因素，目前只有7.3%的样本企业采用改善能源结构的方法来推进节能减排(图7-13)。

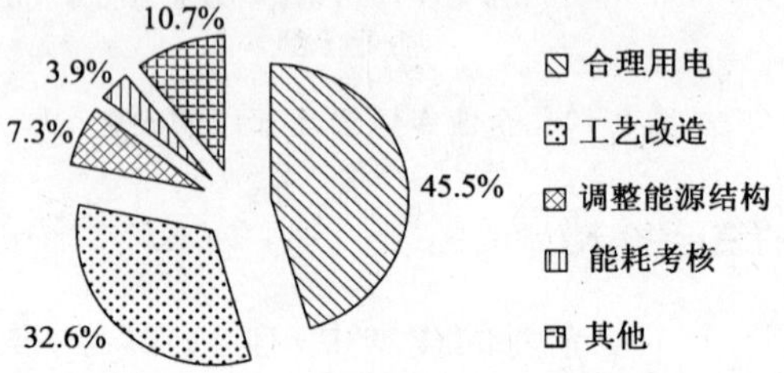

图7-13 企业主要采用的节能措施

7.4.6 环境管理体系国际认证

在受调查的353个工业企业的样本中，96.1%的样本企业分别展开了质量、环境、职业健康安全等相关方面的认证，只有25.2%的样本企业参加了ISO14000系列的环境管理体系国际认证。

7.5 样本企业低碳生产面临的主要障碍

在外部环境与企业低碳生产有关问题上，97.2%的样本企业认为政府对促进企业低碳生产方面的作用是重要的。关于最需要获得政府帮助的问题上，分别有45.5%和41.6%的样本企业认为是提供节能降耗、低碳生产相关新技术和给予一定的税收优惠支持(图7-14)。

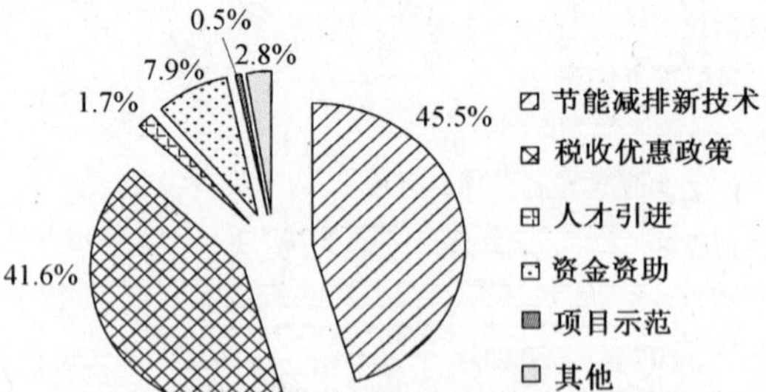

图7-14 企业低碳生产需要政府支持的重点

关于目前工业企业进行低碳生产、推进节能降耗面临的主要障碍，28.6%、20.1%、18.0%和 14.3%的样本企业分别认为节能降耗的相关优惠政策太少，节能降耗成本太高而收益太小或难以有大的预期收益，还不具备相应的技术条件或国内还没有相应的技术，能源成本占企业总成本比例比较低等(图 7-15)。

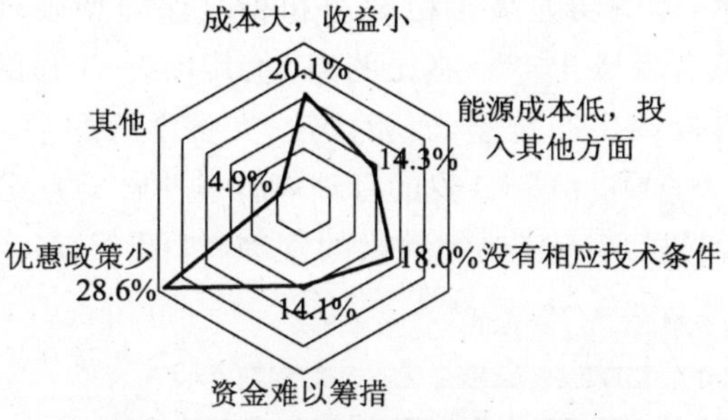

图 7-15　企业低碳生产面临的主要障碍

从中不难发现，能源价格偏低是导致企业低碳生产动力不足的一个重要原因。当问及能源价格在目前的基础上再提高多少，节能收益才足以补偿开展节能工作所支付的成本时，分别有 37.6%和 38.8%的样本企业认为可以提高 10%以下和 10%～20%(图 7-16)。

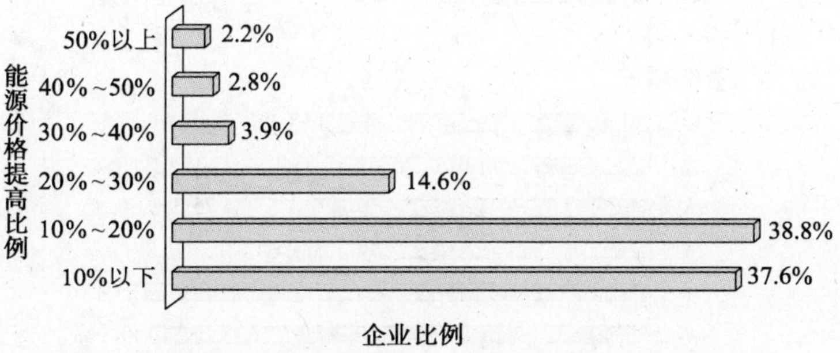

图 7-16　企业对弥补节能成本的企业能源价格提高幅度的认知

7.6　低碳生产意愿与企业特征间的统计性分析

可以从不同的角度来研究样本企业低碳生产意愿的问题。本书则以工业企业是否愿意缴纳碳税作为衡量是否具有低碳生产意愿的标准，并由此分析低碳生产意愿与企业特征间的相互关联性。

7.6.1 管理者特征与企业低碳生产意愿

在统计性分析的初步研究中发现，样本企业的低碳生产意愿与企业的基本特征有着重要的内在联系。从管理者特征来分析，75.2%的创新型管理者具有低碳生产意愿，比例明显高于稳健型和相对保守型管理者；学历为大专、硕士和博士的管理者低碳生产意愿比例高，尤其接近90%的具有研究生以上学历的管理者具有低碳生产意愿，而相比较，大学学历的管理者低碳生产意愿偏低；年龄在31～45岁和46～59岁的管理者低碳生产意愿分别达到了68.6%和73.7%的比例，明显高于其他年龄段的管理者（图7-17）。

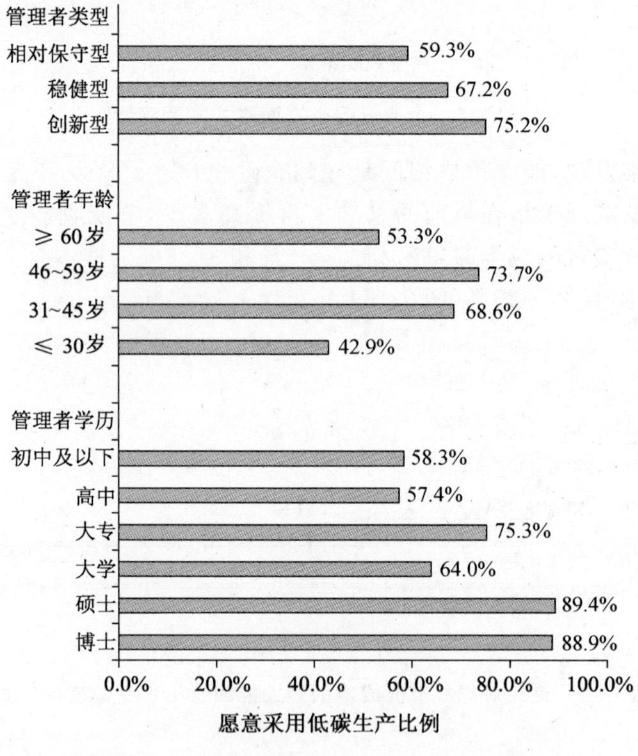

图7-17 企业管理者特征与低碳生产意愿

7.6.2 企业类型、规模与低碳生产意愿

统计分析发现，企业类型、规模与低碳生产意愿、生产行为间总体上具有“四个高于”的特征，分别是：① 353个样本中的67家港澳台和外资企业中具有

低碳生产意愿的比例达到 74.6%，高于股份合作企业和民营企业的低碳生产意愿；② 注册资本超过 1 000 万元企业的低碳生产意愿明显高于注册资本低于 1 000万元的企业的低碳生产意愿；③ 企业低碳生产意愿随着从业人数的增加而增加，353 个样本中的 15 家员工数超过 2 000 人规模的企业具有低碳生产意愿的比例达到了 93.3%，明显高于员工数 2 000 人以下的样本企业的低碳生产意愿；④ 样本企业的低碳生产意愿随着资产总额的扩大而提高，353 个样本企业中的 187 家资产总额为 4 000～40 000 万元规模的企业具有低碳生产意愿的比例达到 75.9%以上，高于资产总额低于 4 000 万元规模的企业的低碳生产意愿（图 7-18）。

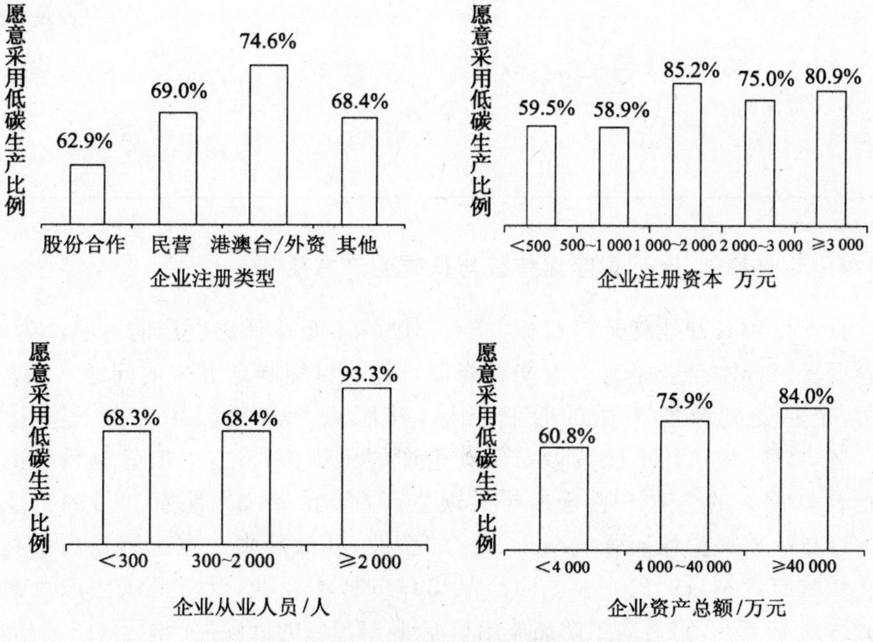

图 7-18　企业类型、规模与低碳生产意愿

7.6.3　企业创新特征与低碳生产意愿

R&D 占销售收入比例、大专及以上人员比例、研发人员比例是我国科技部门认定高新技术企业的重要指标。数据显示，随着 R&D 占销售收入比例、大专及以上人员比例、研发人员比例的提高，样本企业低碳生产意愿随之逐步提高，显示了良好的一致性和拟合度（表 7-6）。

表 7-6　企业技术创新特征与低碳生产意愿比例

变量	类型	占样本比例/%	有意愿比例/%
R&D 占销售收入比例	1%及以下	28.3	64
	1%～2%(含)	20.7	61.6
	2%～3%(含)	18.1	71.9
	3%～5%(含)	22.4	77.2
	5%以上	10.5	78.4
大专及以上人员比例	20%及以下	45.6	59.6
	20%～30%(含)	29.8	67.6
	30%～50%(含)	21.5	90.8
	50%以上	3.1	81.8
研发人员比例	10%及以下	51	59.4
	10%～15%(含)	31.7	77.7
	15%～20%(含)	11.3	82.5
	20%～30%(含)	3.4	75
	30%以上	2.6	100

7.6.4　政府管制、产品国际化特征与低碳生产意愿

企业是否具有能耗降低目标，能够反映样本企业低碳生产的意愿。为此，问卷设置了样本企业是否具有能耗降低目标与目标制定方式的问题。图7-19显示，企业受到政府下达的管制目标，其愿意参与低碳生产的比例达到43.7%，高于29.6%不愿意参与低碳生产的比例；而没有政府管制目标的企业则有70.4%的企业不愿意参与低碳生产，高于56.3%愿意参与的企业比例。这意味着接受政府强制减排目标的企业，其低碳生产意愿明显高于其他未接受政府管制目标的企业。而产品出口的样本企业，具有低碳生产意愿的比例达到65.3%，明显高于产品非出口企业34.7%的低碳生产意愿(图 7-19)。

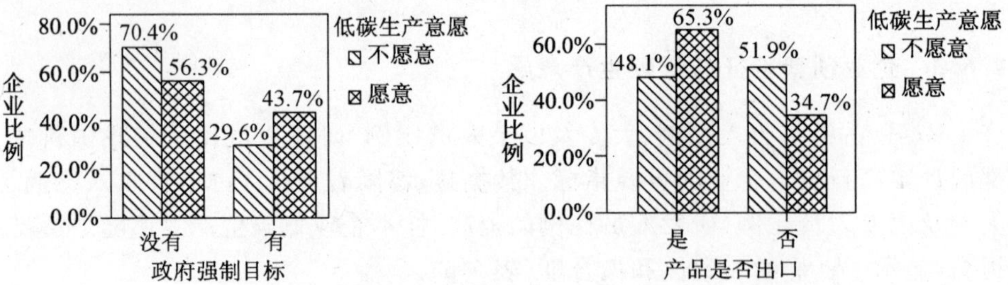

图 7-19　政府管制、产品国际化特征与低碳生产意愿

7.7　本章的主要结论

本章主要以江苏苏南地区的苏州、无锡、南京、常州和镇江苏南五市的工业企业为研究对象，报告了 353 个样本工业企业的方案设计、调查方法，并就收集的数据进行了简要的描述性分析与特征性描述。本章的主要研究结论是：

（1）样本工业企业在总体上具有代表性。上述被调查的工业企业基本涵盖了各种所有制性质与不同层次规模的企业类型，且样本企业中的不同层次的比例与苏南地区工业企业的实际格局基本吻合，企业样本的选择具有良好的代表性与拟合度。这为本书的研究奠定了重要的实证数据。

（2）样本工业企业具有一定的低碳生产意愿与低碳生产行为，尤其是初步具备了开展低碳产品认证、碳排放的纳税、加贴碳排放含量标签、参与碳排放交易市场等多种意愿。样本企业低碳生产的行为主要表现在：87.1％的样本企业的节能减排目标高于政府要求或与政府要求相同，具有较为明确的低碳生产的目标；74.2％的样本企业安排了一定的资金进行节能减排，分别有12.4％和51.7％的企业设有专门和兼管负责低碳生产的职能部门，分别有45.5％、32.6％的样本企业主要采取合理生产用电和工艺改造等传统节能方法。

（3）低碳生产意愿与企业特征间具有一定的关联性。在统计性分析的初步研究中发现，样本企业的低碳生产意愿与企业的基本特征有着重要的内在联系，主要表现在管理者特征，企业类型、规模特征，企业创新特征，政府管理、产品国际化特征等与企业的低碳生产意愿、生产行为密切相关，进一步验证了文献综述中的大多数观点。

当然，本章得出的样本企业低碳生产意愿、低碳生产行为与其企业特征间具有一定关联性的结论，主要基于数据处理与统计性分析。它们之间关联性具体是如何表现的，有哪些明显的显著性，影响企业低碳生产意愿、低碳生产行为的主要因素有哪些等，需要根据第 6 章所构建的理论分析框架，借助于分析工具、计量模型等科学方法展开，而这些正是下文进一步展开讨论的主要内容。

参考文献

[1] 魏一鸣，刘兰翠，范英，等. 中国能源报告（2008）：碳排放研究[R]. 北京：科学出版社，2008.

[2] 胡初枝，黄贤金. 区域碳排放及影响因素差异比较研究——以江苏省为例[C]. 第二届全国循环经济与生态工业学术研讨会暨中国生态经济学会工业生态经济与技术专业委员会 2007 年年会.

[3] 陈海声，曹晓丽，钟琳. 企业 R&D 人员的激励机制设计与业绩评价指标[J]. 企业经济，2006(8)：40－42.

[4] World Bank. The World Bank State and Trends of the Carbon Market 2008[R]. World Bank Institute，Washington，D. C.，May 2008. http：// siteresources. worldbank. org/NEWS/Resources/State&Trendsformatted06May10pm. pdf.

第 8 章

影响工业企业低碳生产意愿与行为的主要因素的实证分析

面对生态环境的严重挑战，低碳经济的发展为苏南地区创造了一个新的历史性机遇。基于工业碳排放的现实状况与未来态势，形成有效的政策工具体系，提高企业低碳生产意愿并积极转化为低碳生产，是目前政府促进低碳经济发展的重要路径，而这依赖于对影响工业企业低碳生产意愿与行为主要因素的深入分析。本章的主要任务就是根据第 6 章构建的工业企业低碳生产意愿与行为的理论分析框架来回答迫切需要解决的重大现实问题。

8.1　工业企业低碳生产意愿的主要影响因素

根据带罚函数的二元 Logistic 模型，下面对工业企业低碳生产意愿的主要影响因素展开分析。

8.1.1　研究视角与变量设置

当消费者对低碳产品没有更高的支付意愿时，由外部性所致，没有企业有低碳生产愿意，因为低碳生产的收益将由全社会获得，而成本却由厂商独自承担。如果企业有低碳生产意愿，那么其动力一定是来自政府的管制。现设政府制定的碳排放量以及企业的碳排放量分别为 h_i^* 与 h_i。如果政府只对 h_i 超出 h_i^* 部分征税，那么对于 $h_i \leqslant h_i^*$ 的企业是否有碳税是无差异的；如果政府对 h_i 超出 h_i^* 部分征高税，对 $h_i \leqslant h_i^*$ 的部分征低税，那么碳税将有助于 $h_i \leqslant h_i^*$ 的企业在与无低碳生产意愿企业的竞争中获得低成本优势，从而当企业现在或将来可以将碳排放量减少至 h^* 以下时，其会接受碳税。为此，本书对工业企业低碳生产意愿的主要影响因素分析以企业是否愿意缴纳累进碳税（以下简称为碳税，在第 9 章中有详细的论述）作为衡量其低碳生产意愿的标准。

上述解释可以归结为以下离散选择模型：

$$h_i^* - h_i = B'X_i + \xi_i \tag{1}$$

$$Y_i = \begin{cases} 1 & if h \leqslant h^* \\ 0 & if h \geqslant h^* \end{cases} \tag{2}$$

X_i 为影响第 i 个企业碳排放的 r 维向量，B 为待估参数 r 维向量，ξ_i 为误差。当 $h_i^* - h_i \leqslant 0$ 时，企业接受碳税（$Y_i=1$），反之则不接受碳税（$Y_i=0$）。据此，构建以下离散选择模型：

$$\mathrm{P}rob(Y_i=1)=\mathrm{P}rob(\xi_i > -B'X_i)=1-F(-B'X_i) \tag{3}$$

如果假设误差项累积分布函数与第 6 章(1)式一致，满足二元 Logistic 分布，即：

$$\mathrm{P}rob(Y_i=1)=\pi_i=[1+\exp(-B'X_i)]^{-1} \tag{4}$$

根据第 7 章的理论研究模型与研究假设，进一步具体设定影响第 i 个企业愿意缴纳碳税的因素：X_0 为常数；X_1-X_5 分别为企业管理者特征；X_6-X_{11} 为企业注册类型与规模特征；$X_{12}-X_{16}$ 为企业的技术特征；$X_{17}-X_{18}$ 为政府政策特征；$X_{19}-X_{22}$ 为企业的能源特征；$X_{23}-X_{25}$ 为企业其他特征，其中 X_{23} 为企业对区域发展总体环境评价，X_{24} 为企业是否通过 ISO14000 认证，X_{25} 为企业产品是否出口。模型中所包含的变量解释等见表 8-1。从变量设置个数来看，本书案例是典型的小样本容量。需要说明的是，表 8-1 中相关变量的设置并非与第 6 章的研究假设完全一致，考虑到低碳生产意愿与行为的特殊性，本书将企业能源消耗占生产总成本比重的相关变量单独列出。同时，也将政府节能减排的政策激励和企业节能减排目标制定类型（政府制定目标或政府指导下企业制定）与企业对区域发展环境评价相分离，主要考虑到低碳经济发展的起步阶段政策作用的重要性。

表 8-1　变量定义与赋值

变量定义与赋值	平均值	标准差
低碳生产意愿（Y）：1=有低碳生产意愿；0=否则	0.694 1	0.461 5
企业的管理者特征		
管理者学历（参照组：大专以下）		

续表

变量定义与赋值	平均值	标准差
硕士及以上(X_1):1=硕士及以上;0=否则	0.158 6	0.365 9
本科及大专(X_2):1=本科及大专;0=否则	0.634 6	0.482 2
管理者年龄(参照组:60 岁及以上)		
30 岁及以下(X_3):1=(0,30];0=否则	0.039 7	0.195 4
31～45 岁 (X_4):1=[31,45];0=否则	0.433 4	0.496 3
46～59 岁 (X_5):1=[46,59];0=否则	0.484 4	0.500 5
企业的类型特征		
企业注册类型(参照组:国有企业或其他类型企业)		
股份合作或民营企业(X_6):1=股份合作或民营企业;0=否则	0.756 4	0.429 9
港澳台及外商投资 (X_7):1=港澳台及外商投资;0=否则	0.189 8	0.392 7
企业注册资本(参照组:500 万以下)		
500～1 000 万 (X_8):1=[500,1 000);0=否则	0.206 8	0.405 6
1 000～2 000 万(X_9):1=[1 000,2 000);0=否则	0.153	0.360 5
2 000～3 000 万(X_{10}):1=[2 000,3 000);0=否则	0.045 3	0.208 3
3 000 万及以上(X_{11}):1=[3 000,+∞);0=否则	0.252 1	0.434 8
企业的创新特征		
企业研发经费投入占主营业务收入比重		
3%及以上 (X_{12}):1=[3%,+∞);0=否则	0.328 6	0.470 4
企业研发人员占职工总人数比重(参照组:10%以下)		
30%及以上 (X_{13}):1=[30%,+∞);0=否则	0.025 5	0.157 8
20%～30% (X_{14}):1=[20%,30%);0=否则	0.034	0.181 5
10%～20% (X_{15}):1=[10%,20%);0=否则	0.430 6	0.495 9
企业是否拥有研发机构(X_{16}):1=有研发机构;0=否则	0.719 5	0.449 9
政府政策特征		
政府节能减排的政策激励 (X_{17}):1=有政策激励;0=否则	0.320 1	0.467 2
企业节能减排目标制定类型(X_{18}):1=政府制定目标(或政府指导下企业制定);0=否则	0.388 1	0.488
企业能源特征		
企业能源消耗占生产总成本的比重(参照组:5%以下)		
30%及以上(X_{19}):1=[30%,+∞);0=否则	0.034	0.181 5
10%～30%(X_{20}): 1=[10%,30%);0=否则	0.155 8	0.363 2
5%～10% (X_{21}): 1=[5%,10%);0=否则	0.382 4	0.486 7
消耗能源的主要类型(X_{22}):1=化石能源;0=否则	0.869 7	0.337 1
企业其他特征		
企业对区域发展环境评价(X_{23}):1=不满意;2=一般;3=满意	2.538 2	0.504 9

续表

变量定义与赋值	平均值	标准差
企业是否通过 ISO14000 认证(X_{24}):1=通过认证;0=否则	0.297 5	0.457 8
企业产品是否出口(X_{25}):1=企业产品出口;0=否则	0.600 6	0.490 5

根据第 6 章的(3)式并通过 Newton-Raphson(N-R)迭代法给出参数解,相应的迭代过程见表 8-2。表 8-2 显示,$-2\ln L$ 在 349.536 8 处稳定;在 25 个变量中,只有 B_{13} 的方差是无界的。由此可以判断本书上述的 Logistic 模型满足准分离条件。这是导致(3)式迭代失败的原因①。

表 8-2 MATLAB(R2009a) Logistic 模型 N-R 迭代过程

迭代步数	$-2\ln L$	…	B_{11}	B_{12}	B_{13}	B_{14}	…
…	…	…	…	…	…	…	…
21	349.536 9	…	0.174 5	0.131 1	5.854 8E+07	0.717 8	…
22	349.536 9	…	0.174 5	0.131 1	1.591 5E+08	0.717 8	…
23	349.536 9	…	0.174 5	0.131 1	4.326 1E+08	0.717 8	…
24	349.536 9	…	0.174 5	0.131 1	1.176 0E+09	0.717 8	…
25	349.536 9	…	0.174 5	0.131 1	3.196 6E+09	0.717 8	…
26	349.536 9	…	0.174 5	0.131 1	8.689 3E+09	0.717 8	…
27	349.536 9	…	0.174 5	0.131 1	2.362 0E+10	0.717 8	…
28	349.536 9	…	0.174 5	0.131 1	6.420 5E+10	0.717 8	…
29	349.536 9	…	0.174 5	0.131 1	1.745 3E+11	0.717 8	…
30	349.536 9	…	0.174 5	0.131 1	4.744 1E+11	0.717 8	…
31	349.536 9	…	0.174 5	0.131 1	1.290 1E+12	0.717 8	…
32	349.536 9	…	0.174 5	0.131 1	3.507 5E+12	0.717 8	…
33	349.536 9	…	0.174 5	0.131 1	9.511 3E+12	0.717 8	…
34	349.536 9	…	0.174 5	0.131 1	2.603 2E+13	0.717 8	…
35	349.536 9	…	0.174 5	0.131 1	7.036 9E+13	0.717 8	…
36	NaN	…	0.174 5	0.131 1	1.958 1E+14	0.717 8	…
37	NaN	…	0.174 5	0.131 1	5.298 4E+14	0.717 8	…
38	NaN	…	0.174 5	0.131 1	2.251 8E+15	0.717 8	…
39	NaN	…	0.174 5	0.131 1	4.503 6E+15	0.717 8	…
40	NaN	…	Inf	Inf	Inf	Inf	…

① 分离问题可以通过减少变量予以解决,但是这会以减少信息承载量为代价。

8.1.2　添加罚函数的 Logistic 模型估计结果

对于第 6 章(6)式的参数解,本研究采用 N-R 迭代方法,迭代方程为:$B^{(S+1)}=B^{(S)}+I^{-1}(B^{(S)})U(B^{(S)})^{*}$,其中 S 为第 S 次迭代。借助于 MATLAB (R2009a)分析工具,相关的参数估计结果见表 8-3,相关分类预测结果见表 8-4。

表 8-3 报告了相关参数估计值以及相应的 Penalized LR 与 p 值。企业管理者学历硕士及以上(X_1)与年龄在 30 岁及以下(X_3)、注册资本在 500～1 000万元(X_8)与 1 000～2 000 万元(X_9)以及在 3 000 万元及以上(X_{11})、研发人员占职工总数比重 30%及以上(X_{13})与在 10%～20%(X_{15})、是否具有研发机构(X_{16})、节能减排目标制定类型(X_{18})、能源消耗占生产总成本比重在 10%～30%(X_{20})与在 5%～10%(X_{21})、企业对区域发展总体环境评价(X_{23})、是否通过 ISO14000 认证(X_{24})、产品是否出口(X_{25})14 个解释变量分别在 10%、5%和 1%的水平上显著。

表 8-3　添加罚函数的 Logistic 模型结果①

自变量	B	Penalized LR(df=1)	p-value	O. R.
X_1 **	0.984 5	3.921 5	0.047 7	2.676 6
X_2	0.082 2	2.118 6	0.145 5	1.085 7
X_3 **	−1.806 8	5.843 1	0.015 6	0.164 2
X_4	0.165 9	1.194 6	0.274 4	1.180 5
X_5	0.357 4	1.533 9	0.215 5	1.429 6
X_6	0.023 0	1.137 7	0.286 1	1.023 3
X_7	0.004 9	0.944 5	0.331 1	1.004 9
X_8 **	−0.650 2	5.633 4	0.017 6	0.521 9
X_9 *	0.565 9	2.833 9	0.092 3	1.761 1
X_{10}	0.233 4	0.893 2	0.344 6	1.262 8
X_{11} *	0.640 8	4.481 0	0.034 3	1.897 9
X_{12}	−0.102 8	2.191 7	0.138 8	0.902 3
X_{13} **	2.322 1	3.992 6	0.045 7	10.196 7
X_{14}	0.867 8	1.819 2	0.177 4	2.381 7

① 一般计量软件如 SPSS 通常报告 EXP(B),本书认为报告 EXP(B)的经济学含义不够清晰。在 Logistic 模型中,EXP(B)是指条件优势比率(Odds Ratio),即:

$$\mathrm{EXP}(B_x)=\frac{\mathrm{Prob}(y=1\mid X=1,Z_1,Z_2,\cdots,Z_p)/\mathrm{Prob}(y=0\mid X=1,Z_1,Z_2,\cdots,Z_p)}{\mathrm{Prob}(y=1\mid X=0,Z_1,Z_2,\cdots,Z_p)/\mathrm{Prob}(y=0\mid X=0,Z_1,Z_2,\cdots,Z_p)}$$

其中 $Z_1,Z_2,\cdots,Z_p$ 为固定常数。

续表

自变量	B	Penalized LR(df=1)	p-value	O. R.
X_{15} **	0.593 0	4.804 7	0.028 4	1.809 3
X_{16} **	0.471 4	4.224 2	0.039 9	1.602 2
X_{17}	0.052 5	2.453 2	0.117 3	1.053 9
X_{18} **	0.564 4	6.299 5	0.012 1	1.758 5
X_{19}	−0.904 0	2.451 7	0.117 4	0.405 0
X_{20} ***	−1.349 6	14.605 5	0.000 1	0.259 3
X_{21} ***	−0.642 6	7.065 1	0.007 9	0.525 9
X_{22}	−0.023 2	1.723 8	0.189 2	0.977 1
X_{23} *	0.043 9	2.903 6	0.088 4	—
X_{24} ***	−0.856 2	8.603 7	0.003 4	0.424 8
X_{25} **	0.406 8	4.334 8	0.037 3	1.502 0
常数项	−0.967 5	1.105 2	0.462 8	—

注：Penalized LR=302.577 7(df=26)，Pseudo R^2=0.203 5 * $p<0.1$；** $p<0.05$；*** $p<0.01$。

上述显著变量中，企业管理者学历硕士及以上(X_1)、注册资本在1 000～2 000万元(X_9)和3 000万元及以上(X_{11})、研发人员占职工总数比重在30%及以上(X_{13})以及在10%～20%(X_{15})、具有研发机构(X_{16})、节能减排目标制定类型(X_{18})、产品是否出口(X_{25})的O. R.大于1，也就是相对于参照组而言，具有上述一个或多个特征的企业有低碳生产意愿的“可能性”①更高；而企业管理者年龄在30岁及以下(X_3)、注册资本在500～1 000万元(X_8)、能源消耗占生产总成本的比重在10%～30%(X_{20})以及5%～10%(X_{21})、通过ISO14000认证(X_{24})的O. R.小于1，表明具有上述某些特征的企业相对参照组而言有低碳生产意愿的“可能性”更低。同时，企业对区域发展总体环境评价(X_{23})与低碳生产意愿呈正相关，意味着企业对区域发展总体环境满意度越高，低碳生产意愿相对越强。

表8-4是由表8-3估计参数得出的分类预测表，表明了本研究模型预测的准确程度。

① 需要指出的是，O. R.表明的是Odds(优势比)的比率(或倍数)，本书将Odds解释为“可能性”并不科学，但是本着读者友好态度，“可能性”这一名词的含义容易理解也最接近于Odds。

表 8-4 带罚函数的 Logistic 模型 Y 预测分类表

		预测值		
		0	1	准确率
观测值	0	46	62	42.59%
	1	25	220	89.79%
		总计		75.35%

注：概率分割点为 0.5。

8.1.3 影响工业企业低碳生产意愿的主要因素与分析

基于添加罚函数的 Logistic 模型分析，影响工业企业低碳生产意愿的主要因素是：

1. 企业的管理者特征与低碳生产意愿

可以发现，企业的管理者特征与低碳生产意愿具有相关性。

(1) 企业管理者学历特征。管理者具有硕士及以上学历的企业的 O. R. 值为 2.676 6，说明这类企业相对于管理者学历在大专以下的企业低碳生产意愿的“可能性”提高了 2.676 6 倍。同时管理者的学历特征又内在地影响了企业的行业特征。样本统计显示(图 8-1)，行业特征为新兴产业比重最高的是管理者具有硕士及以上学历的企业群体。因而，这类管理者所在的企业相对更具有低碳生产的意愿。本研究关于高学历管理者的企业相对更具有低碳生产意愿的这一结论与 Fryxell 和 Lo(2003)[1] 在北京、广州两地对 305 个管理者有关环境认知与管理行为的研究相吻合，也与杨东宁和周长辉(2005)[2] 的研究相类似。

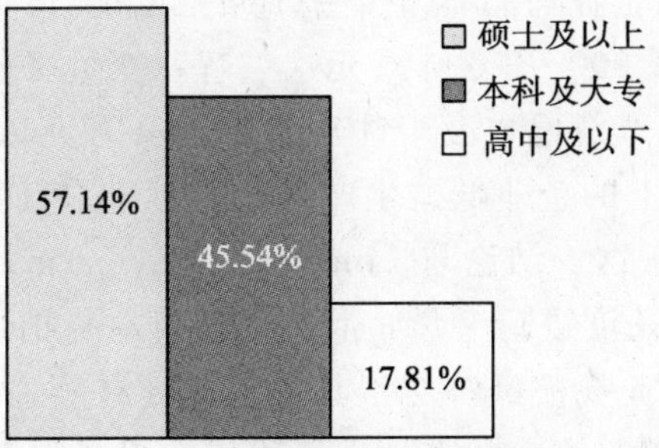

图 8-1 样本中管理者学历与企业所属新兴产业的比例

(2) 企业管理者年龄特征。模型结果显示，较 60 岁及以上管理者所在的企业相比，年龄 30 岁及以下管理者所在企业低碳生产意愿的“可能性”低，两者O.R.值之比为1∶0.164 2。这可以从管理者年龄与企业规模的角度作出解释。管理者年龄在30岁及以下、31～45岁、46～59岁和60岁及以上的样本企业中，注册资本在500万元以下的比例分别为57.14%、36.60%、30.4%和33.3%(图8-2)。管理者年龄在30岁及以下的企业注册资本在500万元以下的比例最高，可能的原因在于此年龄段的管理者所在的企业处于初创阶段，生存与财富积累是主要目标，低碳排放尚不是此年龄段的管理者所更多关注的目标。Egri和Herman(2000)[3]的研究支持这一结论。

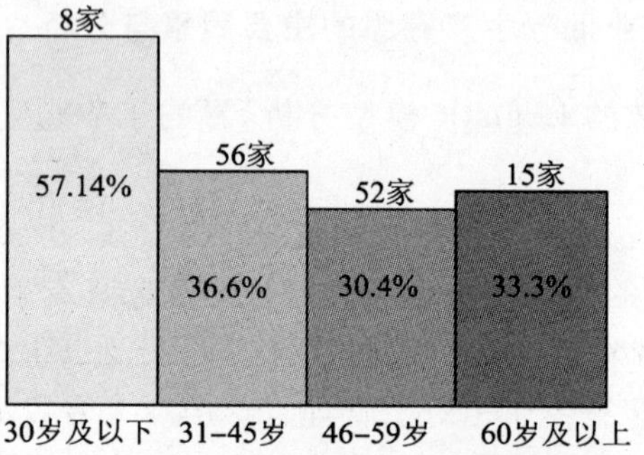

图8-2　注册资本在500万元以下的企业数及占各自类型比重

2. 企业的类型特征与低碳生产意愿

企业注册资本的大小、能源消耗占生产成本的比重影响企业的低碳生产意愿。

(1) 企业注册资本与低碳生产意愿。注册资本在1 000～2 000万元、3 000万元及以上的企业O.R.值分别为1.761 1、1.897 9，意味着相对于注册资本500万元以下的企业有低碳生产意愿的“可能性”显著增加。表8-3显示，企业注册资本在2 000～3 000万元这一解释变量虽然不显著，但O.R.值为1.262 8，其低碳生产意愿也高于注册资本500万元以下的企业。因此，注册资本1 000万元以上的企业低碳生产意愿总体上高于注册资本1 000万元以下的企业(图8-3)。这一结论与Toms(2000)、Sharma(2000)的研究基本一致[4-5]。这可从两个角度进行考量：企业注册资本与销售规模间总体上具有较强的正相关性。企业规模经济对于其竞争力具有显著的正向影响[6]。从长远来看，随着销售规模的扩大和产品市场价值的不断实现，实施低碳生产所增加的成本会随之而递减，可能有更多的投入用于低碳环保的生产，相应地具有较强的低碳生产意愿。McWilliams和Siegel(2000)、Chapple等(2005)、OECD(2006)[7-9]等的研究支持这一判断。在能源供给与消费结构基本相同的情形下，生产规模越大的企业节能减排的压力相应越大，更易受到政府管制。企业执行的节能减排目标类型能够佐证上述判断。353 个企业样本的统计显示，注册资本大于 1 000 万元的样本企业有 159 家，占此类样本企业比重为 45.28％的 79 家企业执行的是政府制定或在政府指导下的节能减排指标，明显高于注册资本低于 1 000 万元的 33.51％的样本企业比重。

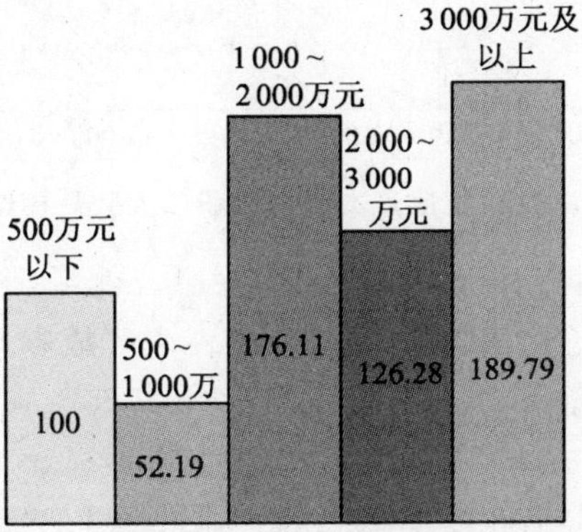

图 8-3　**规模特征变量** O. R. (×100)**比较**

需要探讨的是，注册资本在 500～1 000 万元企业的低碳生产意愿“可能性”显著低于注册资本在 500 万元以下的企业。从理论上来说，企业注册资本与职工规模总体上呈正相关。本研究的企业样本亦大致表现出这一规律(图 8-4)，但注册资本在 500～1 000 万元这个组别中却出现了异常，职工人数在 300 人以下的企业比重低于注册资本在 1 000～2 000 万元企业的相应比重，而职工人数在 300～2 000 人的企业比重又相对高。由于劳动成本主要是可变成本，相对于资本成本而言更容易增加，一旦企业劳动力先于资本增加，将表现为资本与劳动扩张的不同步，这是企业处于扩张期的重要特征。由于注册资本在 500～1 000 万元的组别中企业处于扩张期的比重可能相对较高而导致产生了上述异常现象。进而由于企业的劳动先于资本增加，势必受到边际报酬递减规律的支配，从而在短期内收益下降，产生了较低的低碳生产意愿的可能性。

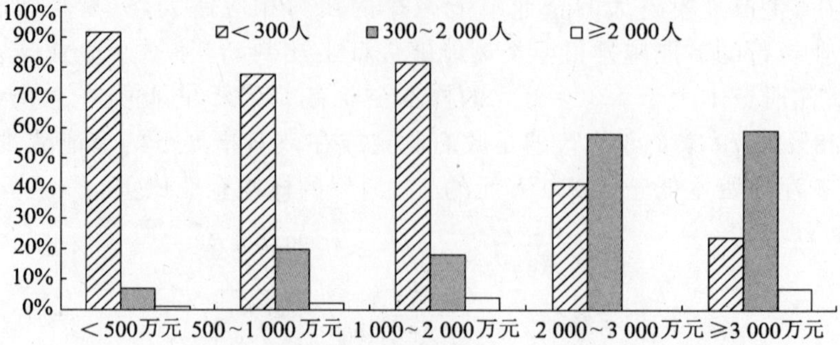

图 8-4　样本企业注册资本组别与职工人数规模组别的比较

(2) 企业能源成本特征与低碳生产意愿。能源消耗占生产成本 5%～10%与 10%～30%的企业相对于能源消耗占生产成本 5%以下的企业低碳生产意愿的"可能性"下降,O. R. 值之比分别为 0.525 9∶1.0 与 0.259 3∶1.0。尽管能源消耗占生产成本 30%及以上的企业不显著,但 O. R. 值仍然小于 1.0。因此,能源消耗占生产成本越高的企业低碳生产意愿相对越弱。这一点并不难解释。能源消耗占成本的高低由企业的行业特征、能源效率与价格等诸多因素综合决定,在没有新能源技术供给或能源结构难以优化的情形下,若不采用价格调节的杠杆,能源消耗成本越高的企业独自采用低碳生产技术、工艺、装备等往往存在高成本与高风险,如果预期收益不高,就不可能自发产生低碳技术创新意愿,维持现状成为基本选择。上述结论与 Lefebvre 等(2003)、Anderson 和 Newell(2003)、Barker 等(2006)、胡美琴和骆守俭(2009)[10-13]等的研究基本吻合。

3. 企业的创新特征与低碳生产意愿

罚函数的 Logistic 模型结果同时揭示了企业研发人员占职工总数比重、是否设立研发机构等创新特征与低碳生产意愿具有显著的相关性。

(1) 研发人员占职工总数比重在 30%及以上、10%～20%的企业比其比重在 10%以下的企业具有低碳意愿的"可能性"分别提高 10.196 7 倍、1.809 3 倍。研发人员占职工总数比重是衡量企业创新特征的重要指标之一。低碳经济发展的关键是技术创新[12-14],低碳生产需要企业形成以低碳发展为创新方向,节能减排为创新方式,碳中和技术为主要创新方法的创新体系[15]。因此,与研发人员占职工总数比重在 10%以下的企业相比较,其比重高于 10%的企业更具有低碳生产意愿是完全合理且容易理解的。巧合的是研发人员占当年职工总数的 10%以上是我国评定高新技术企业的标准之一①。而且本研究的结果显示，研发人员占职工总数的比重 30%及以上的 O. R. 值达到了超高的 10.196 7，显示此类特征的企业具有强烈的低碳生产意愿，这与 Vanassche 等(2009)[16]的结论高度吻合。难以理解的是，研发人员占职工总数比重在 20%～30%的企业低碳生产意愿在计量结果中并不正向显著。本研究对此的理解是：第一，不应孤立地解释这一变量。表 8-3 显示，虽然研发人员占职工总数比重在 20%～30%的企业低碳生产意愿不显著，但其系数仍为正且 O. R. 值达到了 2.381 7，B_{13}、B_{14}、B_{15}的数据表明随着研发人员比重的增加O. R. 值相应地增加，显示企业的低碳生产意愿似然随着研发人员比重的增加而提升。第二，研发人员占职工总数比重是一个量的指标，由于低碳生产是更高层次的技术创新，所以创新能力还内在地取决于研发人员的组织程度与创新绩效。353 个样本企业统计显示，研发人员占职工总数比重在 10%～20%、30%及以上设立研究机构的企业占同类企业的比重分别为 91.45%、88.89%，明显高于研发人员占职工总数比重在 20%～30%企业 83.30%的相应比重(图 8-5)。可见，企业是否具有低碳生产意愿不仅取决于研发人员的数量，而且与研发人员的组织程度密切相关。本研究的上述相关结论支持了 Janicke(2008)、Montalvo 和 Kemp(2008)[17－18]的观点。

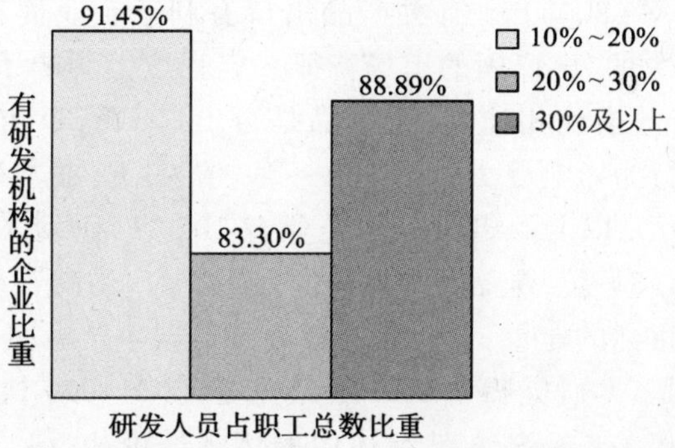

图 8-5　企业研发人员占职工总数比重分组与各组研发机构比重

(2) O. R. 值显示，具有研发机构的企业具有低碳生产意愿的“可能性”是无研发机构企业的 1.602 2 倍。本研究所观察到的这一事实可从技术创新的角度来进一步考察。这是因为创新不是一个简单的从 R&D 活动到新技术应

① 参见科技部、财政部、国家税务总局在 2008 年 4 月 14 日颁布的《高新技术企业认定管理办法》。

用的线性过程，而是多影响因素组成的复杂反馈环[19]，是多层次、多环节、多元主体间的协同。决定创新绩效的不仅有技术性要素，更有大量的非技术性要素，而且有时非技术性要素起着决定性的作用[20]。企业的创新能力不仅取决于R&D资金投入，也取决于R&D人员数与质的投入。研发机构是企业为了实现创新而设置的以研发人员为主体的实施技术创新的专门机构，是企业基于竞争对手的情况、对技术创新的收益预期与技术创新内在需求作出的制度安排。是否设置研发机构是衡量企业自主创新能力的重要指标[21]。由于低碳生产需要更高层次的技术创新作支撑，而研发机构能够有效地提高技术创新的绩效，具有研发机构的企业低碳生产意愿的可能性必然更高。上述结论同样支持了以下观点：研发人员占职工总数比重在10%～20%和30%及以上的企业低碳生产意愿显著性相对高于20%～30%的企业。

4. 企业市场特征与低碳生产意愿

产品出口企业的O.R.值为1.502 0，表明产品出口的工业企业较非出口企业更具有低碳生产意愿。一个最基本的解释是，向海外出口的企业更了解国际市场的要求，而国际市场尤其是发达国家市场对进口产品有更多的环保要求，且发达国家的产品用户对环保产品具有更高的支付意愿。苏南地区国际化程度高，出口工业企业对国际市场的要求更具有内在的感受。上述判断支持了Lefebvre等(2003)[10]有关产品出口有利于企业创新的基本观点，与Luken等(2008)[22]的“出口国的市场特征一定程度上影响了企业的低碳生产意愿，与政府扶持等措施相比，企业产品是否出口OECD市场对发展中国家的企业节能生产行为影响更大”的结论一致。事实上，在本研究的案例中，注册资本在1 000万元以上的出口样本企业有107家，研发人员占职工总数比重超过10%的有131家，具有研发机构的有145家，均高于整个被调查的353个企业样本同类指标的比重，具有相对较高的低碳生产意愿是必然的。

值得关注的是，本研究得出的一个结论是ISO14000认证与企业低碳生产意愿呈显著负相关。这与文献综述中的诸多结论相反。ISO14000环境管理体系标准是由ISO/TC207制定的一个国际通行的环境管理体系标准，但事实上这一环境管理标准与低碳生产的相关要求在某些方面类似或重叠。可能的原因是，实施了ISO14000认证的企业整个生产过程按照国际标准进行了管理，认为基本达到了低碳生产的要求，已为节能减排、清洁生产支付了相应的成本。同时这些企业中也不乏出口企业，但可能正如Sarumpaet(2005)[23]所分析的，这些出口厂商并未强烈地感受来自国际市场有关节能生产标准的苛刻要求，更没有内化为更高的清洁生产的意愿，不愿意再为碳排放支付额外的碳税。

5. 外部环境与低碳生产意愿

罚函数的 Logistic 模型结果还显示，企业低碳生产意愿与外部环境密切相关。

(1) 节能减排目标制定类型为政府制定目标或政府指导下制定的企业低碳生产意愿的“可能性”增加。企业样本的统计性描述支持这一结论。在被调查的 353 个企业样本中有 173 家企业具有低碳生产意愿，其中 61.8%的 107 家企业分别实施了政府直接制定或在政府指导下制定的节能减排目标，38.2%的 66 家企业执行完全自主制定的节能减排目标。事实上，作为经济人的企业，为了利润的最大化，对环境污染的外部性不会自发地内部化，制度的安排就成为促进低碳生产的重要推动因素。上述结论与 Vanassche 等(2009)、Montalvo(2008)、Battisti(2008)、Luken 和 van Rompaey(2008)[16,24-26]等的研究结论相似，尤其支持 Johnstone(2007)[27]提出的“在其他诸如市场因素等措施选择比较有限的情况下，企业认知政府环境政策的严格程度和对环境生产的监管频率可以促使其对环保低碳生产的执行”的结论。结合表 8-3 中的有关政府政策激励等解释变量不显著可知，在现行的制度框架下，政府运用目标管制的方法，可能“大棒”比“胡萝卜”更有效。

(2) 企业对区域发展环境总体评价与低碳生产意愿呈正相关。在 353 家样本企业中，有 191 家企业对区域发展环境总体评价满意，而其中有 41.88%的 80 家企业执行的是政府制定的节能减排目标；161 家企业对环境评价一般，其中有 35.40%的 57 家企业执行的是政府制定的节能减排目标；只有 1 家企业对区域发展环境不满意且未接受政府制定的目标。样本总体显示，当企业对总体环境满意度较高时，更愿意接受政府的相关政策，低碳生产意愿相对越强。企业对区域发展环境总体评价与低碳生产意愿呈正相关的结论得到了 Montalvo(2002)[28]、Luken 等(2008)[22]、Shin 等(2008)[29]关于“企业自身对区域环境发展的评价和认知将影响低碳生产方式的选择”观点的支持。

8.2　工业企业低碳生产行为的主要影响因素

意愿是从事某些特定行为的主观概率。工业企业低碳生产意愿经由相同的概念延伸而形成，是企业决策者愿意采取特定生产行为的概率高低。企业低碳生产意愿可视为决策者特定生产行为的主观倾向，是企业决策者心理的表现，是实施生产行为的前奏，可作为企业未来生产行为的重要指标。一般而言，科学地判断企业某种意愿可以有效地预测企业未来的某种特定行为，因此低碳生产意愿与低碳生产行为具有内在的必然联系。但是，低碳生产意愿与低碳生产行为毕竟具有差异性，低碳生产意愿能否转换为低碳生产的具体行为具有诸多不确定性，主要取决于在一定的外部环境下，企业管理者对低碳生产行为的风险感知。当感知风险降低到企业决策者可以接受的程度或者完全消失时，将产生具体的低碳生产行为。因此，影响企业低碳生产意愿与行为的因素可能不尽相同，甚至可能有很大的差异。在前述研究影响工业企业低碳生产意愿主要因素的基础上，这一部分主要研究具有低碳生产意愿的企业转换为具体低碳生产行为过程中的主要影响因素。

8.2.1 低碳生产行为的衡量标准

上述对工业企业低碳生产意愿影响因素的分析中，以企业是否愿意缴纳碳税作为衡量其低碳生产意愿的标准。统计数据显示，在353个样本中有69.4%的245个样本企业愿意缴纳碳排放税。有关企业愿意缴纳碳税的水平与相关比例见表8-5。本研究将愿意缴纳碳税的水平作为衡量工业企业低碳生产行为的标准，利用Interval Censored的分析工具来研究影响工业企业低碳生产行为的主要因素。

表8-5 工业企业愿意缴纳碳税的水平与相关比例

样本总量	愿意缴纳的样本数	愿意缴纳碳排放税的水平				
		0.01,0.05	0.05,0.10	0.10,0.15	0.15,0.20	0.20,1.00
353	245	67.8%	24.8%	2.9%	2.9%	1.6%

根据第6章所述的Interval Censored回归模型，展开工业企业低碳生产行为的主要影响因素的分析。定义因变量为工业企业愿意缴纳碳税的水平(WTP_i)，[0.01,0.05)、[0.05,0.10)、[0.10,0.15)、[0.15,0.20)、[0.20,1.00)是工业企业选择的碳税愿意缴纳的五种区间。依据第6章所列的相关计算公式(7)、(8)和(9)分别进行处理。

8.2.2 Interval Censored模型回归结果与分析

本研究应用LIMDEP 9.0分析工具，并通过极大似然估计获得参数系数的估计值以及误差项的标准差。表8-6为Interval Censored模型回归结果，自变量与前述的模型一致。

Interval Censored 模型回归结果表明，企业管理者学历（硕士及以上、本科与大专，X_1、X_2）、管理者年龄（31～45 岁、46～59 岁，X_4、X_5）、注册资本（1 000～2 000 万元，X_9）、研发人员占职工总数比重（30%以上和 20%～30%，X_{13}、X_{14}）、具有研发机构（X_{16}）、企业能源消耗成本占生产总成本比重在 10%～30%（X_{20}）等显著影响工业企业的低碳生产行为，而其他变量均不显著。

表 8-6　Interval Censored 模型回归结果

自变量	系数	Standard Error	t-ratio	Sig.
X_1***	0.617	0.198	3.116	0.002
X_2**	0.331	0.168	1.966	0.049
X_4*	−0.516	0.288	−1.793	0.073
X_5**	−0.693	0.285	−2.428	0.015
X_9**	0.320	0.156	2.053	0.040
X_{13}**	0.536	0.273	1.962	0.050
X_{14}***	1.169	0.243	4.810	0.000
X_{16}***	−0.391	0.143	−2.741	0.006
X_{20}**	0.366	0.149	2.460	0.014
Constant***	−3.172	0.356	−8.903	0.000

注：* 10%水平上显著；** 5%水平上显著；*** 1%水平上显著。Log 似然函数值：186.603 9。

8.3　低碳生产意愿与行为影响因素的比较

不难发现，影响工业企业低碳生产意愿与低碳生产行为的主要因素并不相同，而且表现出较大的差异性。差异性表现的五个方面与可能的主要原因是：

1. 管理者特征对企业低碳生产意愿与生产行为的影响不尽相同

在影响低碳生产意愿的因素中，管理者具有硕士或硕士以上学历的企业相对于管理者学历为本科及大专的企业低碳生产意愿显著增加；而在影响低碳生产行为的因素中，管理者具有硕士及以上、本科与大专学历（X_1、X_2）两个变量共同显著地产生正相关的影响。这是比较容易理解的，就是已经具备了低碳生产意愿的企业，其低碳生产行为与管理者的学历层次正相关，也就是学历越高，低碳生产行为越明显。同时，管理者年龄的影响也不相同。管理者年龄超过 30 岁后，低碳生产行为与年龄呈显著负相关。一个较为容易接受的理解是,因为低碳经济与低碳生产毕竟是新兴事物,具有低碳生产意愿的企业管理者,是否将低碳生产的意愿付诸实施,以及实施的程度等行为总体上与年龄相关,年龄越大,行为可能相对越趋向保守。

2. 企业规模特征影响的效果不一

注册资本在1 000~2 000万元(X_9)的企业具有相对显著的低碳生产行为,影响低碳生产行为的这一因素与低碳生产意愿的影响因素一致。区别在于,注册资本在3 000万元及以上(X_{11})的企业具有显著的低碳生产意愿,但Interval Censored模型计量恰显示,其低碳生产行为并不明显。一个重要的原因是,在能源消耗结构和低碳生产技术基本相同的情形下,企业注册资本越大,意味着生产规模越大,相应的碳排放量也越高,可能缴纳的碳税额度越大,节能减排的预期收益小于可能缴纳的碳税,低碳生产的行为可能迟缓。

3. 创新特征对企业低碳生产行为的影响更明显

在影响企业低碳生产意愿的影响因素中,研发人员占职工总数比重在30%及以上、10%~20%的企业(X_{13}、X_{15})和具有研发机构的企业(X_{16})具有低碳生产意愿。而在影响企业低碳生产行为的因素中,研发人员占职工总人数比重在20%~30%(X_{14})产生了正相关的显著影响,而研发人员占职工总数比重在10%~20%的企业并不显著。主要的原因是,低碳生产意愿是愿望,而低碳生产行为是行动,愿望能否转化为行动需要企业技术创新能力所支撑,对企业的研发人员占职工总人数比重的要求更高。因此,企业低碳生产行为似然随着企业研发人员比重的增加而提升是必然的,同时通过研发机构这一组织形式还有效地提高了技术创新的组织程度与创新绩效。

4. 能源成本影响反差显著

罚函数模型计量结果显示,能源成本占生产成本比例在10%~30%(X_{20})与5%~10%(X_{21})的企业相对能源成本5%以下的参照组而言,没有明显的低碳生产意愿。而Interval Censored模型计量显示,能源成本占生产成本比例在10%~30%(X_{20})的企业具有明显的低碳生产行为,出现了明显的反差。在罚函数模型计量结果的分析与讨论中,已经指出能源消耗成本越高的企业,如果预期收益不高,就不可能自发产生低碳技术创新意愿,也难以将低碳生产意愿化为具体的行动,维持现状就成为必然的选择。这需要从样本特征的角度来加以解释。如前所述,工业企业低碳生产愿望转化为行动需要技术创新能力的支撑,企业低碳生产行为似然随着企业研发人员比重的增加而提升。表8-7显示,具有低碳生产意愿的能源成本占生产成本5%以上的企业有125家,在能源成本占生产成本10%~30%的30家企业中,其研发人员占职工总人数比重超过10%以上的样本比例最高，达到了83.37%，而能源成本占生产成本30%以上和5%～10%的企业样本比例则分别为16.67%和47.19%。也就是说，能源成本占生产成本10%～30%的企业具有较强的创新能力，表现出一定的低碳生产行为，以降低生产成本，实现收益的最大化。

表8-7 不同能源成本与研发人员占职工总人数比重的对应关系

能源成本占生产成本比重	样本数与比例		X_{13}数与比例		X_{14}数与比例		X_{15}数与比例	
30%及以上	6	2.45%	0	0%	0	0%	1	6.67%
10%～30%	30	12.24%	0	0%	2	6.67%	23	76.70%
5%～10%	89	36.32%	5	5.6%	3	3.37%	34	38.20%

5. 低碳生产行为的影响因素更取决于企业内在驱动力

罚函数模型计量结果显示，企业节能减排目标制定类型（X_{18}）、对区域发展环境的总体评价（X_{23}）、是否通过ISO14000认证（X_{24}）、产品是否出口（X_{25}）显著地影响企业的低碳生产意愿；而Interval Censored模型计量结果显示，企业具有了低碳生产意愿，则X_{18}、X_{23}、X_{24}、X_{25}已对其低碳生产行为的影响不显著。具备低碳生产意愿的企业，对区域发展环境的感知与认识基本一致，同时企业已愿意缴纳碳税，而ISO14000认证所发生的成本与缴纳的碳税相比则显得非常微小，X_{23}、X_{24}这两个因素难以再发生相应的作用；企业的低碳生产意愿能否转化为低碳生产行为，内在起决定性作用的不再是外部的市场特征和政府的目标控制，而更主要的是企业的内在创新能力。

8.4 主要结论、政策含义与研究不足

本章的研究充分显示，较高的生产意愿与相对较低的生产行为并存是目前工业企业低碳生产的客观现实。在353家样本工业企业中，有245家企业具有低碳生产行为，占样本比例的69.41%。但表8-5显示，在245家具有低碳生产行为的企业中，低碳生产行为的程度在总体上并不高，67.5%的企业仅愿意支付超过碳排放标准所增加的碳税额度的5%，24.8%的企业只愿意支付5%～10%的碳税额度，只有1.6%的企业愿意支付20%～100%的碳税额度。由此可见，低碳生产意愿转化为低碳生产行为是一个非常复杂的过程，对转化能力起主要作用的一个因素是企业内在的创新水平。

影响工业企业低碳生产意愿与低碳生产行为的主要因素均相当复杂，而且两者间既有共性，又表现出较大的差异性。把握这些共性与差异性以及相

应的政策含义对政府的决策具有重要的参考价值。

1. 共同性的影响因素

技术创新特征不仅对企业的低碳生产意愿产生显著的正向影响，也对企业低碳生产行为产生显著的正向影响，且企业低碳生产行为对技术创新层次要求更高；同时，能源成本比例在10%～30%的企业在低碳生产行为与低碳生产意愿上之所以形成明显的反差，起作用的更是企业的创新能力；管理者学历越高，低碳生产意愿与低碳生产行为均越显著。因此，引导企业加大自主创新应成为政府长期坚持的基本策略。同时，政策鼓励与支持年轻的高学历并有新技术的人员创新创业发展，不仅能够有助于促进产业结构高度化，而且是实现经济发展与低碳排放双赢的重要路径。

2. 交叉性的影响因素

企业注册资本规模和能源成本特征是交叉性的影响因素。注册资本高于1 000万元的企业具有明显的低碳生产意愿，因此，政策引导和支持大企业的节能减排可能是未来一个时期促进企业低碳生产转型的基本方法。值得注意的是，注册资本在1 000～2 000万元的企业既具有相对显著的低碳生产意愿，也具有较为明显的低碳生产行为；而注册资本在3 000万元及以上的企业具有显著的低碳生产意愿，但由于碳排放量大，可能缴纳的碳税多，其低碳生产意愿与实际的纳税行为具有抵触性。因此，碳税制度的设计与具体的实施，应该循序渐进，要注意将大企业的低碳生产意愿调节转化为低碳生产行为。针对能源成本占生产成本不同表现出来的反差，应该注意适当采用能源价格的调节手段，并与未来可能实施的碳税制度等形成组合性的政策工具体系，使之成为提升企业低碳生产意愿与行为的有力杠杆。

3. 完全不同的影响因素

企业节能减排目标制定类型、区域发展环境的总体评价、是否通过ISO14000认证、产品是否出口四个因素显著影响企业的低碳生产意愿，但对低碳生产行为不产生显著的影响。从实际政策的操作层面上来分析，在市场机制尚不充分的情况下，政府运用节能减排的目标管制方法改善区域发展的总体环境，不但能够显著提升企业的低碳生产意愿，而且完全有可能在其他政策的配合下，将企业的低碳生产意愿转化为低碳生产行为。产品出口的市场特征显著影响工业企业的低碳生产意愿，一旦出口厂商感受到国际市场对于碳排放的环境要求，必将转化为低碳生产的行为。同时，虽然ISO14000认证与低碳生产意愿呈显著负相关，且对低碳生产行为没有显著影响，但此结论并非否定ISO14000认证的效果。这一结论意味着在碳税尚未实施之前，政府对企业参加 ISO14000 认证提供必要的补贴是可以尝试的工具。需要指出的是，影响工业企业低碳生产意愿与低碳生产行为两个层面的主要因素中，政府是否有政策激励的作用均不显著，这说明企业对政府的政策没有感知，也足以说明目前的政府政策力度较弱，难以对企业的低碳生产意愿与低碳生产行为产生显著影响。总之，从长期来看，促进工业企业生产低碳化、减少碳排放，必须准确把握"大棒"与"胡萝卜"之间的关系，选择适当的组合工具来实现最佳的政策效应。

本章的研究验证了第 6 章所构建的工业企业低碳生产意愿与低碳生产行为的理论分析框架的科学性、准确性，研究结论所揭示的政策含义将有助于政府决策。同时研究结果显示，国外学者关于企业低碳生产意愿与行为研究的主要结论在我国具有良好的普适性，国际经验对促进国内企业低碳生产具有借鉴意义。因此，尽可能地借鉴国外的研究成果，对缩短中国学者的研究周期，探究在中国保护和激励工业企业低碳生产积极性的现实路径，促进工业企业生产转型，服务于政府决策，并为发展中国家提供有益的经验都具有积极的意义。第 9 章就是在本章研究的基础上，结合苏南地区的实际，根据国家导向，进一步提出细化的、可操作的提高工业企业低碳生产意愿与强化低碳生产行为的政策体系，为苏南地区的有关政府部门提供决策参考。

当然，对于不同国家尤其是处于转型阶段的中国工业企业而言，影响低碳生产意愿与行为的主要因素相当复杂，并且随着时间的演化而动态变化。需要指出的是，由于国内现有的相关研究几乎空白，因此本书对影响工业企业低碳生产意愿与行为主要因素的研究是初步的，而且目前本书的研究仅在静态层次上初步展开，没有也难以在时间序列上展开深入的动态分析，这就是本书研究最大的不足，也是未来这一领域研究的重点。

参考文献

[1] Fryxell, G. E., Lo, C. W. H. The influence of environmental knowledge and values on managerial behaviours on behalf of the environment: an empirical examination of managers in China[J]. Journal of Business Ethics, 2003, 46:45－69.

[2] 杨东宁，周长辉. 企业自愿采用标准化环境管理体系的驱动力：理论框架及实证分析[J]. 管理世界，2005(2)：85－107.

[3] Egri, C. P., Herman, S. Leadership in the North American environmental sector: values, leadership styles, and context of environmental leaders and their organizations [J]. Academy of Management Journal, 2000, 43(4):571－604.

[4] Toms, S. Environmental management, environmental accounting and financial per-

formance[M]. London: The Chartered Institute of Management Accountants, 2000.

[5] Sharma, S. Managerial interpretations and organizational context as predictors of corporate choice of environmental strategy[J]. Academy of Management Journal, 2000, 43(4):681－697.

[6] 王仁曾.产业国际竞争力决定因素的实证研究:进展、困难、模型及对中国制造业截面数据的估计与检验[J].统计研究,2002(4): 20－24.

[7] McWilliams, A., Siegel, D. Corporate social responsibility and financial performance: correlation or misspecification? [J]. Strategic Management Journal, 2000,21: 603－609.

[8] Chapple, W., Morrison, C., Harris, R. Manufacturing and corporate environmental responsibility: cost implication of voluntary waste minimisation[J]. Structural Change and Economic Dynamics, 2005, 16(3):347－373.

[9] OECD (2006). Environmental Regulation and Competition. OECD: Directorate for Financial and Enterprise Affairs[R]. http://www.oecd.org/dataoecd/39/15/37981581.pdf. Accessed on 28 August 2009.

[10] Lefebvre, E., Lefebvre, L. A., Talbot, S. Determinants and impacts of environmental performance in SMEs[J]. R&D Management, 2003, 33(3): 263－283.

[11] Anderson, S. T., Newell, R. G. Information programs for technology adoption: the case of energy-efficiency audits[J]. Resource and Energy Economics, 2004, 26(1): 27－50.

[12] Barker, T., Pan, H., K hler, J., et al. Decarbonizing the Global Economy with Induced Technological Change: Scenarios to 2100 using E3MG[J]. Energy Journal, Special Issue, 2006: 241－258.

[13] 胡美琴,骆守俭.基于制度与技术情境的企业绿色管理战略研究[J].中国人口·资源与环境,2009(6):75－79.

[14] Stern, N. The Economics of Climate Change: The Stern Review[R]. Cambridge University Press, 2007.

[15] 刘立,陆小成,李兴川.科学发展观视野下的低碳技术创新及其社会建构[J].中国科技论坛,2009(7):48－52.

[16] Vanassche, S., Vranken, L., Vercaemst, P. The impact of environmental policy on industrial sectors: empirical evidence from 14 European Countries[R]. HUB research paper 2009/20, SEPTEMBER 2009.

[17] Janicke, M. Ecological modernisation: new perspectives[J]. Journal of Cleaner Production, 2008, 16(5):557－565.

[18] Montalvo, C., Kemp, R. Cleaner technology diffusion: case studies, modeling and policy[J]. Journal of Cleaner Production, 2008, 16(1, Supplement 1): S－S6.

[19] Malecki, E. Technology and Economic Development: The Dynamics of Local, Re-

gional and National Competitiveness [M]. London and Boston: Addison Wesley Longman, 1997.

[20] 葛霆. 国际创新理论及发展. "知识创新与创新 2.0"第二届中国移动政务研讨会，北京大学 2008 年 11 月 23 日，http://www.mgov.cn/seminar/.

[21] Ismail, M. Creative climate and learning organization factors: their contribution towards innovation[J]. Leadership & Organization development Journal, 2005, 26(8): 639－654.

[22] Luken, R., van Rompaey, F., Zigová, K. The determinants of EST adoption by manufacturing plants in developing countries[J]. Ecological Economics, 2008, 66: 141－152.

[23] Sarumpaet, S. The relationship between environmental performance and financial performance amongst Indonesian companies[J]. SNA VIII Solo, September 2005: 15－16.

[24] Montalvo, C. General wisdom concerning the factors affecting the adoption of cleaner technologies: a survey 1990－2007[J]. Journal of Cleaner Production, 2008, 16S1: S7－S13.

[25] Battisti, G. Innovations and the economics of new technology spreading within and across users: gaps and way forward [J]. Journal of Cleaner Production, 2008, 16(1S1): 22－31.

[26] Luken, R., van Rompaey, F. Drivers and barriers to environmentally sound technology adoption by manufacturing plants in developing countries[J]. Journal of Cleaner Production, 2008, 16(1S1): 67－77.

[27] Johnstone N. Public environmental policy and corporate behaviour: policy conclusions [M]. Environmental Policy and Corporate Behaviour, Cheltenham: Edward Elgar Publishing, 2007.

[28] Montalvo, C. Environmental policy and technological innovation: why do firms adopt or reject new technologies? [M]. Cheltenham, U.K. and Northapton, MA: Edward Elgar, 2002.

[29] Shin, D. W, Curtis, M., Huisingh, D., et al. Development of a sustainability policy model for promoting cleaner production: a knowledge integration approach[J]. Journal of Cleaner Production, 2008, 16: 1 823－1 837.

第9章 苏南地区工业企业低碳生产转型的政策工具

影响苏南地区工业企业低碳生产意愿与行为的主要因素是本书研究的主题。以江苏苏南地区353个工业企业为案例的实证研究结果显示，苏南地区工业企业总体上有一定的低碳生产意愿，但低碳生产的行为尚不明显，低碳生产意愿转化为具体的低碳生产行为更是面临诸多的障碍，发展低碳经济的微观基础较为脆弱。如何提升苏南地区工业企业低碳生产意愿，强化低碳生产行为就成为政策关注的重点。本章的研究重点是提升工业企业低碳生产意愿，强化低碳生产行为，促进苏南地区低碳经济发展的基本对策——主要是指政府引导与市场机制相结合的组合性的政策工具，而且着眼于工业领域与工业企业的低碳生产转型。

9.1 政策工具设计实施的基点与国际经验

未来一个较长时期，苏南地区发展低碳经济尤其是减少工业碳排放强度，采取什么措施，政府实施怎样的政策，运用何种市场手段等，必须基于现实发展中面临的关键问题、未来发展中面临的新要求，以及所面临的国际新格局来全面考量，以市场机制为主，并从政府促进低碳经济发展的功能出发，以大力提升工业企业低碳生产意愿和低碳生产行为为重点来全面设计，实现政策工具的有效组合，并根据不断变化的实际进行动态调整。这是苏南地区促进工业企业低碳生产转型政策设计与实施的基点。

9.1.1　必须着眼于解决现实发展中面临的关键问题

本书第 3 章和后续相关章节的研究揭示了苏南地区降低工业生产碳排放强度所急需解决的若干个关键问题——四个“难以改变”。因此，政策工具的设计必须在解决这些关键性问题上作努力。

1. 能源结构难以在短期内根本性改变

苏南地区是我国能源资源十分短缺的经济发达地区，支撑经济发展所需的能源主要是依靠域外的调入。由于受本身能源资源禀赋的约束，长期以来苏南地区主要以化石能源为主，而化石能源中更是以电煤为主。虽然苏南地区新能源产业发展很快，能源生产与供给能力逐步增强，能源消费已形成了多能互补的体系，但未来一个较长时期内难以根本性地扭转以煤炭为主的能源消耗结构。

2. 工业为主导的产业结构难以在短期内扭转

按照产业发展的规律，处于工业化进程中的国家或地区，工业在国民经济中的比例会在相当长的时期内占据主导地位，必然要在充分工业化之后，才可能由服务业来主导国民经济。2008 年工业在苏州市国民经济中所占的比重为 62%，比 18 年前的 1990 年还高出 1 个百分点，就是这一地区的典型案例。因此，在一定时期内苏南地区能耗高的重化工业所占的比例不仅不可能大幅降低，而且还可能进一步升高。苏南地区正处于工业化、城市化的加速期，仍然处于需要大量消耗资源的重化工业发展阶段和基础设施建设高峰期。因此，一定时期内这一地区以工业为主导的产业结构很难发生根本的变化，不可避免地要大量消耗能源和资源，资源和环境问题将继续制约苏南地区的发展。

3. 产业能源效率难以在短期内有效提升

国家统计局的数据显示，2009 年我国能源系统的效率为 33.4%，比国际先进水平低 10%。电力、钢铁、有色、石化、建材、化工、轻工、纺织 8 个工业行业的主要产品单位能耗平均比国际先进水平高 40%；机动车油耗水平比欧洲高 25%，比日本高 20%。2009 年江苏每单位 GDP 的能耗为 0.761 吨标准煤，能源利用效率居全国第 5 位；每万元工业增加值的能耗为 1.107 吨标准煤，工业能源利用效率居全国第 2 位[①]。虽然苏南地区单位 GDP 的能耗与工业企业的总体能源利用效率高于全国、全省的平均水平，但与发达国家相比

① 中国国家统计局、发改委、能源局联合公布的 2009 年各省(区、市)单位 GDP 能耗等指标公报。

较，苏南地区的能源效率仍然比较低下。虽然其提高能源利用效率的潜力巨大，但如果没有一系列的技术创新，尤其是关键技术的创新，能源利用效率难以在短期内提升。

4. 工业企业低碳生产行为难以在短期内形成

样本的统计性描述与实证研究表明，虽然苏南地区工业企业具有良好的基础，但现实低碳生产行为不充分，发展低碳经济的微观基础较为脆弱。企业的低碳生产意愿与行为难以完全自发产生，基于收益预期或政府管制，或收益预期与政府管制的有机结合，才可能逐步强化工业企业的低碳生产行为，而这是一个较为漫长的过程，难以在短期内形成。

9.1.2 必须关注未来发展的新要求

国务院于 2010 年 5 月 12 日发布了《长江三角洲地区区域规划》(以下简称《规划》)，明确要求长江三角洲地区走出一条具有自身特色的科学发展、和谐发展、率先发展、一体化发展的新路子，率先建成全面小康社会和基本实现现代化。这是继国务院的《关于进一步推进长江三角洲地区改革开放和经济社会发展的指导意见》(国发[2008]30 号)后，发布的指导长三角地区经济与社会发展的纲领性文件，是指导苏南地区制定"十二五"国民经济与社会发展规划的重要文件。本书关于政策工具的研究虽然主要着眼于工业企业的低碳生产转型，但必须关注国家未来对苏南地区发展的新要求，以站在更高层次来综合考虑工业企业低碳生产转型的组合性发展对策。

1. 转型发展的新要求

苏南地区的区位条件优越，经济基础雄厚，体制比较完善，城镇体系完整，科教文化发达，是全国发展基础最好、体制环境最优、整体竞争力最强的地区之一。国家要求苏南地区站在带动全国转变发展方式、全面提升发展水平、率先基本实现现代化的战略高度，在制度建设和发展方式上先行先试，不断为发展注入活力和动力，努力建设成为实践科学发展观的示范区、改革创新的引领区、现代化建设的先行区、国际化发展的先导区。这就要求苏南地区既要进一步提升发展的质量和效益，在科学发展、和谐发展、率先发展、一体化发展方面走在全国前列，充分发挥带动全国经济社会发展的龙头作用；同时又要进一步增强发展动力和国际竞争力，力争在国际产业结构调整和市场分工中占据重要位置，在国际市场竞争中发挥先锋带头作用，成为我国参与经济全球化的主体区域。

2. 战略定位中的新要求

根据长江三角洲地区的总体功能定位，结合国家主体功能规划确定的优化开发区域发展方向，充分考虑资源环境条件和社会经济发展基础，《规划》提出了“一核九带”的总体布局框架，并分别明确了“一核”和“九带”各自的发展方向。苏南地区作为重要的发展板块被列入沪宁沿线发展带，国家要求苏南地区率先既努力解决产业结构不合理、部分领域产能过剩、自主创新能力不强等制约发展方式转变的眼前问题，又注重解决体制与机制不适应、城乡区域发展不平衡、资源环境支撑不持续、增长内生动力不足等制约发展方式转变的长远问题。

3. 产业发展的新要求

《规划》要求苏南地区优先发展现代服务业，做强做优电子信息、装备制造、钢铁和石化等先进制造业，加快发展生物医药、新材料、新能源和民用航空航天等新兴产业，巩固提升农业、纺织服装等传统产业，培育一批具有国际竞争力的世界级企业和品牌，推进产业结构优化升级，建设全球重要的现代服务业中心和先进制造业基地，同时提出了煤炭、油气、电力和新能源等基础设施的建设要求。

9.1.3　必须关注未来国际新格局

发展低碳经济、应对气候变暖是全球共同的利益所在。但是由于非常复杂的原因，发展中国家在发展低碳经济方面处于相对被动的地位，难以共享发达国家低碳经济发展的重大关键性技术成果。苏南地区工业低碳生产转型过程中政策工具的设计与实施，必须关注未来国际新格局，尽可能地使组合性的政策工具具有前瞻性，能够有效地引领低碳经济的发展，促进工业企业低碳生产的转型。

1. 国际产业转移的压力

在经济全球化的格局下，发达国家的减排行动也必然会对发展中国家的经济产生相应的影响。为了实现《京都议定书》框架下的温室气体减排目标，处于“后工业社会”的发达国家的高耗能、高排放部门如电力、钢铁、建材和化工等行业也将面临强制性的减排要求。发达国家一方面挖掘自身的节能潜力，进行技术更新和改造，而另一方面可能向海外开拓市场，通过对外直接投资和“外购”的方式，向发展中国家转移高耗能、高污染、高排放的行业，增加企业利润以弥补在国内履约而造成的损失。在过去的国际产业转移和未来新一轮国际产业转移中，苏南地区已经并将继续成为世界的工业加工基地，这虽然使之获得了经济发展急需的资金和技术，促进了经济增长，但代价也不可忽视。苏南地区正处于工业经济高速发展阶段，工业经济的物理扩张，多数是对常规技术的简单复制，而且工业生产的机器设备一旦投入，其使用期限均在15～50年，甚至50年以上，这样，投入的资金便被“锁定”，立即更换意味着巨大的经济损失。而当未来需要承诺温室气体减排或限排义务时，这些投入就成为不小的障碍或包袱。如果把这些工业产业再转移出去，对就业、再就业和经济发展将造成很大的冲击。

2. 技术锁定的压力

前已所述，苏南地区主要工业产品能耗水平大大低于国际领先水平，如果不深入推进低碳技术创新，不努力发展清洁、低碳的能源技术和生产技术，那么，在以煤炭等化石燃料为主的能源结构在较长时期内不会发生根本性转变的情况下，随着工业化和城市化的推进，能源需求和消费还将迅速上升，苏南地区的经济和社会发展将遭遇重大瓶颈。从目前的形势看，低碳技术将是未来全球竞争中的战略制高点。发达国家很可能会利用其技术优势，推行与碳有关的交易规则制约发展中国家的发展。因此，大力发展低碳技术创新是十分必要的。本书第7章的研究显示，影响苏南地区工业企业低碳生产意愿与行为的重要因素是技术创新成果的不足。到目前为止，虽然很多学者认为投资低碳技术的成本是有限的，但是对于发展中国家而言压力还是很大的，它们面临着二氧化碳减排和环境保护以及经济发展的多重压力。而且对于发展中国家而言，不仅有引进低碳技术的成本问题，更重要的是在全球低碳技术水平不高的情况下，特别要谨防在引进西方所谓的“先进”技术时，陷入西方传统高碳技术所带来的更深的技术锁定，不能像工业化国家那样，深陷于石油能源技术——经济系统的“碳锁定”之中。

3. 工业出口国际贸易面临的压力

改革开放以来，苏南地区大力吸引外资，发展出口加工制造业，成为世界工业重要的加工基地之一。本书第4章的研究已揭示，由于出口的产品集中于高资源和高能源、低产品附加值的商品，苏南地区是以自我的能源资源消耗和环境污染排放为代价来维系不断的出口增长。而且过去的经验表明，很多高耗能产业中出现的投资增长过快、产能盲目扩张等现象，也不同程度地与出口贸易增长的驱动有很强的关联性。而发达国家为了减少本国的能源消耗和环境污染，也乐于转移这些高能耗的生产能力。其后果是对外工业出口贸易一方面拉动了经济的快速增长，另一方面却造成了能源供应紧张的局面，且增加了环境生态保护的压力，从而在一定程度上给苏南地区经济的进一步持续增长带来了额外的负担和压力。美国众议院在 2009 年 6 月 22 日通过了一项“限量及交易”(Cap-and-trade)法案，规定美国将对未达到美国碳排放标准的外国产品征收高额惩罚性关税，理由是如果其他国家没有实施温室气体强制减排措施，那将令为此付出成本的美国制造商处于不公平的竞争地位，因此美国政府将采用征收特别关税的方式来抵消这一成本。一些国际组织也提出“碳关税”可适用于国际贸易规则。本书的第 4 章实证分析了江苏与苏南地区工业出口贸易的碳排放，并利用 CGE 模型估算了可能实施的碳关税对江苏与苏南地区工业生产、出口和就业等相关方面的影响。目前，苏南地区工业出口的生产能力是客观存在的，面对碳关税，如何实施出口结构的转型也是这一地区所面临的巨大考验。

9.1.4　国外低碳经济发展的政策工具

气候变化问题是迄今为止规模最大、范围最广的市场失灵现象(Stern，2007)[1]。实现低碳经济战略目标，政府政策与制度安排是第一驱动力。为了促进本国低碳经济的发展，世界各国尤其是发达国家展开了多方面的探索与实践。低碳经济的政策工具主要是指以减少以二氧化碳为主的温室气体排放和化石能源消费为目标的各类政策的统称。低碳经济政策目标具体体现在碳减排、化石能源消费、可再生能源生产、低碳技术应用等方面，其首要目标是碳减排，它的争议也最大。在技术方面，各国都提出了低碳技术的研发计划，由于创新的不可预测性，低碳技术政策最直接的体现是用于研发低碳技术的公共支出数额不断增加。各国的低碳经济政策有以下四个着重点：一是低碳能源政策，包括可再生能源、节约能源、能源技术等政策；二是低碳技术政策，包括碳减排技术研发、应用和转让，碳封存技术，低碳技术标准等政策；三是低碳产业政策，包括鼓励低碳产业发展、低碳产品生产、限制高碳产品生产与进口等政策；四是低碳消费政策，包括绿色包装、绿色采购、绿色物流、绿色社区等政策。发达国家的低碳政策中以鼓励新能源开发和提高能效为重点，低碳技术研发、应用和转让更是重中之重。重点发展的低碳技术包括对现有能源技术的改造，太阳能、风力、水力、生物质能、海洋温差、潮汐、海浪、燃料电池等新能源技术及其电力转换技术，能源效率技术，碳捕获技术等。

从政策工具设计背后的经济学理论分析，国外的低碳经济政策可以概括为四类(卢山冰，2010)[2]：

1. 基于市场失灵理论的低碳政策工具

传统的经济学以外部性和公共品性质来解释能源环境领域的市场失灵，

认为解决之道有政府管制、税收、补贴等手段，矫正因市场缺陷而产生的外部性问题，如配额制度和法律行政强制手段。德国、英国、法国、意大利、日本等国都制定了严格的产品能耗效率标准与耗油标准，澳大利亚、美国、欧盟等制定了逐步淘汰白炽灯的法规，出台了对贸易商品如电冰箱、空调等认定进口的能耗标准等(托马斯·思德纳，2005)[3]。

2. 基于产权理论的低碳经济政策工具

基于这种理论的排污权交易(或可交易许可证，TEP)有助于消除环境“公共物品”外部性特征，充分发挥市场机制的效率。目前，世界上最大的排污权交易项目就是基于《京都议定书》的跨国间碳排放交易，根据议定书温室气体减排“三机制”，即联合履行(Joint Implemented，JI)、清洁发展机制(Clean Development Mechanism，CDM)和“碳减排”贸易(Emission Trade，ET)，率先履行减排义务的发达国家允许采取以下减排方式：两个发达国家之间可以进行排放额度买卖的“排放权交易”，发达国家和发展中国家共同减排温室气体。欧盟排放交易系统在 2005 年 1 月 1 日正式挂牌营运，成为现今全球最大的温室气体配额型交易市场，交易量约占欧盟 25 国全部二氧化碳排放量的 45%。2006 年全球碳交易项目总金额高达 300 亿美元(苏瑾和赢余，2007)[4]。

3. 基于信息不对称、委托-代理理论的低碳经济政策工具

为克服能源节约与碳减排方面的信息不对称和复杂的委托-代理问题，依据激励相容机制设计理论的政策工具有自愿协议、标签计划等，激励厂商和消费者主动减少“逆向选择”和“道德风险”，通过自愿承诺减少排放或采用清洁生产技术以减少政府管制。如日本经济团体联合会自愿减排协议等，还有德国工业联盟向德国政府承诺，其成员 2005 年的二氧化碳排放量及能源消费量将降至 1990 年的 80%。另外，还有激励信息公开的政策工具，如标签计划(Labeling Scheme)、ISO14000 或 EMAS 认证标准等，这些新兴的政策工具可以减少信息不对称和行政成本，改善公司形象和绩效。

4. 基于不确定性理论的低碳政策工具

非点源污染无法测度个体责任，点源污染只能承担有限责任，能源节约与环境保护的投资具有投资大而收益不明显的特征，这些问题也促进了政策工具的创新。如节能服务公司 ESCO(在中国国内称为能源合同管理 EMC)第三方融资工具得到了大力推广，这一方式在推动节能与碳减排技术应用方面将起到更加重要的作用(宋德勇和卢忠宝，2009)[5]。

9.1.5　政策工具的设计思路

对照国外低碳经济政策工具理论，结合国内的特点，不难发现我国目前的低碳经济政策工具主要采取的是以“目标责任制”为主线，以“命令-控制”为主体的政策组合。实践证明，这虽然可能是目前我国最有效、最直接的政策工具，但是从发展的眼光，从政策工具的战略性、可操作性与有效性角度来分析，政府促进工业企业低碳转型的政策工具的设计思路要作必要的调整与深化。促进工业企业低碳转型的政府政策工具体系应该是全方位的，是市场机制与政府管制的有机结合，是解决眼前问题与长远问题的有机结合。借鉴国际经验，基于苏南的实际，本书提出如下的设计思路：

1. 从行政控制向形成有效的政策工具体系转变

实际上，目前政府在促进工业企业节能减排、清洁生产与发展循环经济方面的政策手段极为单一，最常见的方法是下达指标、层层分解、检查考核的行政手段，经济与法律的手段极为滞后。而且这些行政手段局限于政府体系自上而下、体内循环，下级政府被动地接受上级政府的检查，压力很大，但这些压力难以传导到低碳经济发展的微观主体——工业企业。一旦出现问题，地方政府出于自身的利益，尤其是社会稳定、就业压力与完成经济发展指标等方面的考虑，往往难以处置，形成罚不责众的恶性循环。因此，设计和实施有效的经济与法律体系应该成为未来促进工业企业低碳发展政策体系建设的关键。

2. 实现政策工具价值理性的转变

苏南地区发展中始终面临着既要确保经济增长，又要促进结构调整的“两难冲突”，往往是实现了短期的经济增长而遮蔽了长远的结构问题，或为未来结构的转型增加了新的障碍。虽然苏南地区的五个城市未必都将经济增长指标列入各自的国民经济与社会发展的“十二五”规划之中，但这一具有重要意义的进步能否彻底转化为实际行动，不仅是一个漫长的演化过程，更有待于实践的检验。真正意义上促进工业企业低碳生产的政策工具具有复杂性、艰难性和关联性的特点，真正意义上促进转型的政策工具的基点应该是形成更具包容性和共享性，点面结合，形成经济利益驱动型、收益共享型的工业企业低碳生产的长期动力机制。

3. 实现各类政策的有机融合与相互补充

发达国家为实现其低碳经济的战略目标，设计了各种有效的低碳政策工具，显著特点是充分利用了市场机制，尽可能地调动微观经济主体(企业、消费者)的积极性，政府发挥制定规则和弥补市场失灵的作用。借鉴发达国家低碳政策的实践,未来政策工具的设计应该实现政府管制与市场机制的融合,使政策工具体系具有以下四个基本特点:一是重视利用市场机制激励企业节能减排,尝试性地建立地方性、区域性的碳排放的交易市场体系;二是政策工具的多样化和相互协调,综合运用征税、补贴、基金等工具,如尝试性地试点实施碳税政策;三是在政策制定和实施过程中,政府应该创造或借助一些“中间力量”,如创立具有独立法人地位的碳基金来管理和使用部分碳税收入等,促进政府、企业、行业协会、咨询公司、投资公司、科研机构与媒体等多方面力量的参与和合作,也使政府以少量公共资金的投入获得更多更好的效果;四是促进企业决策者、管理者和广大公众观念的转变。

9.2 工业结构调整的重点与工业出口结构转型

低碳化的工业产业结构是苏南地区工业低碳生产转型的基础。本书重点讨论苏南地区工业结构调整的方向与重点,并在此基础上分析工业出口结构转型的问题。

9.2.1 工业结构的调整

从理论上分析,根据工业低碳化水平的指标体系,基于线性规划、因子分析和聚类分析等,可以分析并定量给出苏南地区工业结构调整的方向与重点。由于苏州、常州和镇江有关数据的缺乏,本书主要以无锡为例展开分析。

以无锡的宏观经济、产业结构数据为基础数据库,以低碳经济为背景,以工业产业结构调整和优化升级为分析主线,设置全部 42 个产业的产业结构变量分别为:$x_1, x_2, x_3, \cdots, x_i$($x_i \geqslant 0, i=1,2,\cdots,42$,且 $\sum_{i=1}^{42} x_i = 1$)作为求解变量,其中 x_i 是第 i 个子行业的比重。根据国家规范的有关统计口径与指标,引入无锡 42 个产业所对应的能源消耗强度、劳动力就业带动强度、工业子行业所对应的用水强度、单位 GDP 产生的二氧化碳排放量。将中长期的动态政策规划问题按时间变量进行划分,转化为一系列短期的静态政策规划问题,其中每单位 GDP 二氧化碳排放量等数据采用本书第 5 章中表 5-30 有关无锡低碳情景下的目标数据;考虑到数据的可得性,无锡市工业子行业所对应的用水强度采用全国 2008 年的数据,而 GDP 能耗量为 2008 年度无锡市的实际统计数据。根据相关约束条件,本书进行了计算,获得了如表 9-1 所示的无锡各个工业子行业所占的权重,得出了基于促进结构低碳化与降低二氧化碳排放的无锡未来一个时期工业结构调整的主要方向与重点。

表 9-1　无锡市产业结构调整线性规划计量结果

各行业	线性规划后的各行业比重	线性规划后的各行业比重变化值
饮料制造业	0.002 761 159 473 299 93	0.000 552 231 894 630 234
烟草制品业	0.003 775 300 928 408 07	−0.001 258 433 642 776 74
纺织业	0.000 473 253 043 821 934	−0.000 157 751 014 504 375
纺织服装、鞋、帽制造业	0.058 156 434 324 323 3	−0.019 385 478 108 089 7
皮革、毛皮、羽毛(绒)及其制品业	0.019 379 929 163 000 4	−0.006 459 976 387 631 31
木材加工及木、竹、藤、棕、草制品业	0.000 796 910 709 241 397	−0.000 265 636 902 993 532
家具制造业	0.002 324 088 858 771 52	0.000 464 817 771 705 255
造纸及纸制品业	0.000 316 092 911 735 957	−0.000 105 364 303 698 915
印刷业和记录媒介的复制业	0.003 928 186 281 630 27	−0.001 309 395 427 194 66
文教体育用品制造业	0.005 620 167 128 889 98	0.001 124 033 425 709 98
石油加工、炼焦及核燃料加工业	0.000 653 654 550 853 888	−0.000 217 884 850 245 595
化学原料及化学制品制造业	0.005 025 972 856 527 47	−0.001 675 324 285 506 09
医药制造业	0.055 805 801 957 594 7	−0.018 601 933 985 837 9
化学纤维制造业	0.008 596 646 098 862 58	0.001 719 329 219 741 83
橡胶制品业	0.042 882 045 071 448 6	0.002 610 865 156 400 64
塑料制品业	0.004 912 253 524 004 59	−0.001 637 417 841 300 67
非金属矿物制品业	0.014 679 226 132 698 6	−0.004 893 075 377 351 70
黑色金属冶炼及压延加工业	0.014 344 597 020 823 7	−0.004 781 532 340 270 25
有色金属冶炼及压延加工业	0.145 432 823 264 203	−0.048 477 607 754 705 6
金属制品业	0.058 127 668 320 401 5	0.011 625 533 664 067 4
通用设备制造业	0.068 962 336 269 852 4	0.013 792 467 253 942 3
专用设备制造业	0.052 543 113 256 137 9	−0.002 353 033 737 276 31
交通运输设备制造业	0.034 459 362 628 508 7	0.006 891 872 525 618 89
电气机械及器材制造业	0.077 054 300 702 853 3	0.015 410 860 140 556 5
通信设备、计算机及其他电子设备制造业	0.119 979 999 189 570	0.023 995 999 837 897 2
仪器仪表及文化、办公用机械制造业	0.166 246 821 611 867	0.033 249 364 322 355 6
工艺品及其他制造业	0.018 244 005 140 451 9	0.003 648 801 028 073 68
废弃资源和废旧材料回收加工业	0.001 379 776 087 972 22	−0.000 459 925 362 633 889
电力、热力的生产和供应业	0.010 033 358 448 997 0	−0.003 344 452 816 332 29
燃气生产和供应业	0.002 499 286 710 069 70	0.000 499 857 341 994 073
水的生产和供应业	0.000 605 428 333 177 705	−0.000 201 809 444 344 202

由表 9-1 可知,由线性规划分析所得的无锡地区规模权重最大的前五大行业分别为仪器仪表及文化、办公用机械制造业,有色金属冶炼及压延加工业,通信设备、计算机及其他电子设备制造业,电气机械及器材制造业,通用设备制造业,其所占比重分别为 0.166、0.145、0.120、0.077、0.069;权重最低的

五大行业分别为造纸及纸制品业，纺织业，水的生产和供应业，木材加工及木、竹、藤、棕、草制品业，石油加工炼焦及核燃料加工业，其所占比重分别为0.000 32、0.000 47、0.000 61、0.000 65、0.000 80。与此同时，以实现低碳生产目标而进行的优化无锡市工业结构调整幅度最大的五个行业分别为有色金属冶炼及压延加工业，仪器仪表及文化、办公用机械制造业，通信设备、计算机及其他电子设备制造业，医药制造业，纺织服装鞋帽制造业，其权重调整幅度分别为0.048 5、0.033 2、0.024 0、0.019 3及0.018 6；各行业中现阶段规模贡献度与产业优化调整后最为接近的五大行业为造纸及纸制品业，纺织业，水的生产和供应业，石油加工炼焦及核燃料加工业，木材加工及木、竹、藤、棕、草制品业。因此，无锡地区结构优化后的产业重点集中在仪器仪表、电子、通信等战略性新兴行业。工业产业结构调整幅度最低的五个行业与占无锡地区产业结构最低权重的五个产业一一对应，凸显该地区的政策调整应着重体现“大行业、大企业”的特点，对于非本地区特色的产业应降低鼓励发展的力度。而对于纺织、医药、有色金属冶炼等传统具有明显污染特征的行业的规模应给予有效压缩。

9.2.2 工业出口结构的转型

苏南地区经济自改革以来所取得的高增长有赖于工业的高速增长，而工业的高速增长则在很大程度上有赖于工业品出口的高增长。以苏州市为例，2005—2008年出口总额占GDP的比重最低为2008年的134.92%，最高为金融危机前2007年的158.65%。2005—2008年苏南五市与江苏省出口总额对比见图9-1。

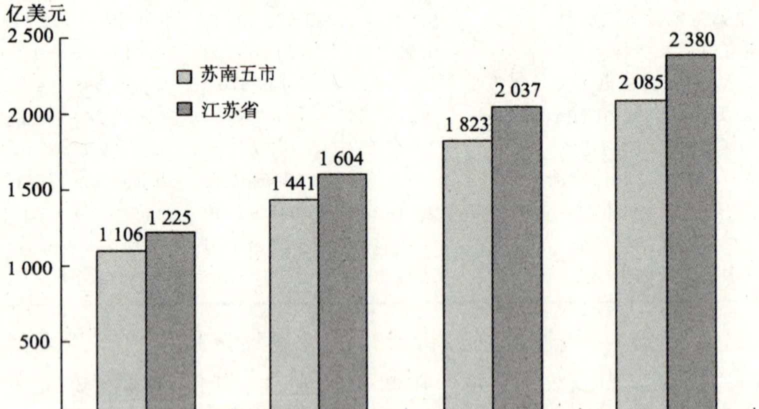

图9-1 2005—2008年苏南五市与江苏省出口总额对比

苏南地区工业出口结构的转型，主要包括三个方面的含义：

1. 压缩高碳排放的工业品出口规模

在“十二五”期间，苏南地区低碳生产转型的重要任务是调整工业出口结构，逐步将经济增长依赖出口的路径转向更多地依靠内需。根据本书第 4 章的研究结论，目前和未来一个时期，苏南地区的工业出口结构调整的重点是压缩表 9-2 中的十个工业部门的出口规模。实际上，表 9-2 中所列出的相关工业行业，不仅碳排放程度高、污染严重，而且需要进口大量的原材料，危害国家的经济安全。因此，作为我国发达地区的苏南而言，压减这些产品的出口规模具有重要的价值。

表 9-2 苏南地区工业出口结构重点压缩与调整的十个工业部门

工业部门	净出口碳排放量/万吨	排名
化学工业	130.920	1
服装皮革羽绒及其制品业	126.444	2
通信设备、计算机及其他电子设备制造业	89.713	3
纺织业	40.656	4
金属冶炼及压延加工业	35.375	5
造纸印刷及文教用品制造业	29.761	6
非金属矿物制品业	22.303	7
木材加工及家具制造业	14.521	8
交通运输设备制造业	13.466	9
石油加工、炼焦及核燃料加工业	10.407	10

注：表中的净出口碳排放量是以日本技术水平计算的 2002 年江苏工业分行业净出口隐含碳排放量。

2. 考虑实现碳排放的转移

《东京议定书》对发达国家的碳排放实行了限制。在 2009 年的哥本哈根会议上，中国承诺到 2020 年全国单位 GDP 的二氧化碳排放比 2005 年下降 40％～45％。因此，在国际贸易上，为了保持目前的出口规模，就有可能需要碳排放交易，这对于处于价值链低端的苏南地区的工业出口产业来说就得不偿失。所以，在实现节能减排的同时，转移部分高碳排放的产业(如纺织服装产业等)到容量高的国家和地区，或者转移到不受限制的地区，就显得尤为重要。

3. 真正提升利用外资的层次

目前，在苏南地区利用外资中已经基本杜绝了传统工业中所涉及的废气、废水和固体废弃物严重污染的项目，但并没有关注高碳排放的项目。因此，必须提高外资高碳产业准入门槛，避免留下长久不利影响；通过有效的手段对现有的外资生产企业进行适当的管制，控制高耗能、高排放工业品的过快增长。

9.3 碳排放量较大的相关行业：力度更大的技术改造与国际技术合作

工业产业结构的调整是一个较为漫长的过程，而且产业的转型具有一定的刚性。有些碳排放量较大的产业，如电力、热力的生产和供应业，所面临的并非是简单的压缩与转型，不能够依靠简单的关停并转，而且这些行业是地方国民经济的基础性行业，完全有可能继续发展。因此，对于苏南地区工业碳排放量较大的相关行业采取的主要措施，应该是力度更大地进行技术改造与展开有效的国际技术合作。具体而言，必须在继续严格执行相关政策的同时，分类指导，进行更加积极有效的调整改造。对黑色金属冶炼及压延加工业、化学原料及化学制品制造业、非金属矿物制品业和纺织业，在继续实施关停并转的同时，对继续保留的企业，重点实施清洁生产与循环经济等方面的技术改造；而对电力、热力的生产和供应业，由于行业的特殊性，更多的则主要是采用重大的低碳技术。本书为此给出如下的案例，案例所要揭示的主旨，就是从工业企业的实际出发，加快技术创新。

9.3.1 黑色金属冶炼及压延加工业案例

中天钢铁集团成立于2001年9月，总部位于常州武进，是一家涵盖球团、烧结、炼铁、炼钢、轧钢、发电、焦化、物流、外贸等多元产业的国家级钢铁企业联合集团。该集团在2005年成为常州首家销售超百亿企业，连续六年荣列中国企业500强，位居2010中国500强第185位，制造业500强第88位，全国钢铁业第26位，中国民企制造业第8位，江苏省百强民营企业第5位。同时致力打造研发平台，该集团与钢铁研究总院战略结盟，成为“钢铁研究总院研究应用基地”。2009年，面对金融危机的持续考验，该集团实现钢产量501万吨，完成工业产值353亿元，销售收入350亿元，同比增长36%，利税12.91亿元，上缴税收4.7亿元，2010年将力争产销突破420亿元，利税25亿元。

近年来，中天钢铁集团有限公司把产品研发和技改项目放在发展的突出位置，坚持生产与环保并举，降本与增效并重。三年来，用于节能减排的投入已超过11.5亿元，实施了高炉TRT余压发电、轧钢煤气加热、焦炉煤气石灰窑等数十个节能环保项目，并预算投入2.1亿元进行余热发电等15个节能减排技改项目。通过推进节能减排，做到了固废管理零储存、零排放，实现100%综合利用，每年循环经济产生效益超过 5 亿元，水循环利用率 96%以上，吨钢耗新水 3.8 吨，年综合利用煤气 60 亿立方米，利用率超过 98%。一个非常值得借鉴的做法是，公司实施中水回用项目，将常州武进东部地区居民生活污水处理后的中水引入集团供水系统，作为工业用补充水。一期项目建成后，每天将利用中水 2 万吨，2012 年将达到每天 4 万吨，极大地减少运河水的开采，主动承担起保护太湖、运河流域水资源、水环境的重任。2011 年开始，中天钢铁将加快烧结烟气脱硫改造，加大高压电机变频改造、低压循环泵改造、高炉水泵技能技改等环保项目建设，并建设综合污水处理站，实施清污分流。同时加强现有环保设施、节能设备保养维护，确保高效运行，使吨钢耗新水降至 4.9 吨，二氧化硫排放降至1.79千克，COD 排放降至 0.103 千克，粉尘排放降至 1 千克。

9.3.2　纺织业案例

被誉为“全球超细纤维专家”和“印染产能亚洲第一”的吴江市盛虹集团创立于 1992 年，如今已成长为总资产近 100 亿元、年销售收入超 100 亿元的现代化集团企业。目前，集团主营化纤和印染，成为业内的领军企业。2009 年，盛虹集团首度入围“中国企业 500 强”名单。由中国纺织工业协会发布的“2008 至 2009 年度中国纺织服装企业竞争力 500 强”榜单中，盛虹集团再次以骄人业绩脱颖而出，跻身全行业企业综合竞争力 500 强及中国纺织服装行业主营业务收入 100 强，印染和化纤双双进入行业 10 强，并且印染首次获得 10 强之首，产能居亚洲第一，成为引人注目的焦点。

盛虹集团有限公司从 2002 年至今每年投入数千万元引进国际上先进的设备，不断淘汰落后的高能耗、高耗水、低效率的设备。2002 年公司在国家清洁生产中心专家的指导下，开展了清洁生产审计，致力于节能、降耗、抑制和减少末端治理的负担，注重污染预防、节约用水、降低废水 COD 值、减少印染废水的排放量，取得了阶段性成果，通过了国家清洁生产中心专家组的审核验收。近年来该集团采取的节能降耗节水减排的具体措施有：

1. 采用新技术、新工艺等

例如，采用碱减量废水物化处理新方法。大部分的涤纶面料须进行碱减量处理，以改善织物的手感和风格。该工序耗碱量大，而且加工过程中产生的对苯二甲酸钠是废水 COD 值高的主要原因。而通过碱减量废水的物化处理，COD 去除量可达 70%以上。又如使用连续平幅退浆机退浆新工艺。传统的退浆是利用间歇式设备退浆，主要采用平幅卷染机或绳状溢流染色机退浆来完成，用水量大，造成水资源严重浪费，且是污水产生量大。而连续式平幅退浆机采用逆流式给液，省水、省助剂，给水和给药操作简单，经测算每万米节约用水和降低退浆废水的产生量180吨。

2. 加大设备改造

引进低浴比染色设备，降低染色废水的排放量。染色浴比由1∶15降为1∶5，在保证产品质量的前提下，可减少污水排放量60吨/万米。小浴比染色，还可降低染料、助剂的使用量。对染色设备进行改造，安装变频器可节约用电。安装变频器降低单机能耗，可节电20%～30%，以200台溢流染色机计，每年节电可达600万千瓦时。淘汰落后设备，引进先进的定型机。老式定型机电耗、热耗大，而且产能低，而进口定型机马达均采用变频控制，电耗小，热效率高，经测算，改造后每年每台定型机节电12.7万千瓦时，节煤1 600吨。

3. 循环节约使用资源

淘汰原机械式除尘器，全部改为喷淋双旋脱硫除尘装置，喷淋水采用含碱废水，使含碱废水得到回用；生产过程中冷却水回用。高温高压溢流染色机冷却水量较大，公司专门铺设管道，集中回用。建设热电厂投入运行，实现了热电联产，实行集中供热，大大提高了资源的利用效率，降低了煤耗。

9.3.3 化学原料及化学制品制造业案例

江苏华昌化工股份有限公司拥有总资产约26亿元，员工3 000余人，主要涉足农用化工、基础化工、精细化工、生物化工、热电产品和研发。合成氨综合能耗自1992年连续十多年处于国内同行最低的水平，被评为中国“氮肥明星企业”，是中国化工百强企业之一。该公司在节能减排与能源管理方面的主要做法如下：

1. 完善能源管理制度

2006年以来，该公司针对企业实际，不断完善能源管理制度，为能源的日常使用管理提供制度保障。每年根据实际情况完善出台具体的节能管理考核细则，考核倾向于资源的综合利用，如对热电蒸汽煤耗采取考核其消耗的烟煤用量为主，而混合煤消耗量为辅的方式，鼓励其多用、用好合成氨系统产生的炉渣、煤矸石等废弃资源。采用专用的废气燃烧锅炉，并建有专用气柜收集氮肥装置所有的放空气以及变压吸附提氢中的解吸气，利用废气余热锅炉生产中压蒸汽以供生产使用，合成氨系统实行了蒸汽自给，节约了能源，实现了循环经济。目前，公司每年可以回收利用白煤屑8.9万多吨，节约外购白煤约7.8万吨。

2. 加强水资源的节约和循环利用

目前,公司合成氨、尿素、联碱生产装置全部采用循环水技术、高效水质稳定技术,极大地提高了水的利用率;对生产区域内的河水、雨水、清下水、污水、循环水在内部实行分流布置;对造气、合成、尿素等生产装置正常生产过程中排放的工艺废水集中进行生化处理,基本实现了全厂污水零排放。

3. 加大技术改造的力度

多年来,公司淘汰了一大批落后生产工艺和装置,采用了多项国内、国际先进的生产技术。例如,尿素生产线节能降耗技术改造项目被列入 2006 年度江苏省节能与发展循环经济专项资金项目,项目投运后年节约标准煤 60 000 吨、节水 368 万立方米、节电 871 万千瓦时;实施的浓气制碱工艺节能技术改造项目,实现吨碱节电 70 千瓦时,年节约标准煤约 2 520 吨;化肥生产装置综合改造项目被列入国家发改委 2007 年节能技术改造财政奖励项目实施计划,2007 年 12 月已投入运行,年节约 34 263.49 吨标准煤。

9.3.4　非金属矿物制品业案例

连云港福东正佑照明电器有限公司始建于 1992 年 8 月,是石英玻璃行业的大型生产企业,主要耗电设备是 15 台连续式电熔炉(以下简称连熔炉),以石英砂为材料熔炼石英拉管,是国内石英玻璃管生产的主要厂家。主导产品为各类石英玻璃管及其深加工产品,石英玻璃管及石英玻璃管热加工系列产品的国内市场占有率达 40%以上,其中滤紫外线系列石英玻璃管国内市场占有率在 60%以上。该公司生产的稀土元素石英玻璃管、激光器用石英玻璃管、耐高温石英玻璃管、低熔点滤紫外线石英玻璃管被江苏省科技厅认定为高新技术产品,耐高温石英玻璃管被国家科技部、商务部、国家质量监督检验检疫总局、国家环保局共同认定为国家级重点新产品。2007 年 6 月至 2008 年 5 月,公司对 15 台连续式电熔炉的保温材料进行节能改造,全部采用碳石墨硬毡和石墨软毡替代石英砂。从改造后的运行情况看,节能效果显著。碳石墨硬毡和软毡是性能优良的新型保温材料。该材料是毡和絮形成的碳纤维材料,是由天然纤维和合成纤维制成的。碳石墨硬毡和软毡导热率低,大大优于疏松颗粒填料(如石英砂等)。同时其表面性能好,几乎不受所有熔融金属的影响,还具有优越的电阻率。该材料与石英砂相比,石英砂的最高使用温度为 1 300 ℃,在 1 000 ℃时的径向导热系数为 2.5 W/mk,而碳石墨硬毡和石墨软毡在保护气体下使用温度可达到 3 000 ℃,不仅耐温性能超过石英砂,尤其是在 1 000 ℃时的径向导热系数仅为 0.25 W/mk,是石英砂的 1/10,可有效提高炉体的保温效果，节省电力，且使用年限长于石英砂5年，因而取得了较好的经济效益。

9.3.5 电力、热力的生产和供应业：展开国际技术合作

电力、热力的生产和供应业具有特殊性，降低碳排放，促进节能减排，采用简单的关停并转并不能解决问题，必须在保证全社会基本电力、热力供应的同时，采取技术改造的方法来进行。降低电力、热力的生产和供应业的能耗与碳排放，从根本上分析是要实施碳捕获和存储技术。碳捕获和存储技术是国际上公认的最具发展潜力、最具普遍意义、最具革命性的二氧化碳减排技术。应用于燃煤发电厂的碳捕获和存储技术最高捕捉效率可达90%，因此各国都视之为应对气候变化的最佳方案之一。在我国，碳捕获和存储技术被列入了国家中长期科技发展规划，在国家科技部的《中国应对气候变化科技专项行动》中，作为控制温室气体排放和减缓气候变化的技术重点被列入专项行动的四个主要活动领域之一，在"十一五"期间国家"863"计划给予了很大支持。目前，在欧盟各国如英国、法国、德国、意大利、西班牙、瑞典、挪威与荷兰，都能够看到碳捕获和存储技术项目的身影。德国莱茵集团(RWE)、法国道达尔集团和雪佛龙集团、意大利国家电力公司(Enel)、英国石油公司(BP)和英荷壳牌石油公司等著名跨国企业都已经宣布了碳捕获和存储技术研发计划，这些公司都期待在不久的将来实现碳捕获和存储技术的商业化运作。目前，我国单独展开碳捕获和存储技术研发与商业化的难度大，展开国际合作是重要的路径。同时该项技术投资较大，而且在短期内投资难以回收。目前，国际上开展的类似项目都是由政府提供资金支持的示范性项目。建议苏南有关城市在争取国家支持的同时，努力寻求国际科技合作，争取率先在电力、热力的生产和供应业进行碳捕获和存储技术的应用，并逐步向高碳排放的工业行业推广。这对电力、热力的生产和供应业，黑色金属冶炼及压延加工业，化学原料及化学制品制造业，非金属矿物制品业等二氧化碳排放量大的行业实现真正意义上的碳减排具有重要意义，而且对全国相关行业的碳减排具有示范意义。

9.4 能源价格体系的改革与新能源的供给

研究显示，在我国能源价格会对能源效率产生影响，能源价格的上升会改善能源效率(Fisher-Vanden，2004；杭雷鸣和屠梅曾，2006)[6-7]。一个经验数据是，能源价格每上升一个百分点，单位GDP能耗就会降低0.861 9个百分

点。因此,苏南地区应该争取上级相关部门的支持,率先改革能源价格的形成机制,同时,积极强化新能源供给的体系建设,使企业有能源消费的多种选择。能源价格体系的改革与新能源的供给,是苏南地区工业企业低碳生产转型的基础性工作。

9.4.1 能源价格体系的改革

本书第 7 章的研究显示,能源成本在工业企业生产成本中所占的比重总体偏低。能源成本占生产成本高的企业具有明显的低碳生产行为,而能源成本占生产成本低的企业实施低碳生产的意愿很低。对不同碳排放强度的企业没有实现差别化的能源价格,是导致工业企业碳排放强度居高不下的重要原因。能源价格体系改革的重点是:① 逐步实现竞争性能源领域的市场定价,对自然垄断环节要根据明晰的规则进行监管;② 将能源开发、转化和使用过程中的外部成本和资源消耗状况完全反映在能源产品的价格中;③ 价格交叉补贴要逐步实现由"暗补"向"明补"转变,并最终向取消交叉补贴,由公共财政提供基本能源消费补贴转变。

煤炭行业要改革成本核算政策,将煤炭资源有偿使用费、安全生产费用、生产环境治理恢复费用、煤矿转产资金和职业健康费用按照一定的渠道列支到煤炭成本中,实现外部成本内部化,逐步实现覆盖全部成本的煤炭价格。电力行业在上网电价环节,火电等常规电力的上网电价要逐步由市场定价。在输配电价方面,要逐步形成独立的输配价格。销售电价要逐步解决交叉补贴问题,为实施双边电力交易创造条件。近期,还要随着可再生能源和清洁能源利用规模的扩大及时调整可再生能源附加水平,足额分摊可再生能源和清洁能源带来的成本上升。天然气出厂价格要逐步由政府定价转向市场定价,理顺天然气出厂价格水平。城市供热领域除了大力推进集中供热、鼓励并支持发展能效更高的热电冷联产项目外,还要推行分户用热/用冷计量,推进热费制度改革。尽快完成热费补贴改革,改"暗补"为"明补",建立健全"多用热、多交费"的热费制度,实现供热的商品化、货币化,逐步建立科学合理的供热价格形成机制。

9.4.2 构建低碳生产转型的新能源供给体系

苏南地区以煤为主的能源结构虽然难以在短时期内改变,但优化能源结构、发展清洁能源的潜力很大,这是从根本上降低工业企业碳排放强度的重要举措。

1. 推进光伏并网发电

依托无锡、常州等在我省太阳能光伏产业方面的发展优势，在苏南地区建设一批光伏并网发电的示范工程。支持有关企业降低光伏发电成本，并通过补贴的方式，争取将光伏发电成本下降到一个合理且企业能够逐步接受的范围。同时运用经济手段，鼓励众多企业采用光伏发电。依托江苏的力量，既需要考虑市场供求，又要把握产业化进程，通过联合的方式，制定光伏发电上网管理的实施细则。

2. 加快发展生物质发电与工业余热发电

推进生物质发电，重点解决好设备不成熟导致电厂无法稳定地高负荷经济运行、燃料成本居高不下与自动化程度低等问题，较高起点、较高层次地建设生物质发电项目，改善能源结构。同时，以重点企业为依托积极推进工业余热发电，充分利用现有企业的余热、污泥等废旧资源进行发电等，在更高的层次上推进企业发展循环经济。

3. 发展能源利用技术

发展能源利用技术的重点在于：① 集约、清洁、高效地利用煤炭，大力发展煤炭的清洁利用技术，大力发展先进燃煤发电技术，提高煤炭转化效率；推进热电、热电冷联供等多联产技术，提高煤炭资源的综合利用效率。② 优化石油、天然气供应，增加天然气对煤炭和石油的替代量，提高天然气在能源消费中的比重。③ 大力发展低碳和无碳能源。加快发展太阳能、风能、生物质能、氢能、核能、油页岩、油砂、天然气水合物等的开发利用新技术，提高可再生能源和新能源装备的国产化水平，提升技术的综合竞争力，为开发替代能源奠定科技基础。当前，要加快水电、核电、风电建设，推进太阳能光伏发电商业化。④ 从战略高度重视智能电网、碳捕获及碳利用技术的研发及应用。提高配电网对供需信息变化的反应能力，特别是对电动汽车、蓄能装置利用等需求的反应能力，增加可再生能源消纳能力。加强碳捕获和碳利用等技术的研发和应用推广，尽早取得突破性进展，掌握相应知识产权。

9.5 低碳技术的研发与推广

工业企业低碳生产转型的深度，关键取决于技术。没有重大技术的突破与广泛应用，没有面广量大的工业企业的共同行动，实现低碳生产的转型将是非常艰巨的过程。

9.5.1　设立低碳经济专项引导资金

苏南地区各市要全面整合优化分散在有关部门的各类促进节能减排的专项资金，统一设立低碳经济专项引导资金，支持全社会的节能降耗、低碳排放和发展循环经济、清洁生产与低碳技术创新。在市政府的统一领导下，按照突出重点、抓住关键、轻重缓急、动态变化的原则，由相关管理部门具体实施，充分发挥市级资金的引导带动作用，不断提高财政资金的使用绩效，既努力培育和壮大一批对全市未来发展具有重要作用的新兴产业集群，又为实现碳减排目标提供强有力的支撑和保障。

9.5.2　集中攻克急需关键共性技术

有重点地选择有利于苏南地区节能减排能力提升的重点关键性技术，通过技术联盟的方式，按照“优势互补、层级相配”的原则，依托大企业集团，吸引具有核心竞争优势的高校、科研机构参加，展开碳减排重大关键技术的科研攻关，研发急需的碳减排的共性技术和前瞻性技术。

9.5.3　重点支持一批新技术的研发

重点发展的新技术主要是清洁生产的新技术，如适用于产业和社会生活领域的能源供给和资源利用、温室气体减排等节能技术、方法和工艺；能源生产端需要的清洁能源技术，即替代天然气、石油、煤炭等化石燃料的可再生能源技术；能源使用过程阶段需要的提高能源效率的清洁技术，即高效能技术；能源消耗末端需要的二氧化碳移除技术（脱碳技术）等。

9.5.4　完善支持新技术研发的机制

政府重点采用后资助的方式推广运用一批共性技术，优先支持产业联盟合作的，具有产业化雏形且能够推广的共性技术项目，使最急需资金支持、研发成功最有可能的碳减排新技术项目获得最先支持。在政府引导下，以企业为主体，通过增加中试研究的资金投入，提高碳减排新技术成熟度，推动“科研-中试-生产”三位一体的良性循环。加快技术成果的产业化，支持低碳技术的试验示范，给予低碳新产品购买者一定的税收优惠和财政补贴。

9.6 争取试点开征碳税:配额制与碳税比较

碳税通过对燃煤和石油下游的汽油、航空燃油、天然气等化石燃料产品，按其碳含量的比例征税来实现减少化石燃料消耗和二氧化碳排放。与总量控制和排放贸易等市场竞争为基础的温室气体减排机制不同,征收碳税只需要额外增加非常少的管理成本就可以实现。在我国,国家发改委正在研究征收碳税的具体方案。根据我国通常的做法,一般有可能在全国面上推开之前进行试点。从早改革、早主动、早发展看,苏南地区有条件、有基础通过争取试点开征碳税。由于碳税在国内外尚无先例,无法做相关实证分析,因此在此从理论方面给出初步论证。

二氧化碳过度排放是消费与生产的负向外部性所致。为消除外部性,理论界曾提出了三个方案:第一,实行配额制,即由政府直接规定消费者或企业减少消费或产量。第二,征收“庇古税”。这是由庇古(Pigou)在 1932 年设计的。庇古认为外部性导致私人边际成本低于社会成本,而通过征税可以提高私人的边际成本,使之与社会边际成本保持一致。在减排实践中,碳税功能与“庇古税”一致,都是为了消除外部性。第三,明晰产权。科斯于 1960 年提出，只要产权是清晰的,交易费用为零,则资源一定可以达到最优配置。科斯的推断是以产权清晰为前提条件的,而二氧化碳排放是全球性的,要明晰产权几无可能。因此减少二氧化碳排放必须依赖于政府的“有形之手”,在配额制与碳税两者中做出抉择。本小节将对上述两种相关制度设计做出比较分析。

9.6.1 完全信息条件下两个消费者的社会

假设在一个完全竞争的市场中只有两个消费者,其效用函数为似线性效用函数:

$$u_i(\cdot)=v_i(p,h)+\omega_i(i=1,2)$$

其中,p 为商品价格,ω 为消费者收入,h 为消费者行为。h 对消费者 1 是有益的,满足边际效用递减规律:$\partial u_1(\cdot)/\partial h\geqslant 0$、$\partial^2 u_1(\cdot)/\partial h^2<0$;对于消费者 2 则是有害的:$\partial u_2(\cdot)/\partial h<0$、$\partial^2 u_2(\cdot)/\partial h^2<0$。

在给定商品价格与收入的情形下,社会福利最大化要求:

$$\max v_1(h)+v_2(h)$$

一阶最优解 h^0 满足:

$$\frac{\partial v_1(h^0)}{\partial h^0}=-\frac{v_2(h^0)}{\partial h^0}$$

由于$\partial v_2(h^0)/\partial h^0<0$，所以$\partial v_1(h^0)/\partial h^0>0$。

无政府管制，消费者 1 将不考虑消费者 2，只考虑自身效用的最优化：

$$\max\ v_1(h)$$

一阶最优解 h^* 满足$\partial v_1(h^*)/\partial h^*=0$，在边际效用递减规律支配下，必有 $h^*>h^0$，即负向外部性导致私人的最优解超过了社会的最优解。

如果政府以社会福利最大化为目标对社会进行管制，那么在信息充分的条件下，选择配额制可以直接要求消费有 1：$h^*\leqslant h^0$，一旦违反规定，消费者 1 须接受惩罚，所以消费者 1 必定会选择：$h^*=h^0$。政府选择征收碳税，可令税率 $t=-\partial v_2(h^0)/\partial h^0$，消费者 1 最优化将目标转变为：

$$\max\ v_1(h)-th \tag{1}$$

在征税的情形下，消费者 1 的一阶最优解是 $h^*=h^0$。

除配额制与碳税外，政府也可以采用补贴方式。假如政府对消费者 1 低于 h^* 每一单位的 h 实施量为 $s=-\partial v_2(h^0)/\partial h^0$ 的补贴，这样，消费者 1 的最优化目标为：

$$\max\ v_1(h)+s(h^*-h)=\max\ v_1(h)-th+th^* \tag{2}$$

从(1)、(2)式可以看出，两式的一阶最优解是一致的。由于补贴可以被视为负税收，所以在此将补贴归为负碳税。

根据上述分析，配额制与碳税的效果在完全信息条件下是等价的。然而，上述模型存在缺陷：第一，它只考虑两个消费者，而在现实社会中，产生负向外部性的消费者可能不止一个。第二，政府必须知道消费者的边际效用，才能确定税率。如果放宽上述两个条件，配额制与碳税的等价性是否存在？以下将对上述问题做出分析。

9.6.2　完全信息条件下三个消费者的社会

现假设一个社会中有三个消费者，消费者 1、2 有数量为 h_1、h_2 的相同行为，这对他们是有益的且不存在相互影响，该行为满足边际效用递减规律：$\partial u_1(\cdot)/\partial h\geqslant 0$、$\partial^2 u_1(\cdot)/\partial h^2<0$，$\partial u_2(\cdot)/\partial h\geqslant 0$、$\partial^2 u_2(\cdot)/\partial h^2<0$，但是对消费者 3 是有害的：$\partial u_3(\cdot)/\partial h<0$。

在给定商品价格与收入的情形下，社会福利最大化要求为：

$$\max\ v_1(h_1)+v_2(h_2)+v_3(h)$$

$$s.t.\ \ h=h_1+h_2$$

一阶最优解 h_1^0、h_2^0 满足：

$$\frac{\partial v_1(h_1^0)}{\partial h_1^0}=-\frac{v_3(h^0)}{\partial h_1^0}$$

$$\frac{\partial v_2(h_2^0)}{\partial h_2^0}=-\frac{v_3(h^0)}{\partial h_2^0}$$

无政府管制，消费者1、2不考虑消费者3，则两者的最优解 h_1^*、h_2^* 分别满足：$\partial v_1(h_1^*)/\partial h_1^*=0$、$\partial v_2(h_2^*)/\partial h_2^*=0$。在边际效用递减规律支配下，必有：$h_1^*>h_1^0$、$h_2^*>h_1^0$，即负向外部性导致私人的最优解超过了社会的最优解。这与模型1的结果一致。

当信息充分时，政府选择配额制，可令 $h_1^*\leqslant h_1^0$、$h_2^*\leqslant h_2^0$，消费1、2还是会选择 $h_1^*=h_1^0$、$h_2^*=h_1^0$。政府选择碳税，可令 $t_1=-\partial v_3(h^0)/\partial h_1^0$、$t_2=-\partial v_3(h^0)/\partial h_2^0$。政府选择补贴结果相似，在此不再赘述。不难计算，实行碳税后消费者1、2的最优一阶条件是 $h_1^*=h_1^0$、$h_2^*=h_1^0$，从而资源亦可以达到最优配置。如果 $h_1^0=h_2^0$，则 $t_1=t_2$；如果 $h_1^0>h_2^0$，则 $t_1>t_2$，反之则相反。可见，碳税在多人效用不等的条件下应近似于累进税。假如政府不实施累进税而采用统一税率 t，令统一税率 $t=(t_1+t_2)/2$，这样相对于累进税，消费者1的税收负担减轻，而消费者2的税收负担增加，所以消费量越大的消费者越容易接受碳税。

9.6.3 信息不对称条件下三个消费者的社会

上述两个模型结论都依赖于政府具有充分信息。现假设政府知道社会最优量 h_1^0、$h_2^0$①，也知道消费者1、2的 h_1^*、h_2^*，但是并不清楚消费者的效用函数，从而无法确定碳税率，以致碳税失效②。不过，政府依然可以实行配额制，规定 $h_1^*\leqslant h_1^0$、$h_2^*\leqslant h_2^0$，所以配额制仍有效。

也可能存在这样一种情形：政府只知道社会最优总量 h^0 以及消费者1、2最优量之和 h^*，并不清楚各自的具体的量以及消费者的效用函数。毫无疑问，在上述情形下碳税仍然无效。如果是配额制，政府可以给予消费者1、2的配额同为 $h^0/2$，但是基于公平，可能会以效率损失为代价。例如，当 $h_1^*>h_2^*$ 且 $h_1^0>h_2^0$ 时，原来消费者1在信息充分的条件下效用损失为 $v_1(h_1^*)-$

① 当然在不知道效用函数的情况下，政府无法获知最优量。不过，可以把协议（如《哥本哈根协议》）碳排放量作为社会最优量的替代变量。

② 这里的模型只考虑单期的社会福利，如果政府以牺牲当前社会福利为代价，能将筹得的税收用于减排新技术开发，以未来福利提高为收益，则"庇古税"并非完全不可行。

$v_1(h_1^0)$，而当前的损失是 $v_1(h_1^*)-v_1(h^0/2)$，由于 $h^0/2<h_1^0$，所以两者相比，当前的损失增加了。为提高效率，政府应同时建立配额交易市场，便于消费者 1 向消费者 2 购买相应的配额。只要配额价格小于 $v_1(h_1^0)-v_1(h^0/2)$ 并大于 $v_2(h^0/2)-v_2(h_2^0)$，消费者 1 有购买配额的激励，消费者 2 也有出售激励，最终交易的结果是消费者 1 选择 h_1^0，消费者 2 选择 h_2^0。这一结果与完全信息条件下的结果一致。需要指出的是，碳税失效仅仅是在静态假设条件下。如果碳税收入用于减排技术的研发，那么以当前损失为代价换取未来福利增加，碳税不一定是次优的。

9.6.4　主要结论与政策含义

上述模型比较分析了在一个由消费者构成的社会中，为消除外部性采用配额制与碳税对社会福利的影响，相关的结论是：第一，只要政府拥有充分的信息，无论是由两个消费者构成的社会还由三个消费者构成的社会，配额制与碳税是等价的，都可以使社会福利达到最大。第二，在多消费者的社会中，如果政府拥有充分的信息且采用碳税，则制定累进税才可使社会福利最大，即负向外部性越大的消费者须承担的税率越高。第三，在信息不对称条件下，碳税失效，配额制依然适用。如果政府无法获知私人的最优量，那么为达到社会福利最大化，仅有配额制是不够的，还需要有相应的配额交易。

上述结论并不仅仅适用于完全由消费者构成的社会，同样适用于包含家庭与厂商的社会。一个多人的社会并存在信息不对称更符合实际，所以对政府制定相关减少二氧化碳排放政策的建议是：

第一，政府减排目标应以社会福利最大化为依据，实行二氧化碳排放配额制是政策首选。具体而言，政府应首先考虑针对不同企业给予不同的配额，即针对不同的企业制定不同的二氧化碳减排目标；其次，当政府只能设定平均配额时，必须建立配额的交易制度。从动态的角度来看，作者的研究认为，即使政府可以为不同的企业设定不同的配额，配额交易制度也是必要的，因为一些有能力通过技术革新降低二氧化碳排放的企业可以从配额交易中获取收益，从而有助于技术革新。

第二，如果政府开征碳税，将可能导致当前社会福利损失。不过，政府能将筹得的税收收入投入至正向外部性巨大的二氧化碳减排技术开发，以换得未来福利的提高，则碳税依然存在可行性。而要减少当前社会福利损失，政府应制定累进税制。如果统一税率，对于二氧化碳排放量高的企业而言税负偏低，排放量低的企业则税负偏高。这可能是企业规模越大，低碳生产意愿越强的原因之一。

第三，如果政府实施补贴，结果等同于碳税。为提高企业减排的意愿，政府应针对企业二氧化碳减排量进行补贴。在政府激励政策中，只有补贴减排量才是有效的。如果对其他方面进行补贴，如补贴企业购买减排技术，在生产过程中企业未必会真正使用。这也可能是政府激励政策不显著的原因之一。

9.7 探索建立工业企业碳排放许可证制度

过去在一些地区尝试推进二氧化硫排放绩效管理，但在具体的实施中的一个重要缺陷是二氧化硫排放绩效没有考虑环境容量。在环境容量较小而二氧化硫排放源多的地区，即使按排放绩效管理仍有可能使环境不堪重负。苏南地区可以尝试借鉴国外的经验。低碳经济的实质是"节能"和"减排"，《哥本哈根协议》更加强调"减排"，尤其是"碳"减排。因此，必须建立政府（管制者）、企业（被管制者）和关注公共利益的民间组织（社会团体）构成的工业企业二氧化碳减排的推进机制（朱德米，2009）[8]。近几十年，欧洲已经成功地减少了几种氮氧化合物的排放量，但其原因主要是经济形势变化及交通、工业、农业领域新举措的出台（Erisman 等，2003）[9]。Nordhaus（2007）比较了京都协议的量化控制机制和国际二氧化碳税的价格型控制机制，认为价格管制更有利于碳减排；Karvosenoja 和 Johansson（2003）提出可通过"自主"成本曲线实现碳减排[10-11]。工业企业二氧化碳减排的推进机制的核心是政府管制与经济手段的有机结合。严格实施管制的工业企业碳排放许可证制度，许可证内容应包括碳排放总量和碳排放浓度控制，与碳排放申报登记、审核制度和限期治理制度结合实施。对于不超过排放总量或排放浓度控制指标的，发给碳排放许可证；对于超过排放总量或排放浓度控制指标的，责令限期治理或限量治理，限期治理或限量治理达标后，再发给碳排放许可证。对碳排放许可证要实行年检制度，对年检不合格的企业，责令停产治理或关闭，吊销碳排放许可证。建立奖惩分明的弹性政策，凡是按照政府倡导的路径，自觉进行二氧化碳减排、维护环境，就可以获得更多的利益；凡是背离政府倡导的路径，没有配合、参与二氧化碳污染治理，就会损失更多的利益。一方面激励工业企业自主积极地进行二氧化碳减排，另一方面对减排不力的企业进行惩罚，形成工业企业二氧化碳减排的外在压力，达到工业企业二氧化碳减排系统从无秩序组织向有秩序组织发展、从低级向高级发展的长期目标。苏南地区可以选择不同行业的有代表性的重点企业为突破口，科学合理地确定不同行业特点的工业企业碳排放总量计算的理论与方法,尤其是重点工业行业、工业企业碳排放的计量问题。因此,可以研究制订地区的碳排放总量控制标准,根据地区的碳排放容量,确定工业企业单位销售额的最低碳排放标准,探索建立工业企业碳排放许可证制度。

9.8 培育苏南地区碳排放的交易市场

2003 年 10 月 13 日,欧洲议会和理事会通过 87 号指令(Directive 2003/87EC),规定了从 2005 年 1 月 1 日开始实施温室气体排放许可交易制度,简称欧盟排放交易体系(EUETS)。EUETS 分两个阶段实施:第一阶段从 2005 年 1 月 1 日至 2007 年 12 月 31 日,以二氧化碳排放权交易为主;第二阶段从 2008 年 1 月 1 日至 2012 年 12 月 31 日,包括另外五种温室气体的排放权交易。目前,世界碳交易市场发展迅速,欧洲排放交易市场的发展尤为突出,成为世界上最为活跃、交易规模最大的排放权交易市场。有关研究表明,到《京都议定书》生效前的 2004 年底,在联合国注册的温室气体减排项目仅 1 个,2008 年二级市场交易规模为 48 亿多吨二氧化碳当量[12]。2005—2006 年,市场规模从近 100 亿美元迅速攀升至 311 亿美元,2008 年达到 1 263 亿美元(表 9-3)。

表 9-3 2006—2009 年世界碳市场的交易情况

名称/单位	交易量/亿吨 CO_{2e}				交易额/亿美元			
年度	2006	2007	2008	2009	2006	2007	2008	2009
配额市场(Allowance Markets)								
欧盟排放交易体系 EUETS	11.04	20.6	30.93	63.26	244.36	490.65	1 005.26	1 184.74
澳大利亚新南威尔士 NSW	0.20	0.25	0.31	0.34	2.25	2.24	1.83	1.17
芝加哥气候交易所 CCX	0.10	0.23	0.69	0.41	0.38	0.72	3.09	0.50
区域温室气体减排计划 RGGI	—	—	0.62	8.05	—	—	1.98	21.79
分配数量单位 AAUs	—	—	0.23	1.55	—	—	2.76	20.03
合计	11.34	21.08	32.78	73.62	246.99	493.61	1 014.92	1 228.22
即期和二级京都抵补交易(Spot & Secondary Kyoto offsets)								
合计	0.25	2.40	10.72	10.55	4.45	54.51	262.77	175.43
项目交易(Project-based Transactions)								
初级清洁发展机制 Primary CDM	5.37	5.52	4.04	2.11	58.04	74.33	65.11	26.78
联合履约 JI	0.16	0.41	0.25	0.26	1.41	4.99	3.67	3.54
自愿市场	0.33*	0.43	0.57	0.46	1.46*	2.63	4.19	3.38
合计	5.86	6.36	4.86	2.83	60.91	81.95	72.97	33.70
总计	17.45	29.84	48.36	87.00	312.35	630.07	1 350.66	1 437.35

注:* 为包括其他合规交易(Other Compliance & Voluntary Transactions)。

资料来源:World Bank. State and Trends of the Carbon Market 2008/2009/2010. Washington, D.C.

2008年,中国相继成立了上海环境能源交易所、北京环境交易所、天津排放权交易所,迈出了构建碳交易市场的第一步。这三个市场的建立表明,中国正在积极探索碳排放交易市场化机制。实际上苏南地区推进建立碳排放交易市场具有良好的基础,这是因为江苏是国家环保总局确定的电力工业二氧化硫排污权交易试点的省份之一,同时江苏在二氧化硫排污权交易标的、交易参与者、交易方式、配额分配、交易跟踪、监管等方面作出了有益的探索。2008年起,江苏又开始建设太湖流域主要水污染物排污权交易市场,逐步建立企业向政府购买指标的一级市场和利用市场配置功能的企业之间相互购买指标的二级排污权交易市场。因此,苏南地区也应该在国家有关部门的指导下,抓紧推进建立碳排放交易市场。当然,苏南地区推进建立碳排放交易市场将面临诸多非常复杂的问题,有些理论、技术与制度问题需要统筹考虑,逐步解决。目前在探索过程中要着力解决以下三个最重要的核心问题:

9.8.1 理论研究与机制建设

从苏南地区的实际出发,借鉴国际经验,在以下问题上,率先展开理论研究,努力推进苏南地区碳排放交易市场的机制建设。需要研究的重点理论问题是:兼顾经济发展、环境容量、可持续发展潜力,科学合理地确定碳排放量的理论、方法及其递减方式;碳排放的公平分配方法、分配方式及比例(免费、拍卖、奖励与赠与等);碳排放市场交易参与方的原则;碳排放交易制度的构建(交易原则、条件、方式、程序、监管等);碳排放基础价格的确定,影响价格的因素分析(价格形成机制);政府干预碳排放交易价格的目的、方式、方法;政府对企业碳排放连续监测管理与碳排放交易的信息系统建设;等等。机制的设计非常重要,要注意借鉴欧盟三个方面的基本经验:第一,准确的碳排放数据对设立有效的排放上限,实现预定的减排目标十分必要;第二,应有足够的计划实施时间以影响企业的投资决策;第三,碳排放额度分配的方法对政府和行业管理行为均有重要影响[13-14]。

9.8.2 充分发挥市场机制的作用

目前,二氧化硫排污权交易市场不活跃的主要原因是没有合理的价格、企业对未来发展的乐观预期以及国家对二氧化硫排放总量控制的线性削减,导致企业减排空间越来越小。激活碳排放交易市场,需要政府提前公布未来较长时间的总量控制方案,也需要市场价格机制的杠杆作用;同时政府可以借鉴欧盟的做法,在分配配额时留5%的排放配额,以拍卖或其他形式分配给新建企业,也可以用于调节市场价格。

9.8.3　重点企业试点先行

苏南地区工业企业众多,难以也没有必要要求全部工业企业参与碳排放交易市场。苏南地区可以在省碳排放总量控制的框架下,从各自的实际出发,首先在耗能大户、碳排放最大、能效低的大型企业重点推开,甚至在起步阶段进行模拟的碳排放交易,取得经验后逐步推开。

9.9　完善政府职能与创造良好环境

促进工业企业低碳生产转型,需要完善政府职能,加强人才培养,进一步创造良好的社会环境,形成组合性的促进措施。

9.9.1　完善政府相关部门的职能

政府有关部门要适应低碳经济发展的客观要求,与时俱进,进一步完善相关职能,服务于工业企业低碳生产转型。例如,政府的审计部门要按照国家有关要求,完善碳减排与节能减排等方面的审计职能,重点突出对地方政府履行节能减排责任,重点行业与大型企业节能减排措施落实情况,节能减排专项资金申报、分配和管理使用等方面的审计调查。统计部门要按照碳减排的目标,完善工业企业碳减排的评价指标体系和低碳经济的国民经济核算体系等。工业和信息化管理部门要建立碳排放信息公开制度,积极探索建立与苏南各市实际情况相适应的碳减排监测预警机制、电厂的燃煤机组在线监控系统等,加强碳排放的监测分析,定期对碳排放情况做出评价报告并公开发布。

9.9.2　形成良好的社会环境

加大宣传力度,加强科普教育,广为宣传和科学引导,提高企业员工、居民和学生二氧化碳减排的意识,逐步以经济手段为主导引导居民有效地节能减排,促使公众改变生产、生活和消费行为模式,使用低碳产品,充分发挥非政府组织在二氧化碳减排中的重要作用。

9.9.3　大力集聚和培养低碳经济领军人才

需要依托高校及研究机构开设有关低碳及应对气候变化的培训课程。在高校的研究生阶段设置与低碳技术相关的相应学科点,开设碳交易专业人才的教育和培养课程，设置相关培训课程，为全市培养低碳管理专业人才。结合高层次人才引进计划，发挥政策效应，大力引进低碳经济领军人才，为低碳经济发展集聚丰富的人才资源。

参考文献

[1] Stern, N. The Economics of Climate Change: The Stern Review[R]. Cambridge University Press, 2007.

[2] 卢山冰，黄孟芳. 低碳产业政策工具的理论基础[N]. 光明日报，2010—04—14.

[3] 托马斯·思德纳(Sterner, T.)，张蔚文，黄祖辉. 环境与自然资源管理的政策工具[M]. 上海：上海人民出版社，2005.

[4] 苏瑾，赢余. 低碳经济的成长[J]. 世界环境，2007(4)：32—34.

[5] 宋德勇，卢忠宝. 我国发展低碳经济的政策工具创新[J]. 华中科技大学学报(社会科学版)，2009，23(3)：85—91.

[6] Fisher-Vanden, K., J. efferson, G. H., Liu, H. M., et al. What is driving China's decline in energy intensity? [J]. Resource and Energy Economics, 2004, 26(1): 77—97.

[7] 杭雷鸣，屠梅曾. 能源价格对能源强度的影响——以国内制造业为例[J]. 数量经济技术经济研究，2006(12)：23—28.

[8] 朱德米. 构建流域水污染防治的跨部门合作机制[J]. 中国行政管理，2009，(4)：86—91.

[9] Erisman, J. W., Grennfelt, P., Sutton, M. The European perspective on nitrogen emission and deposition[J]. Environment International, 2003, 29(2—3): 311—325.

[10] Nordhaus, W. D. To tax or not to tax: alternative approaches to slowing global warming [J]. Review of Environmental Economics and Policy, 2007, 1(1): 26—44.

[11] Karvosenoja, N., Johansson, M. Cost curve analysis for SO_2 and NO_2 emission control in Finland[J]. Environmental Science & Policy, 2003, 6(4): 329—340.

[12] World Bank. State and Trends of the Carbon Market 2008/2009/2010[R]. Washington, D. C.

[13] Murray, B. International climate change programs: Lessons learned from the European Union's Emissions Trading Scheme and the Kyoto Protocol's Clean Development Mechanism[R]. Report to Congressional Requesters, United States Government Accountability Office, November 2008.

[14] Ellerman, A. D. The EU Emission Trading Scheme: A Prototype Global System? [R]. Discussion Paper 08—02, Cambridge: M. A.: Havard Project on International Climate Agreements, August 2008.

附　录

问卷编号：□□□□□

江苏省苏南地区工业企业低碳生产意愿与行为的调查问卷

有关企业：

本次调查对象为江苏省苏南地区的南京、苏州、无锡、常州和镇江五市区域范围内的工业企业。问卷由有关地区的科技局随机抽样发放，并委托街道、乡镇等有关科技管理部门来具体实施。请企业根据各自的实际，指定专门的专业人员来回答相关问题。请答题者从企业的实际情况出发，本着高度负责的精神，根据不同的题目要求直接在（　）内填上数字，原则上多项选择题按照顺序最多选择三项（在具体的题目中分别作了说明）。

本问卷包括的内容是：答题者的有关信息、企业总经理特征、所在企业的基本情况、企业低碳生产意愿、工业企业的技术创新五个部分。需要说明的是，本问卷调查纯粹为课题研究所使用，调查者承诺绝不公开企业答卷的任何内容。问卷中的一些问题，假如您并不十分清楚，请您根据判断来尽可能地回答。谢谢您的大力支持与配合！

苏州大学苏南发展研究院

2010 年 3 月

一、答题者的有关信息

1. 您的性别:1) 男；2) 女。(　　)

2. 您的年龄：＿＿＿＿＿＿＿。

3. 您的学历：1) 初中或初中以下；2) 高中(包括中等职业教育)；3) 大专；4) 本科；5) 硕士研究生；6) 博士研究生。(　　)

4. 您的年收入是：1) 2万元以下；2) 2～3万元；3) 3～5万元；4) 5～8万元；5) 8～10万元；6) 10万元以上。(　　)

二、企业总经理特征

1. 您认为您所在企业总经理的类型是：1) 创新型；2) 稳健型；3) 相对保守型。(　　)

2. 企业总经理文化程度：1) 博士；2) 硕士；3) 本科；4) 大专；5) 高中(包括中等职业教育)；6) 初中及以下。(　　)

3. 您所在的企业总经理的年龄：1) 30岁及以下；2) 31～45岁；3) 46～59岁；4) 60岁及以上。(　　)

三、所在企业的基本情况

1. 您所在的企业登记注册类型：1) 国有、集体企业；2) 股份合作企业；3) 民营企业；4) 港澳台资投资与外商投资企业；5) 其他类型。(　　)

2. 您所在的企业注册资本：1) 500万元以下；2) 500万元(含)～1 000万元；3) 1 000万元(含)～2 000万元；4) 2 000万元(含)～3 000万元；5) 3 000万元及以上。(　　)

3. 按照主营业务的性质，您所在的企业属于的行业：1) 采矿业；2) 制造业；3) 电力、燃气及水的生产和供应业；4) 建筑业；5) 其他(按照国家统计局的《国民经济行业分类》(GB/T 4754－2002)分类进行)。(　　)

4. 按照主导技术分类，您所在企业的技术领域是：1) 电子信息；2) 生物与新医药；3) 航空航天技术；4) 新材料；5) 新能源及节能；6) 资源与环境；7) 高新技术改造的传统产业领域；8) 其他技术领域。(　　)

5. 综合判断，您所在企业的产业特征是：1) 劳动密集型；2) 资本密集型；3) 知识和技术密集型；4) 资源密集型；5) 其他类型。(　　)

6. 您所在的企业2009年度从业人员数(X_1)大体在：1) $X_1<300$人；2) 300人$\leqslant X_1<2\,000$人；3) $X_1\geqslant 2\,000$人。(　　)

7. 您所在的企业 2009 年度主营业务销售额(X_2)大体在：1) $X_2<3\,000$ 万元；2) 3 000 万元$\leqslant X_2<3$ 亿元；3) $X_2\geqslant 3$ 亿元。(　　)

8. 您所在的企业 2009 年度资产总额(X_3)大体在：1) $X_3<4\,000$ 万元；2) 4 000 万元$\leqslant X_3<4$ 亿元；3) $X_3\geqslant 4$ 亿元。(　　)

9. 您所在的企业 2009 年度 R&D 占销售收入的比例(X_4)：1) $X_4\leqslant 1\%$；2) $1\%<X_4\leqslant 2\%$；3) $2\%<X_4\leqslant 3\%$；4) $3\%<X_4\leqslant 5\%$；5) $X_4>5\%$。(　　)

10. 您所在的企业 2009 年度大专及以上人员占企业职工总数的比例(X_5)：1) $X_5\leqslant 20\%$；2) $20\%<X_5\leqslant 30\%$；3) $30\%<X_5\leqslant 50\%$；4) $X_5>50\%$。(　　)

11. 您所在的企业 2009 年度研发人员占职工总数的比例(X_6)：1) $X_6\leqslant 10\%$；2) $10\%<X_6\leqslant 15\%$；3) $15\%<X_6\leqslant 20\%$；4) $20\%<X_6\leqslant 30\%$；5) $X_6>30\%$。(　　)

四、企业低碳生产意愿

1. 您是否知道或了解低碳经济：1) 是；2) 否。(　　)

2. 您所在的企业获得质量、环境、职业健康安全等方面的认证情况为(最多可选三项,请按重要性排序)：1) 已通过 ISO9000 系列质量管理国际认证；2) 已通过 ISO14000 系列环境管理体系国际认证；3) 已通过 OHSAS18001 职业健康安全管理体系国际认证；4) 其他类型的认证；5) 没有通过任何认证。(　　)

3. 您所在的企业最主要依靠哪种能源进行生产活动：1) 电力；2) 煤炭；3) 石油产品(如煤油、汽油)；4) 天然气、煤气；5) 生物能源(如沼气等)；6) 太阳能；7) 风能；8) 其他。(　　)

4. 您所在的企业目前能源消耗占生产成本的比例约为：1) 5%以下；2) 5%～10%；3) 10%～30%；4) 30%以上。(　　)

5. 假如以 2009 年企业所在地区工业企业单位产值碳排放平均数为基础标准,对超过这一标准的增加碳排放征收税费,您认为您所在的企业：1) 愿意承担；2) 不愿意承担。(　　)

5.1. 假如愿意承担,愿意承担的税费占总税费的比例为：1) (0, 5%)；2) [5%, 10%)；3) [10%, 15%)；4) [15%, 20%)；5) 20%及以上(注意：圆括号表示不包含这个值,方括号表示包含这个值)。(　　)

6. 您所在的企业 2009 年在节能减排方面的各种投入占当年销售收入的

比例为：1）0%（表示没有投入）；2）1%～3%；3）3%～5%；4）5%以上。（ ）

7. 您所在的企业节能减排资金投入去向（最多可选三项，请按重要性排序）：1）购买新设备；2）改造旧设备；3）优化生产工艺；4）加强企业管理；5）人员配置费；6）研发新技术等；7）其他。（ ）

8. 您所在的企业主要采取的节能措施（最多可选三项，请按重要性排序）：1）合理安排生产，采取避峰用电措施；2）进行工艺改造，更新高能耗陈旧设备；3）合理调整能源消耗结构，积极寻找廉价替代能源；4）制定能耗标准，加强能耗考核管理；5）其他。（ ）

9. 您所在的企业对生产流程中的哪些设备的能耗进行了记录：1）所有生产设备；2）主要生产设备；3）没有记录。（ ）

10. 您所在的企业是否设有负责企业节能减排的职能部门：1）有专门的机构；2）有兼管的机构；3）无。（ ）

11. 您所在的企业有没有年度和中长期的节能降耗目标：1）有；2）没有。（ ）

11.1. 假如有目标，则您所在企业的节能减排目标：1）高于政府要求；2）同于政府要求；3）低于政府要求。（ ）

11.2. 假如有目标，则您所在企业的节能降耗目标由：1）政府制定和下达；2）政府指导下企业自主制定；3）企业自定。（ ）

12. 2009年末，国务院宣布：2020年全国单位国内生产总值二氧化碳排放要达到比2005年下降40%～45%的目标。您认为：1）能够实现；2）难以实现。（ ）

13. 您认为您所在的企业到“十二五”期末单位产值的能耗在2010年的基础上能够降低多少：1）10%以下；2）10%～20%；3）20%～30%；4）30%～40%；5）40%以上。（ ）

14. 政府制定的节能减排目标对您所在的企业而言：1）轻而易举就能完成；2）需要投入较小的人力财力才能完成；3）需要投入很大的人力财力才能完成；4）投入再多也很难完成。（ ）

15. 您认为目前企业进行节能降耗工作，面临的问题是（最多可选三项，请按重要性排序）：1）节能降耗成本太高，而收益太小或难以有大的预期收益；2）能源成本占企业总成本比重太低，不如把企业资源投入到增产等其他方面；3）企业还不具备相应的技术条件，或国内还没有相应的技术；4）节能降耗的资金难以筹措；5）节能降耗的相关优惠政策太少；6）其他。（ ）

16. 您所在的企业认为能源价格提高多少，节能收益才足以补偿开展节能工作的成本（如设备更新改造的成本）：1）10%以下；2）10%～20%；3）20%～30%；4）30%～40%；5）40%～50%；6）50%以上。（　　）

17. 关于企业低碳生产，您认为政府的作用：1）重要；2）不重要。（　　）

18. 关于低碳生产，您希望得到政府在哪些方面的支持（最多可选三项，请按重要性排序）：1）节能降耗相关新技术；2）税收优惠政策；3）专业人才的引进；4）专项资金资助；5）项目示范；6）其他。（　　）

19. 在目前的情形下，您所在的企业是否愿意主动在自己生产的产品上加贴碳排放含量的标签：1）愿意；2）不愿意。（　　）

20. 您所在的企业需要购买原材料，假如原材料产品加贴碳排放含量的标签，并适当提高了产品价格，是否愿意支付增加的成本：1）愿意；2）不愿意。（　　）

21. 您所在的企业是否支持建立相应的碳排放交易市场：1）是；2）否。（　　）

22. 中国环境保护部计划开展低碳产品认证，您所在公司是否会进行认证：1）是；2）否。（　　）

23. 您所在的企业的产品是否出口：1）是；2）否。（　　）

24. 如果您所在的企业有产品出口到某个国家，而这个国家对超过 CO_2 排放标准的产品征收关税，您所在企业的态度是：1）只要赚钱就可以；2）只要维持成本就可以；3）寻求新的海外市场，逐步减少对该国的出口量；4）不愿意，不出口。（　　）

五、工业企业的技术创新

1. 您所在的企业是否具有研发机构：1）是；2）否。（　　）

2. 您所在的企业如果设有专门的研发部门，是否有如下的情况存在：1）企业自身独立研发；2）同类企业加盟参与；3）高校或研究机构加盟参与；4）企业、高校或研究机构加盟参与。（　　）

3. 您所在的企业是否拥有自主专利和技术发明：1）是；2）否。（　　）

4. 您认为，您所在的企业技术创新的动力是（最多可选三项，请按重要性排序）：1）市场需求；2）同行业竞争；3）政策激励；4）市场上出现了新技术；5）企业发展需要。（　　）

5. 您所在的企业获取技术创新信息一般通过哪些途径（最多可选三项，请按重要性排序）：1）电视、报刊等传媒；2）互联网；3）中介机构；4）其他。

(　　)

6. 您认为影响企业技术创新活动顺利开展的关键因素是(最多可选三项,请按重要性排序):1)信息闭塞;2)人才缺乏;3)资金缺乏;4)风险大;5)管理体制落后;6)研发成本高;7)与科研机构等的合作机会少;8)领导意识不强;9)市场不明。(　　)

7. 您所在的企业科研经费的主要来源:1)政府财政拨款;2)企业自付;3)其他。(　　)

8. 您认为政府对企业技术创新的支持应侧重于(最多可选三项,请按重要性排序):1)资金支持;2)政策引导;3)及时发布技术信息;4)其他。(　　)

9. 您对所在地区发展环境的总体评价是:1)满意;2)一般;3)不满意。(　　)

后　记

2011年苏州大学苏南发展研究院年度报告《苏南工业企业低碳生产转型研究》是集体劳动的结晶，我们对参加研究的所有人员表示衷心的感谢。

苏州大学副校长、苏南发展研究院院长田晓明教授担任苏南发展研究院年度报告编委会主任，对本书的写作和出版给予了高度的重视和足够的关心，并协调各方，反复要求体现特色，反映应用性、前瞻性，服务于政府决策。苏州大学人文社会科学院常务副院长、苏南发展研究院副院长袁勇志教授，苏南发展研究院副院长顾建平教授始终参加了本书的研究工作，对本书的顺利完成和出版做出了积极的努力。

童霞、山丽杰、陈默、贾岩、朱音等有关方面的年轻教师和研究生参加了本书的研究和写作。张斌博士为本书翻译了重要的外文资料。本书的部分研究内容是2010年江苏省社科规划课题。同时本书的出版还得到了苏州大学低碳经济研究中心的资助。

在本书的研究和写作过程中，我们参考了大量的文献资料，并在文中一一列出，但也有疏忽或遗漏的可能。我们对被引用的文献的作者表示感谢。

感谢合作者朱淀博士和王晓莉博士所付出的辛勤劳动。

吴林海

2011年6月